ESPAÑA

Y SU CIVILIZACIÓN

Sexta edición

Francisco Ugarte
Late of Dartmouth College

revised by

Michael Ugarte
University of Missouri–Columbia

Kathleen McNerney
West Virginia University

Boston   Burr Ridge, IL   Dubuque, IA   New York   San Francisco   St. Louis
Bangkok   Bogotá   Caracas   Kuala Lumpur   Lisbon   London   Madrid   Mexico City
Milan   Montreal   New Delhi   Santiago   Seoul   Singapore   Sydney   Taipei   Toronto

Higher Education

Published by McGraw-Hill, an imprint of The McGraw-Hill Companies, Inc., 1221 Avenue of the Americas, New York, NY 10020.
Copyright © 2009, 2005, 1998, 1992, 1983, 1963, 1952. All rights reserved. No part of this publication may be reproduced or distributed in any form or by any means, or stored in a database or retrieval system, without the prior written consent of The McGraw-Hill Companies, Inc., including, but not limited to, in any network or other electronic storage or transmission, or broadcast for distance learning.

This book is printed on acid-free paper.

10 11 12 13 14 15 QVS/QVS 23 22 21 20 19

ISBN: 978-0-07-338520-4
MHID: 0-07-338520-4

Editor in Chief: *Michael Ryan*
Editorial Director: *William R. Glass*
Sponsoring Editor: *Christa Harris*
Marketing Manager: *Jorge Arbujas*
Director of Development: *Scott Tinetti*
Developmental Editor: *Janina Tunac Basey*
Project Manager: *Amanda Peabody*
Manuscript Editor: *Danielle Havens*
Design Manager: *Margarite Reynolds*
Cover Designer: *Carole Lawson*
Photo Researcher: *Natalia Peschiera*
Production Supervisor: *Louis Swaim*
Composition: *11/12 Bodoni Book by Aptara®, Inc.*
Printing: *Quad/Graphics*

Cover: *Windmills in the village of Campo de Criptana.* © *Pixtal/age fotostock*

Credits: *The credits section for this book begins on page 251 and is considered an extension of the copyright page.*

Library of Congress Cataloging-in-Publication Data

Ugarte, Francisco
    España y su civilización / Francisco Ugarte; revised by Michael Ugarte, Kathleen McNerney.—6. ed.
        p.   cm.
    Includes bibliographical references.
    ISBN-13 978-0-07-338520-4; ISBN-10: 0-07-338520-4
    1. Spanish language—Readers—Spain.   2. Spain—Civilization—Problems, exercises, etc.
    I. Ugarte, Michael   II. McNerney, Kathleen   III. Title
PC4127.C5U34 2008
468.6'421—dc22   2008025971

The Internet addresses listed in the text were accurate at the time of publication. The inclusion of a Web site does not indicate an endorsement by the authors or McGraw-Hill, and McGraw-Hill does not guarantee the accuracy of the information presented at these sites.

www.mhhe.com

Índice

2 ◆ *La literatura española desde su nacimiento hasta el Siglo de Oro* 33

3 ◆ *El arte prehistórico, la arquitectura y la escultura* 42

II

Siglo de Oro
57

4 ◆ *La España Imperial de los siglos XVI y XVII* 59

5 ◆ *La literatura del Siglo de Oro* 73

6 ◆ *Miguel de Cervantes* 85

7 ◆ *Artistas y músicos del Siglo de Oro* 94

III

Siglos de luces y reformas: XVIII y XIX
107

10 ✦ *Pintura y música de los siglos XVIII y XIX* 131

IV

Siglo XX

143

11 ✦ *Desde Alfonso XIII hasta Francisco Franco* 145

12 ◆ *La literatura española del siglo XX* 156

13 ◆ *Arte y música del siglo XX* 170

V

Presente y futuro
185

Preface

The Evolution of a Textbook

From the start of his twenty-year career as a professor of Spanish literature at Dartmouth College, Francisco Ugarte felt the need for a textbook that would help him explain the fundamental aspects of Spain's culture to his young students. He put his nose to the grindstone, and in 1952 he published *España y su civilización* (Spain and Its Civilization). Without the aid of photographs, the book used a historical perspective to explore the great developments in fine arts: literature, visual arts, music. Some years later, realizing that he would need a text that was aptly complex for the more advanced students, he wrote another book: *Panorama de la civilización española* (An Overview of Spanish Civilization). This book, approximately 400 pages, includes a broader study of the history and chronology of the country's most noteworthy events. It is full of details: for example, it dedicates eleven pages and several lovely photographs to Hispano-Roman philosopher Séneca. It is also clear that a personal connection to many of the writers of the "Generation of '98" informed the chapters on that group. Because this book was published in 1963, today's reader may find the writing style florid and the vocabulary a little antiquated. One example is the use of the term *vascuence* to refer to the Basque language, as well as referring to the eastern Roman Empire as the *imperio bizantino* (Byzantine Empire) and its capital as *Constantinopla* (Constantinople) rather than *Estambul* (Istanbul). Nor are all of the ideas still current, such as the descriptions of Juana la Loca, Isabel II, or the lascivious *emperatriz Mesalina* (Empress Mesalina). As for the inclusion of women writers, it is limited to a phrase about Rosalía de Castro and Emilia Pardo Bazán, and shows only slightly more interest in the more conservative Fernán Caballero. Personally, it is always a little startling to see my own handwriting in the margins of this book's pages: it was my textbook many years ago when I majored in Spanish.

The second edition of *España y su civilización*, published in 1965, is lengthier and incorporates more details, in the style of *Panorama*. References to the Roman era are cut down: there is now only one page about Séneca. The exercises are based on translation, a method frowned upon in recent pedagogy. It continues to emphasize literature, mostly that of the Golden Age and the Generation of '98 (the eighteenth century is framed as little more than a precursor to the nineteenth), and there is no further development on women writers: Américo Castro and Fidel Castro are mentioned, but Rosalía de Castro is only alluded to briefly.

In the time between the second and third editions, two Franciscos passed away: the good one, Ugarte and the bad one, Franco. And many things changed in Spain. Francisco Ugarte's son Michael, now a professor of Spanish literature, published a heavily revised edition in 1983. In addition to updating the section dedicated to modern Spain, particularly with respect to politics, he added discussions of popular culture, such as film, and modernized the writing style, vocabulary, and activities, applying more up-to-date methodology. The image of Isabel II is improved, as is the analysis of her reign: This queen is now seen as the victim of the endless scheming of her ministers of state. Ugarte makes reference to the educational system and to contemporary social problems such as terrorism, drugs, and social struggles in an increasingly Europeanized Spain. In general, he gives more space to music and to the various manifestations of popular culture. He ends with a commentary on *el golpazo* (the shocking attempted *coup d'état*) of 1981, which occurred just six years after Franco's death, in a country with a nascent democracy that was still staggering from the blows of the still powerful military forces. It closes with a very important question about Spain's future in the eyes of several people, some optimists and some pessimists. My copy of this edition is also covered with my handwritten notes in the margin; now I am a Spanish professor, too, and I use this textbook in my courses.

In 1989, while attending a conference on exile, I met the author of *España y su civilización* at a reception thrown by none other than the Spanish Embassy in Washington, DC. He commented, among other things, that the publisher had asked him for a new revision of the book. So much had changed in Spain since the "transition"—the new Constitution, the coming into power of the Socialist Party, new relations with other European countries and the United States—that it was time to rewrite the book. He asked me if I had any suggestions with respect to the text, and, indeed I did! Most important was the inclusion of the intellectual representations of women and minority groups. He asked me if I would like to help. And so was born the fourth edition, now in paperback, with fewer pictures and with the chapters organized chronologically rather than thematically. The fourth edition discusses the works not only of Rosalía de Castro, but also of Gertrudis Gómez de Avellaneda, Carmen Martín Gaite, and the Catalan women writers Mercè Rodoreda, Carme Riera, Montserrat Roig, and Maria Aurèlia Capmany. The poet García Lorca is considered to be both artist and musician, and a champion of the marginalized. The commentaries on politics have been expanded, particularly the modern movements such as feminism and environmentalism. The subjects of popular culture, such as television; the contemporary novel; and the problems of urban areas, such as traffic and crime, are further developed.

The cover of the 1999 edition revealed the new features of modernization: "This book is printed on acid-free paper"; it included a website and video comprising a television news program. The questions following the readings remained, although *Temas de conversación e investigación* (Topics for Conversation and Research) were added. The new questions intended to help students broaden their framework for understanding these issues, asking them to compare and contrast Spain with their own country and others, within the context of the themes they are studying. There is a noticeable difference between this vocabulary and that of the first author: instead of *País Vasco* (Basque Country), it speaks of *Euskadi;* its language is *Euskera,* rather than *"vascuence."* The inclusion of alternative culture has expanded and there is a new section covering the writer María de Zayas. Although the discovery of America is still discussed, it is explained that for some, this was more of an encounter of cultures. There is mention of new museums, especially the spectacular Guggenheim Musuem in Bilbao, in addition to several artists not previously noted: Antoni Tàpies and Remedios Varo. Also included is a phenomenon never imagined by Francisco Ugarte's generation: the exceptional female bullfighter, Cristina Sánchez. The book ends by commenting briefly on the problems, both old and new, of immigration and racism.

These last two topics are what deserved much more of our attention in the updated fifth edition and now in the sixth edition. Bringing these matters up to date means contemplating a very changed world: the debates on globalization and its effects on various regions, terrorism that has spread from the local to the global sphere, and a change in attitude regarding the government's role with respect to the status of social welfare.

Students can conveniently go to the *España y su civilización,* Sixth Edition website (**www.mhhe.com/espana6**), which includes, among other things, links to search engines as well as keywords in order to research the aforementioned issues as well as other compelling topics presented in the revised *Temas de investigación y conversación* activities at the end of each chapter.

Spain and the world around it have changed dramatically since the publication of the first edition of this textbook. Is so much change in so little time a good thing? Everyone has an opinion on the matter, and we hope not only to have contributed a little to the debate, but to have motivated the readers to think about these sorts of questions and to formulate their own opinions.

Kathleen McNerney, West Virginia University

Acknowledgments

We would like to thank all of you, the faithful readers who, through your daily classroom experience, help disseminate the cultural and linguistic similarities and differences between **"las Españas"** and other parts of the world. Your suggestions and corrections have been indispensable. The authors and publisher would like to acknowledge, in particular, the suggestions received from the following instructors across the country.

The appearance of their names in this list does not necessarily constitute their endorsement of the text or its methodology.

Vincent Barletta, University of Colorado at Boulder

Alberto Barugel, New Jersey City University

Robert Felkel, Western Michigan University

Efraín E. Garza, University of Northern Colorado

José Luis Gastañaga Ponce de León, Villanova University

Steven D. Kirby, Eastern Michigan University

Kimberle S. López, University of New Mexico

Gorica Majstorovic, Richard Stockton College of New Jersey

D. Brian Mann, North Georgia College & State University

Lourdes Manyé, Furman University

Deborah Mistron, Middle Tennessee State University

Mary Rice, Concordia College

Norma H. Richardson, Central Michigan University

Jana Sandarg, Augusta State University

Earl Thompson, Elmhurst College

We are also grateful to all the professors, students, and friends who have helped us in the creation of this edition: William Glass, Christa Harris, Scott Tinetti, Janina Tunac Basey, Amanda Peabody, and David Staloch of McGraw-Hill; Maite Núñez Betelu; Anna Sánchez-Rué; Kathleen Vernon; Jeffrey Bruner; Sílvia Bermúdez; and Rosemary M. Winkler.

Kathleen McNerney
Michael Ugarte

Prefacio

Evolución de un libro de texto

Desde el principio de su carrera de veinte años como profesor de literatura española en Dartmouth College, Francisco Ugarte sintió la necesidad de un libro de texto que le ayudara a explicar los aspectos fundamentales de la cultura de España a sus jóvenes alumnos. Puso manos a la obra, y en 1952 publicó *España y su civilización,* un libro sin fotografías que, desde su base histórica, se centró en las grandes manifestaciones de las bellas artes: la literatura, las artes visuales, la música. Algunos años más tarde, al comprobar que necesitaba una obra más detallada, apta para los estudiantes avanzados, escribió otro texto, *Panorama de la civilización española.* Este libro de aproximadamente 400 páginas incluye información más amplia sobre la historia y cronología de los sucesos más destacados. Contiene muchos detalles: por ejemplo, dedica once páginas al filósofo hispanorromano Séneca, además de bellas fotografías, y es evidente que los capítulos sobre los escritores de la Generación del 98 se formularon con conocimiento personal de algunos de ellos. Considerando que este libro se publicó en el año 1963, el lector de hoy encontrará un estilo muy florido y un vocabulario un poco anticuado: por ejemplo, se refiere al idioma «vascuence» por este nombre, y al imperio romano del Oriente como «imperio bizantino», y a su capital, «Constantinopla» en vez de Estambul. Algunas de las ideas ya no son vigentes, como las descripciones de Juana la Loca, Isabel II, o la lasciva emperatriz Mesalina. En cuanto a la inclusión de escritoras, se limita a mencionar en una frase a Rosalía de Castro y Emilia Pardo Bazán; mientras muestra un poco más de interés en la conservadora Fernán Caballero. Personalmente, me asombra un poco ver mi propria letra al margen de las páginas de este libro: era mi libro de texto cuando me especializaba en español hace muchos años.

La segunda edición de *España y su civilización,* publicada en 1965, es aumentada, se incorporan detalles, un tanto al estilo de *Panorama,* pero se abrevian las referencias a la época romana: ahora sólo hay una página sobre Séneca. Los ejercicios se basan en la traducción, técnica rechazada por la pedagogía moderna. Se sigue haciendo hincapié en la literatura, sobre todo en la del Siglo de Oro y la de la Generación del 98; el siglo XVIII es considerado como poco más que precursor del XIX. Tampoco se incluye a ninguna escritora: se menciona a Américo y a Fidel Castro, pero sólo se alude a Rosalía brevemente.

Entre la publicación de la segunda edición y la tercera, murieron dos Franciscos —el bueno, Ugarte, y el malo, Franco— y en España cambiaron muchas cosas. El hijo de Francisco Ugarte, ahora profesor de literatura española, Michael Ugarte, publica en 1983 una edición muy revisada. Además de poner al día toda la sección dedicada a la España moderna, sobre todo en cuestiones de política, añade comentarios sobre la cultura popular —el cine, por ejemplo— y moderniza, además, tanto el estilo como el vocabulario y los ejercicios, aplicando ahora métodos pedagógicos más recientes. El cuadro de Isabel II es mejorado, igual que la evaluación de su reino: ahora se ve a esta reina más bien como víctima de las interminables intrigas de sus ministros. Ugarte hace más referencias al sistema educativo, a los problemas sociales de la actualidad como el terrorismo, las drogas, las luchas sociales en una España cada vez más europeizada. Dedica más espacio a la música y, en general, a las distintas manifestaciones de la cultura popular. Termina con un comentario sobre el «golpazo» de 1981, ocurrido sólo seis años después de la muerte de Franco en un país con una naciente democracia, tambaleante todavía con un militar siempre muy fuerte. Cierra con una pregunta muy importante sobre el futuro de España según la visión de algunas personas, optimistas unas y otras pesimistas. Mi ejemplar de esta edición también lleva notas marginales escritas por mí: ahora yo también soy profesora y utilizo este texto en mis clases.

En 1989, mientras asistía a un congreso sobre el exilio, conocí al autor de *España y su civilización* durante una recepción ofrecida, nada menos que por la embajada española en Washington. Entre otras cosas, me comentó que la editorial le había pedido una nueva revisión de su libro. Habían cambiado tanto las cosas en España desde la «transición» — la nueva Constitución, la llegada al poder del Partido Socialista, nuevas relaciones con los otros países europeos y con los Estados Unidos— que ya era hora de reescribir el libro. Me preguntó si tenía sugerencias respecto al texto, y ¡claro que las tenía! Sobre todo, la inclusión del elemento intelectual femenino y las minorías. Entonces me preguntó: «¿Quieres ayudarme? Podríamos colaborar.» Y así nació la cuarta edición, ahora en rústico, con menos fotografías, y reorganizada por capítulos cronológicos en vez de temáticos. Ahora se hablaba de la obra, no sólo de Rosalía de Castro, sino también de Gertrudis Gómez de Avellaneda, Carmen Martín Gaite, y de las catalanas Mercè Rodoreda, Carme Riera, Montserrat Roig y Maria Aurèlia Capmany; el poeta García Lorca es considerado además como artista y músico, y como campeón de los marginados. Se expanden los comentarios sobre la política, sobre todo los movimientos modernos como el ecologismo y el feminismo. Se amplían más los temas sobre la cultura popular, como la televisión; la novela nueva; y los problemas de las zonas urbanas como el tráfico y la delincuencia.

La edición de 1999 muestra en la portada nuevos aspectos de modernización: «*This book is printed on acid-free paper*»; hay un sitio en la Red que consultar y un vídeo a base de un programa de la televisión. Se conservan las preguntas sobre el texto, pero se añaden «Temas de conversación e investigación» con el objeto de ayudar a los estudiantes a formarse un marco más general, comparando las similitudes y diferencias entre España y su propio país y otros, de acuerdo con el tema que están estudiando. Se nota un vocabulario muy distinto del primer autor: en vez de País Vasco, se habla de Euskadi y su idioma, el euskera, en vez de «vascuence». La cultura periférica es más amplia, y hay una sección nueva sobre la escritora María de Zayas. Si todavía se habla del descubrimiento de América, se explica que para algunos, éste fue más bien un encuentro de culturas. Se hace mención de nuevos museos, especialmente del espectacular Museo Guggenheim, en Bilbao, así como de artistas no mencionados antes: Antoni Tàpies, Remedios Varo; y se incluye un fenómeno nunca imaginado por la generación de Francisco Ugarte: la excepcional torera, Cristina Sánchez. Se termina comentando muy brevemente los problemas nuevos y viejos de la inmigración y el racismo.

Estos dos últimos temas son los que más atención merecen en la quinta edición actualizada y ahora en la sexta edición. Poner al día esas cuestiones significa considerar un mundo muy cambiado: los debates sobre la globalización y sus efectos en las diferentes regiones; el terrorismo, ya no local sino a nivel mundial; un cambio de actitud sobre el papel del gobierno en cuanto al estado de bienestar social.

Los estudiantes, de manera conveniente, pueden entrar en la página Web de la sexta edición de *España y su civilización* (**www.mhhe.com/ espana6**), que incluye, entre otras cosas, enlaces a buscadores y palabras clave para investigar los asuntos ya mencionados así como otros temas fascinantes presentados en las actividades revisadas de «Temas de investigación y conversación», ubicadas al final de cada capítulo.

España y su alrededor han cambiado dramáticamente desde la publicación de la primera edición de este libro de texto. ¿Son positivos tantos cambios en tan poco tiempo? Cada uno tendrá su opinión al respecto, y no sólo esperamos haber contribuido algo al debate sino que haber motivado a los lectores a pensar en estas cuestiones y a formular sus propias opiniones.

Kathleen McNerney
West Virginia University

Dedicamos esta edición a
Artemio Precioso Ugarte, cuñado de Francisco Ugarte
y militante de Greenpeace España
(1917–2007)
Marina Precioso Ugarte de Jiménez
Soledad Precioso Garaulet de López

INTRODUCCIÓN

El Alcázar de Segovia.
(Jumper/Getty Images)

INTRODUCCIÓN

España y las Españas

Diversidad geográfica y cultural

Geografía

España, un país situado al sudoeste de Europa, forma, con Portugal, la Península Ibérica. Tanto en su geografía como en el carácter de sus pueblos hay en España muchos contrastes y enigmas. Sus montañas se elevan° a más de 9.000 pies sobre el mar y, al mismo tiempo, hay extensas mesetas pardas° y montañosas. En algunos lugares hace un frío intensísimo y en otros un calor infernal. En el noroeste llueve mucho, pero en el sur cae muy poca lluvia. Entre el norte y el sur de España hay una enorme diferencia, y aun entre las mismas zonas del norte hay contrastes impresionantes. Existen áreas, por ejemplo, donde se habla otra lengua además del castellano o español. El castellano era considerado el único idioma oficial, pero hoy día también se consideran el catalán, el gallego y el vasco o euskera idiomas oficiales en sus propias regiones. Por supuesto, el castellano se sigue hablando en toda la nación española.

se… are raised, reach
brown

Montañas

España es el país más montañoso de Europa, con excepción de Suiza. Pero, al mismo tiempo, la parte central de la península es una meseta que se eleva a unos 2.000 pies sobre el nivel del mar. Excepto en las altas sierras, la meseta es plana como la palma de la mano. La geografía de España es siempre un contraste: montañas cubiertas de nieves casi perpetuas y anchas llanuras interminables.

Los Pirineos forman un muro formidable que separa a España del resto de Europa. Hay europeos que dicen con cierto desdén que África empieza en los Pirineos. Pero algunos españoles consideran que esta separación es

Población: *40.300.000 de habitantes*

Área: *505.050 kilómetros cuadrados*

Ciudades principales: *Madrid (capital), Barcelona, Sevilla, Valencia, Bilbao*

Gobierno: *monarquía parlamentaria*

Rey: *Juan Carlos I de Borbón*

Primer ministro: *José Luis Rodríguez Zapatero*

Partidos políticos principales: *Partido Popular (PP), Partido Socialista Obrero Español (PSOE), Izquierda Unida (IU), Convergencia i Unió (CiU), Partido Nacionalista Vasco (PNV), Coalición gallega*

una ventaja porque ha contribuido a que España tenga una pluralidad° de   *plurality, many*
culturas, entre ellas la rica y exquisita civilización árabe.

Las vías más importantes de comunicación entre España y Francia
son los dos estrechos pasillos que están a los extremos este y oeste de la
cordillera de los Pirineos. Las dos ciudades fronterizas son Port Bou, en
el Mediterráneo, e Irún, en el mar Cantábrico. La Sierra de Gredos y la
de Guadarrama, en el centro de España y un poco al norte de Madrid,
interrumpen las llanuras de Castilla. En el sur de la península, en la
provincia de Granada, está la Sierra Nevada de donde tomó su nombre
la Sierra Nevada de California.

Ríos

No se puede dejar de hablar de los ríos, porque los ríos dan carácter a
una nación. Son sus arterias vitales. Aunque los principales ríos
españoles no son tan anchos como los del continente americano, no
podríamos concebir el norte de España sin su Ebro, ni el sur sin su
Guadalquivir. El Ebro es el río más largo y más importante del norte.
Nace en las montañas de la costa cantábrica y desemboca° en el   *flows*
Mediterráneo al sur de Cataluña, donde forma un delta precioso. El
segundo río de importancia es el Guadalquivir en el sur. En árabe significa *río grande*. Es el río de más extensa navegación de España y pasa
por toda Andalucía, desde las montañas de la Sierra Morena hasta la
costa atlántica. Hablar del Guadalquivir es hablar de Sevilla, su puerto
principal.

Hay otros ríos de relativa importancia, aunque ninguno de ellos es
navegable porque, debido a la escasez de las lluvias, llevan poca agua.
El Tajo, que pasa por Toledo, es el río castellano de las «arenas de oro».
Nace en España pero sus aguas corren hacia la vecina Portugal para
desembocar en el puerto de Lisboa, la capital de esa nación. Por el
antiguo reino de León, que ahora se llama Castilla-León, corre el Duero,
que también desemboca en la costa atlántica de Portugal.

Variedad de «las Españas»

L as regiones a veces se llaman «naciones» debido a las particu-
laridades lingüísticas, históricas, culturales y geográficas de
cada una. A muchas de ellas se les ha concedido cierta
autonomía política a partir de la Constitución de 1978 que está
en vigencia° hoy día. Para tener idea de la diversidad geográfica de cada   *en... in effect*
zona, hay que notar que en el norte están Galicia, Asturias, Euskadi (el
País Vasco) y Navarra; en el este, Cataluña, Aragón y Valencia; en el
oeste, Extremadura. Castilla, en el centro del país, está dividida en dos:
Castilla León y Castilla La Mancha. Andalucía comprende todo el sur

de España. En el mar Mediterráneo están las Islas Baleares, también de España: Mallorca, Menorca, Ibiza y Formentera. Y en el Mediterráneo africano hay dos ciudades que aún pertenecen a España: Ceuta y Melilla. En el Atlántico, frente a la costa africana, quedan las Islas Canarias.

Para comprender mejor este mosaico regional, se hará un recorrido°   *trip*
por las diversas zonas geográficas y culturales españolas. Esta excursión empieza en Cataluña, donde están los Pirineos y la Costa Brava. Aquí abundan las playas bañadas por las aguas cristalinas del Mediterráneo. Bajo un cielo azul, transparente, especialmente en verano, y un mar en casi perpetua calma, el agua de la llamada Costa Brava es tibia y acariciadora.

Cataluña es como una nación dentro de otra nación. En Cataluña se habla catalán, una lengua romance que tiene su propia estructura lingüística. Se dice que los catalanes se destacan° en la industria y en   *se... stand out*
el comercio. Barcelona, primera ciudad de Cataluña y lugar escogido para los Juegos Olímpicos de 1992, es uno de los centros bancarios de la Península Ibérica. También es una de las ciudades más importantes para el estudio y desarrollo del arte y la arquitectura. En Cataluña se nota más prosperidad que en otras naciones españolas, con posible excepción de Euskadi. Esto se debe a su riqueza agrícola, industrial y comercial. Los catalanes siempre han deseado que el gobierno central les conceda reconocimiento de su propia cultura e historia.

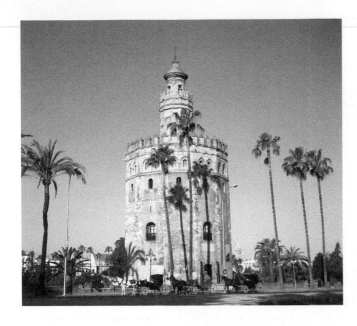

La ciudad de Sevilla tiene muchos monumentos y otras atracciones. Aquí se ve la famosa Torre del Oro.

(© 1998 PhotoDisc)

De Cataluña el recorrido continúa hacia el antiguo reino de Valencia, formado por las provincias de Castellón, Valencia y Alicante. En estos lugares se habla el valenciano, una variante del catalán. Se encuentra aquí la tierra más fértil de toda España. En la rica huerta de esta zona se cultivan las famosas naranjas valencianas que se exportan a muchas partes del mundo, incluso a los Estados Unidos. Aun en Valencia se siente la impresión de estar en otro país por la influencia de la cultura árabe.

Abandonando la región de Valencia, se entra en Murcia. Aquí empieza la pintoresca región de Andalucía. Situada en el sur de la península, es la parte del estado español que muestra más influencia árabe, la cual se ve en la arquitectura y en el carácter y la apariencia física de la gente. Además del mejor jerez° del mundo, según los andaluces y un par de británicos, Andalucía ha producido muchísimos poetas, toreros, músicos y artistas. Los andaluces se expresan de una manera ingeniosa y espontánea muy peculiar°; parece que tienen un comentario gracioso para cualquier situación.

El invierno y la primavera andaluces son benignos como en Florida, Estados Unidos. Pero en verano toda Andalucía, con excepción de las montañas, es como un horno.° En Sevilla, una de las ciudades principales de Andalucía, se dice que «en verano no anda católico», o sea, que no se ve a nadie por las calles. Parece que sólo los andaluces pueden soportar tal calor con la sonrisa en los labios y el sudor en la frente.

Cambiando de dirección hacia el norte, se entra en Castilla. Castilla es el corazón de España, no sólo por su situación geográfica sino también por su predominio político sobre las demás regiones. Esto ha creado resentimiento entre los habitantes de otras zonas de España,

sherry

unique, special

oven

Las Islas Canarias forman un archipiélago de siete islas en el océano Atlántico, frente a la costa de África. Las mayores son la isla de Tenerife, que se ve en la foto, y la Gran Canaria. Todas las islas son muy montañosas y de naturaleza volcánica. Su suelo produce delicados frutos tropicales y curiosas variedades de vegetación alpina. (© Farrell Grehan/Corbis)

especialmente entre los catalanes y los vascos, por ser un predominio impuesto. El gobierno centralista de Francisco Franco hizo muy difícil que actividades políticas, económicas y culturales tuvieran lugar fuera de Madrid, la capital de Castilla y de España.

En Castilla el clima es seco. No cae mucha nieve, pero el frío del invierno y los frecuentes vientos, según algunos escritores, suelen hacer de sus habitantes gente seria, resistente y estoica. En justa compensación, el sol de Castilla también brilla en invierno. En verano, el sol es fuerte pero el calor es seco. Dice el refrán° popular que en Madrid hay «seis meses de invierno y seis de infierno».

saying

La vasta meseta castellana, contemplada desde sus altas montañas, ofrece una majestuosa belleza. Estas llanuras son secas, sin más árboles que algunos álamos° o pinos solitarios. Sigue el contraste español: llanuras extensas y elevadas montañas.

poplars

Continuando hacia el norte se llega a la costa cantábrica, Euskadi, Asturias y Galicia. En brusco contraste con el plácido ambiente mediterráneo, el mar Cantábrico es frío y tempestuoso. A lo largo de toda esta costa, las montañas y peñas° se elevan hacia el cielo. Con su mar, cielo y montañas, las áreas norteñas inundan los sentidos con un festín° de paisaje. Tal exuberancia de la naturaleza dura desde Euskadi hasta Galicia.

cliffs

feast

En Euskadi hay tantos enigmas culturales como problemas políticos. No se conoce el origen de la lengua ni de la raza vascas. Los vascos tienen fama de ser independientes y, según algunos, intransigentes. Se dice que comen, beben y trabajan mucho. Pamplona, ciudad situada en la región vecina de Navarra, es famosa por la fiesta de San Fermín. En esta celebración nacional de Navarra, los pamploneses, junto con otros visitantes atrevidos,° corren valientemente por las calles perseguidos por toros bravos.°

daring
fierce

De Euskadi pasando por Santander, el trozo de Castilla que tiene salida al mar, se llega a Asturias, zona de montañas y sitio de impresionantes batallas históricas. En Asturias hace mucho frío en invierno, especialmente en las montañas. Asturias es muy conocida por sus minas de carbón. Ha habido muchas huelgas de mineros y, como consecuencia, muchos obreros asturianos se han ido a buscar trabajo en otros países. Muchos asturianos montañeses hablan un dialecto que viene del latín —el bable— y el castellano.

Después se llega a Galicia, en el noroeste de España. En Galicia llueve tanto como en Irlanda. Por eso el color del paisaje gallego es siem-

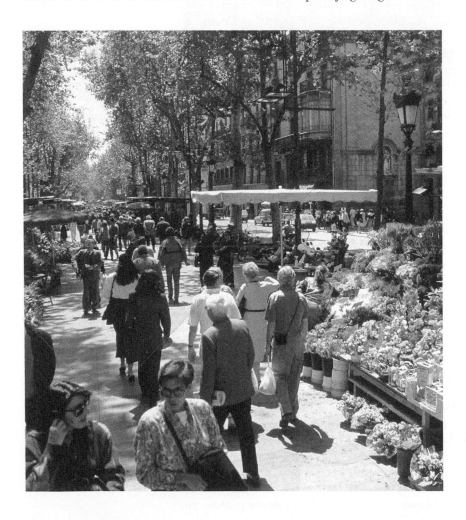

En Barcelona se habla catalán y castellano. Los barceloneses tienen un refrán sobre su querida ciudad: «Barcelona es bona si la bossa sona» (Barcelona es buena si la bolsa suena [es decir, si uno tiene dinero]).

pre verde. Los pastos y el ganado son abundantes. Aquí se habla otro idioma, el gallego, que se parece al portugués pero que, como el catalán y el euskera, tiene su propia estructura y normas gramaticales. Se dice que los gallegos son melancólicos y misteriosos; es la zona que tiene fama por la brujería,° cosa que ha sido motivo de inspiración artística para escritores y pintores. Pero también en Galicia se baila, se canta y se come muy bien. Es la tierra de los mariscos y el pote° gallego.

witchcraft

stew

Finalmente, dos ciudades en Marruecos —Ceuta y Melilla— quedan dentro de la jurisdicción soberana° española. En estas dos localidades coexisten, aunque no sin tensiones, los católicos y los musulmanes.

sovereign

Las comunidades autónomas

En vista de la diversidad geográfica, lingüística y cultural de «las Españas», ha habido intensos problemas políticos a través de la historia de la península. Particularmente en Cataluña y en Euskadi, pero también en Galicia, Andalucía, las Islas Canarias y Valencia, los resultados de las disputas sobre el poder local han sido dolorosos. Hoy día continúa la violencia a causa de la falta de una resolución de este problema, especialmente en Euskadi. Las confrontaciones entre separatistas y centralistas representan un dilema que ha tenido profundas repercusiones en toda España.

En los últimos 30 años se ha intentado resolver tales problemas a base de la reorganización del estado español. La Constitución de 1978 cedió paso° para la creación de áreas determinadas que pudieran tener cierto nivel de autodeterminación° política y económica. A las que antes se solía llamar «regiones» ahora se les llama oficialmente «comunidades autónomas» que se podrían comparar hasta cierto punto con los estados de los Estados Unidos, con sus propios gobernadores, congresos de diputados y elecciones.

cedió... *opened the way*
self-determination

En total hay diecisiete comunidades autónomas, las fronteras de las cuales se delinean más o menos a base del panorama de diversidad geográfica y cultural que se ha descrito. En el norte están las comunidades autónomas de Aragón, Navarra, Euskadi, Cantabria (o Santander), Asturias y Galicia. La meseta central, Castilla, se divide en dos: Castilla León en el norte y Castilla La Mancha en el sur. Hasta° Madrid y sus alrededores, y La Rioja, lugar de los famosos vinos, al sur de Euskadi, se han convertido en comunidades autónomas. En la parte oriental de la península están Cataluña y Valencia. En occidente, cerca de Portugal, queda Extremadura. En el sur hay dos comunidades: Andalucía, la más grande, y Murcia. Fuera de la península hay dos comunidades autónomas isleñas: las Islas Baleares y las Islas Canarias.

Even

La reorganización del estado español que ha estado en vigencia desde 1979 no ha resuelto los problemas más graves. Los que simpatizan con el concepto de «las Españas» y la pluralidad cultural no están satisfechos con lo que el gobierno llama «el estado de las autonomías», que es la designación del intento de resolver el problema. Los catalanes, vascos y gallegos son los más insatisfechos, aunque también hay canarios, andaluces y valencianos que piden más autonomía. Se ha dicho que «el estado español», o sea, el gobierno, no ha considerado el grado de diferencias históricas, culturales y lingüísticas que existe entre unas regiones y otras. El argumento de más peso a favor de la concesión de mayor autonomía a Cataluña, Euskadi y Galicia es el hecho de que cada una tiene su propio idioma. Aunque Extremadura y Andalucía, por ejemplo, sí tienen sus propias características y hasta estructuras económicas diferentes del resto de España, allí se habla el mismo idioma que en Castilla. Uno de los factores principales para determinar la unidad cultural de una zona es la lengua. Y aunque en toda España se habla el castellano, en las áreas de Cataluña, Valencia, Alicante, las Islas Baleares, Euskadi y Galicia se hablan dos idiomas, el de la comunidad autónoma y el castellano. Es conveniente, por lo tanto, hacer un breve repaso de la historia, cultura y lengua de cada una de las zonas que piden más autonomía para así poder entender esa constante tensión entre la cultura minoritaria y la de la mayoría. Se hablará más tarde de los efectos de la europeización de España y de las regiones autóctonas.

Cataluña (Catalunya)

En Cataluña (*Catalunya* en catalán) se habla el catalán, que ha tenido una historia muy parecida a la de otros idiomas románicos: el italiano, el francés, el portugués, el rumano, el gallego y el castellano. Durante el Imperio Romano el idioma oficial del estado era el latín, pero los habitantes de las diversas colonias del imperio seguían hablando sus respectivos idiomas. Uno de ellos era el catalán que se hablaba y se sigue hablando en lo que hoy es Cataluña, Valencia, las Islas Baleares, Alicante, Andorra y hasta en Alguer, una pequeña villa de Cerdeña.° En total se calcula que siete millones de personas —comparable con la población de Portugal— hablan diariamente el catalán.

Sardinia

Los catalanes se destacan en la historia por un desarrollo político y social propio que se ha definido en relación con otras culturas, particularmente la española y la francesa. En la época medieval, Cataluña y Aragón formaban parte del reino de los Condes de Barcelona. Estas regiones a veces luchaban contra los demás reinos de la península y otras veces coexistían incluso con los reinos moros. En la Edad Media, Cataluña era completamente independiente de Castilla, y tenía sus propios métodos de gobierno establecidos por la Generalitat, nombre del gobierno catalán. Desde los comienzos del siglo XII hasta el siglo XV, Cataluña extendió su dominio hacia las islas del Mediterráneo y también hacia el sur de Francia, la Provenza. El dominio catalán o, como dicen los historiadores catalanes, *els països catalans,* comprendía° un vasto territorio: una tercera parte de la Península Ibérica, las Islas

comprised

Baleares, el reino de Nápoles (que incluía Córcega, Cerdeña y Sicilia) y hasta una región de Grecia. Los Condes de Barcelona también tenían un concepto de gobierno diferente del que tenían los reyes de Castilla. Se formuló un código civil que se llamaba *els usatges*, que definía las responsabilidades y los derechos del rey frente a los súbditos° y vice-versa. *Els usatges* era una serie de leyes que se asemejan a la *Magna Carta* de los reyes británicos.

subjects

Aunque el poderío catalán disminuyó después de la unificación de España en 1492, Cataluña ha luchado por su autodeterminación a través de su historia. Durante la Guerra de Sucesión en los primeros años del siglo XVIII, los catalanes se aliaron con los enemigos del rey español porque temían que su territorio cayera bajo el centralismo de Castilla. Si se compara la evolución política de Portugal, de un reino independiente en el siglo XII a la nación soberana que es ahora, se puede ver la posibilidad de que el mismo fenómeno histórico ocurriera en Cataluña.

Durante la Segunda República de 1931 se reestableció la Generalitat. Entonces Cataluña era una nación cuasi independiente con su propio presidente, congreso, policía y código civil. Hasta la Universidad de Barcelona, una de las más antiguas de España, no estaba bajo la jurisdicción del ministerio de educación de Madrid. Pero a partir de° la caída de la República los catalanes han sufrido represión. Durante el largo período de la dictadura de Francisco Franco se anuló la Generalitat y todos los derechos que se habían conseguido, incluyendo la libertad de hablar y estudiar el catalán en las escuelas. Cuando la Generalitat se reformó bajo la nueva constitución, estos derechos fueron restituidos. Aunque la situación actual es mejor para los catalanes que antes, muchos no están conformes con las reformas y la Constitución de 1978. Incluso ha habido un grupo armado, Terra Lliure (Tierra Libre), que a veces cometió actos ilegales para reclamar sus anhelos° autonómicos e independentistas.

a... since

yearnings

Euskadi (el País Vasco)

En Euskadi (el País Vasco) también se habla otro idioma, el euskera, además del castellano. El euskera es uno de los idiomas más antiguos del mundo y sus orígenes son oscuros. Se teoriza que el euskera era el idioma, durante la Edad de Bronce, de los habitantes de lo que hoy corresponde a Euskadi (ver el mapa, pág. 13). El euskera es uno de los únicos idiomas de Europa que actualmente se hablan, que no pertenece a la familia indoeuropea. La primera gramática del euskera fue escrita en 1745 por Manuel Larramendi.

En la historia de la Península Ibérica el pueblo vasco se ha caracterizado por su orgullo e independencia. Además de hablar un idioma difícil de categorizar, se ha notado la prevalencia del tipo de sangre Rh negativo entre los que forman este grupo racial.

El Imperio Romano tuvo una marcada influencia en Euskadi. Pero ni los romanos, ni los visigodos ni los árabes, que dieron forma a las características culturales más importantes de la península, pudieron controlar el País Vasco. El reino de Navarra, el antiguo reino de esta zona, era uno de los más poderosos de la península en la Edad Media. En Castilla se había establecido un sistema de derechos, concedido por el trono, que se llamaba «fuero juzgo», que protegía las costumbres y los derechos de los pueblos conquistados. Incluso cuando Navarra estaba bajo control de

Euskadi.

(© Stanley Payne, 1975. Reprinted with permission of University of Nevada Press. from *Basque Nationalism*)

Bilbao y el Río Nervión.

(age fotostock)

Castilla, los habitantes de la zona podían practicar sus propios hábitos sin ninguna intervención del rey castellano. La gente de Euskadi, además de otros grupos geográficos y religiosos, disfrutaron de la libertad de vivir a su propia manera protegidos por el «fuero juzgo», o los fueros.

Por las características geográficas de la zona, por el idioma, por el factor histórico de los fueros y por el carácter independiente de su gente, Euskadi ha podido mantener su identidad cultural. Pero esto no ha sido fácil de conseguir. Los vascos han fomentado° grupos e ideologías nacionalistas e independentistas en todas las épocas de su historia y hoy día el orgullo vasco no ha disminuido sino que ha aumentado. Hay muchos vascos que quieren ser independientes del estado español y aun más que quieren un mayor nivel de autonomía del que tienen ahora. Este deseo intenso por la autodeterminación ha sido la causa de mucha violencia en toda la península. Algunos vascos han declarado que el único vehículo para conseguir tal autodeterminación es la lucha armada. ETA, la organización armada para la independencia vasca, parecida a la IRA de Irlanda, ha cometido muchos actos violentos por conseguir esos fines. Pero también ha habido represiones por parte del gobierno, como la financiación de los GAL (Grupos Antiterroristas de Liberación). La violencia sigue, y los sentimientos de identidad cultural de los vascos se intensifican.

encouraged, promoted

Galicia

Directamente al norte de Portugal, en la esquina noroeste de la Península Ibérica, queda Galicia (ver el mapa, pág. 10). En Galicia se habla gallego, un idioma románico muy parecido al portugués. Tanto por factores geográficos y políticos como por factores lingüísticos y

Barcos de pesca en una de las rías (inlets, estuaries) gallegas.
(Joseph Nettis/Photo Researchers)

literarios, siempre ha habido una estrecha relación entre Galicia y Portugal. Los filólogos° creen que el gallego se hablaba en la península con más extensión de que se habla actualmente. Las primeras muestras° de la poesía lírica que se han encontrado en la península suelen ser en gallego-portugués. Hasta se ha teorizado que, durante la temprana Edad Media, el castellano era un idioma minoritario que luego impuso su dominio sobre las demás regiones.

linguists
samples, examples

Galicia también ha tenido su propio desarrollo histórico que es diferente del de otras zonas de la península. La religión ha sido un factor muy importante en tal desarrollo. Con la cristianización de la península bajo los visigodos, Galicia pudo ejercer influencia en otras partes. Santiago de Compostela, la ciudad principal de Galicia, era un lugar de suma° importancia en todo el mundo cristiano. Era la meta° de la famosa ruta de peregrinación que empezaba en el sur de Francia y continuaba por el norte de la península.

much / destination

También durante la época medieval Galicia disfrutaba de independencia, pero no sin tener que luchar contra los reyes castellanos. Con la unificación de España en 1492 se reprimieron las actitudes de independencia y rebeldía debido a la política centralista de la dinastía de los Habsburgos.

Pero el espíritu de identidad propia siempre ha existido en Galicia. En el siglo XIX, con el movimiento romántico, resurgió el anhelo independentista. Cuando Napoleón invadió España en 1808, la lucha por la independencia se llevó a cabo° en Galicia, casi sin ninguna coordinación con las demás zonas. Dicen algunos escritores gallegos que la combinación de factores políticos con los literarios levantó la aspiración de los gallegos por la independencia. Sin embargo, a partir de 1846, con el fracaso de un movimiento armado por la independencia gallega, el anhelo de identidad cultural propia no ha tenido consecuencias tan violentas como en Euskadi.

se... took place

Hoy día los sentimientos galleguistas son muy fuertes, especialmente en las universidades y entre la gente joven. Se ha iniciado un renovado esfuerzo por normalizar° el idioma. También hay varios escritores gallegos importantes como Daniel Rodríguez Castelao y Marina Mayoral, una mujer que escribe en gallego y castellano. Pero el problema eterno para los escritores que sienten este tipo de nacionalismo lingüístico es que al no escribir en castellano, el número de sus lectores se reduce, y por consecuencia la venta de sus libros y la diseminación de sus ideas.

standardize, make rules for

Temperamento y vida diaria

Según algunos pensadores españoles, la geografía ha influido en el temperamento y en el llamado «carácter nacional español», como puede influir en los de cualquier pueblo. El estereotipo es que los españoles son resignados y estoicos por naturaleza debido a la escasez de las lluvias y a la dificultad de cultivar la tierra de

España. Pero es difícil llegar a una conclusión convincente sobre su carácter en general. Por ejemplo, un campesino andaluz tiene poco en común con un campesino gallego en cuanto a las costumbres, actitudes y sobre todo al mismo idioma en que se expresa.

Sin embargo, siempre ha habido y habrá ciertas características que predominan en los ciudadanos de un país, aun cuando la unidad política del mismo sea cuestionable. No se puede negar la realidad de ciertas diferencias nacionales que se manifiestan en el temperamento, en las actitudes y en la vida diaria.

Se dice que los españoles son, ante todo, muy individualistas, casi anarquistas. A veces el individualismo español se convierte en personalismo. El español suele buscar el contacto personal tanto para resolver problemas personales como para hacer negocios. Prefiere tratar con los amigos incluso en los asuntos burocráticos o políticos.

Por lo general, los españoles son sumamente expresivos. Disfrutan de° la conversación y la vida social. Para algunos los recreos suelen consistir en el placer de conversar animadamente con los amigos, dar un paseo, comer —siempre comer— y sentarse en una terraza al aire libre° simplemente por ver pasar a la gente.

Disfrutan... *They enjoy*

terraza... *outdoor café*

Para vivir, los españoles necesitan expresar sus sentimientos interiores y sus pasiones de una manera espontánea, sin cálculo ni control. No es de buena educación callarse cuando uno no está de acuerdo. El mismo silencio° puede ofender. En cambio, el saludo expresivo y el abrazo amistoso son proverbiales° en España.

El... *That very silence commonplace*

La vida en los pueblos es tranquila. Sin embargo, en las grandes ciudades hay tanto movimiento y prisa como en cualquier otra ciudad moderna. Las horas de trabajo son generalmente de las nueve de la mañana a la una de la tarde, y de las tres a las siete de la tarde. Se suele comer a las dos de la tarde y cenar a las diez de la noche. Pero estas horas nunca son fijas. Se dice que el español no quiere ser esclavo° del reloj. Los españoles tienden a pasar más tiempo fuera que dentro de casa. La vida nocturna de las grandes ciudades es fascinante, con teatros, conciertos y toda clase de diversiones, y hay gente charlando en las terrazas hasta la madrugada.

slave

El español medio puede ser un gran filósofo. Cuentan de una forastera° que buscaba en una calle de Madrid un edificio que no encontraba y al preguntarle a un madrileño, éste le dio la dirección lenta y claramente. Al final le dijo algo muy importante: «Y si usted no encuentra ese sitio que busca, no pasa nada.» «No pasa nada», o sea, no hay que tomarse demasiado en serio las pequeñas inconveniencias diarias.

foreigner

El español ama con pasión la tierra donde nació, pero suele expresar su patriotismo de una forma muy particular. No es la clase de patriotismo del que alardea,° por ejemplo, que los vinos, los escritores, los ciclistas, etcétera, de otras partes del mundo no se pueden comparar con los de su país. El español suele reconocer públicamente las debilidades

boasts

y defectos de su patria. Ya lo ha dicho un escritor español, Fernando Díaz Plaja:

> Oyendo hablar a un hombre, fácil es,
> acertar dónde vio la luz del sol;
> si os alaba a Inglaterra, será inglés;
> si os habla mal de Prusia, es un francés;
> y si habla mal de España, es español.

Pero la característica nacional que, a fin de cuentas, es la más importante es el amor a una tierra natal que está dentro de la nación oficialmente llamada España. Quizás el español habla mal de España porque no se considera español. Además, España no se puede definir con exactitud; quizás sea un concepto demasiado intangible para el español que siempre prefiere las cosas concretas: la pequeña localidad, la vecindad, la comunidad, la familia y los amigos.

Preguntas

1. Explica el término «España y las Españas».
2. Describe las tres naciones periféricas dentro de España.
3. Describe la geografía de España: el clima, los ríos, las montañas.
4. Se dice que los Pirineos forman un muro entre España y el resto de Europa. ¿Cuáles son algunas de las ventajas y las desventajas de esta característica geográfica?

Temas de investigación y conversación

Primero, investiga los siguientes temas de este capítulo. Luego, coméntalos con tus compañeros de clase.

Para investigar los temas de este capítulo, puedes encontrar tanto enlaces (*links*) a buscadores (*search engines*) como palabras clave (*keywords*) en la página Web de este libro de texto: **www.mhhe.com/espana6**.

1. **Investigación:** ¿Cuántos idiomas oficiales se hablan en España? ¿Cuáles son? ¿Cuáles vienen del latín?
   Conversación: ¿Qué impacto ha tenido la variedad de idiomas que se habla en España sobre la sociedad española? ¿Cómo puede ser un factor positivo la variedad de idiomas en un país? ¿Cómo puede ser un factor negativo? En los Estados Unidos algunos creen que el inglés debe ser declarado el idioma oficial del país. En tu

opinión, ¿depende la unidad de un país de la homogeneidad lingüística de los ciudadanos?

2. **Investigación:** Fernando Díaz-Plaja, en su famoso ensayo, «El español y los siete pecados capitales» (*"The Spaniard and the Seven Deadly Sins"*), habla del carácter nacional español que emerge de ciertas características compartidas. Haz una búsqueda sobre este ensayo y léelo. Según este ensayo, ¿cómo es el carácter nacional español, y de qué emerge? ¿Crees que se basa en estereotipos el carácter nacional español?
   Conversación: ¿Crees que hay un carácter nacional de tu país? ¿De qué emerge? ¿Es basado en estereotipos? ¿Cómo se compara el carácter nacional español con el de tu país?

3. **Investigación:** Lee otra vez la parte final de la Introducción de este libro sobre «Temperamento y vida diaria» de España. ¿Cuáles son las características predominantes de los ciudadanos españoles, según la Introducción?
   Conversación: ¿Crees que la caracterización de los españoles es más estereotipo que realidad? Explica tu respuesta. ¿Cómo se compara la caracterización de los españoles en la Introducción con la del ensayo, «El español y los siete pecados capitales»?

4. **Investigación:** Busca el texto de la actual constitución española y, dentro de ella, busca el «Título VIII» que se llama «De la organización territorial del estado». ¿Qué es? ¿De qué se trata?
   Conversación: ¿Se podría comparar tal organización política del territorio español a la de los Estados Unidos: los llamados derechos de estado (*states' rights*)? ¿Cuáles son las diferencias y las similitudes entre ambos sistemas?

Source and Supplementary Materials

Introducción

Many of the printed and audiovisual materials included in the end-of-unit lists are available at the Instituto Cervantes: **www.nuevayork .cervantes.es.**

Printed Materials

ALTAMIRA, RAFAEL. *Historia de España.* (Also available in English as *History of Spain,* trans. Muna Lee.) New York: Van Nostrand, 1949. Comprehensive history of the Iberian Peninsula, with maps and chronologies. This was a major source for Francisco Ugarte in the early editions of this text.

ATXAGA, BERNARDO. *Obabakoak.* New York: Random, 1993. This novel about the Basque Country is available in the original Euskera, in Spanish translated by the author, and in this English version translated by Margaret Jull Costa.

CLARK, ROBERT. *The Basques.* Reno: University of Nevada Press, 1979. An objective yet sympathetic history of Basque nationalism and separatism, mainly covering the Franco years.

DÍAZ PLAJA, FERNANDO. *The Spaniard and the Seven Deadly Sins.* London: Pan Books, 1967. A delightful tongue-in-cheek description of the Spanish national character.

GARCÍA-MARTÍ, VICTORIANO. *Galicia: La esquina verde.* Madrid: Editora Nacional, 1954. Remarkably sympathetic to Galician cultural identity, given the year of publication.

JORDAN, BARRY, ed. *Spanish Culture and Society.* London: Oxford University Press, 2002.

LASAGABASTER, J. M. *Contemporary Basque Fiction.* Reno: University of Nevada Press, 1990.

LEPRÊTRE, MARC. *The Catalan Language Today.* Barcelona: Generalitat, 1992.

MARÍAS, JULIÁN. *España inteligible: Razón histórica de las Españas.* Madrid: Alianza, 1985.

PARDO BAZÁN, EMILIA. *Los pazos de Ulloa.* Barcelona: Bruguera, 1982. (Also available in English as *The House of Ulloa*, trans. Paul O'Prey and Lucia Graves. New York: Penguin, 1990.) Pardo Bazán's famous novel about the Galician aristocracy in the nineteenth century; much background description of Galician countryside.

READ, JAN. *The Catalans.* London: Faber and Faber, 1978. A brief but thorough history of Catalonia. Contains informative maps, charts, and drawings.

RIBERA LLOPIS, JUAN M. *Literaturas catalana, gallega y vasca.* Madrid: Playor, 1982.

SIGUÁN, MIGUEL. *Multilingual Spain.* Amsterdam: Swets & Zeitlinger, 1993.

SOBRER, JOSEP MIGUEL. *Catalonia: A Self-Portrait.* Bloomington: University of Indiana Press, 1992. A collection of personal essays on various aspects of Catalan culture.

TEICH, MIKULÁ and ROY PORTER, eds. *The National Question in Europe in Historical Context.* Cambridge: Cambridge University Press, 1993. See especially the chapter on Spain by S. Barton.

Audiovisual Materials

MARIANELA. A film (available on DVD) by Angelino Fons, based on a novel by Pérez Galdós set in a mining village in Asturias. A young blind man falls in love with a woman from the village. Upon regaining his sight, he falls out of love because the woman has been disfigured in an accident.

I

La prehistoria hasta la Edad Media

"Christ in Majesty flanked by seraphim and symbols of the Evangelists," copy of 12th century original (fresco) by Spanish School/San Climente, Taüll (Tahull) Catalonia, Spain. (Ken Welsh/The Bridgeman Art Library)

Cronología

	Antes de Cristo (a.C.)
Llegada de los celtas a España y fusión con los iberos	**Siglo VI**
	Siglo VI–III — Dominación cartaginesa
Llegada de Aníbal a España con el ejército cartaginés — **Siglo III**	
	Siglo II — Llegada de los primeros judíos
Después de Cristo (d.C.) —	
	281 a.C.– Siglo I d.C. — Campaña militar de conquista de España por los romanos
Dominación romana — **Siglos I–V**	
	409 — Llegada de los visigodos
Invasión de los árabes y principio de su dominación — **711**	
	756–961 — Califato de Córdoba; gran cultura de «Al-Andalus»
Alfonso el Sabio — **Siglo XIII**	
	1348–1350 — La peste negra
Destrucción de sinagogas; comienzo de pogromos — **1391**	
	1469 — Unidad de España bajo los Reyes Católicos
Introducción de la imprenta en España — **1472**	
	1481 — Comienza la Inquisición
Conquista de Granada por los Reyes Católicos y fin de la dominación árabe en España; encuentro de América; expulsión de los judíos — **1492**	

España desde sus orígenes hasta la Reconquista

Espańa es un país con una larga historia. En la remota Edad Media,° era una zona de una inmensa variedad cultural. Cristianos, árabes y judíos coexistían y colaboraban en una gran empresa° de cultura y de civilización. España era entonces el eslabón° entre las culturas de Oriente y de Occidente. En el siglo XVI, España creó el primer estado y el primer imperio moderno. Pero después de la derrota° de la «Armada Invencible», la nación cayó en una gran decadencia material y perdió su poder militar y político. Por varias circunstancias, la historia de España es muy diferente de la del resto de Europa. Por eso, el carácter y el estilo de vida de los españoles son también muy peculiares.

La Península Ibérica tiene unas 2.700 millas de costas y siempre ha sido vulnerable a las invasiones extranjeras. Por eso, los habitantes de la península son el fruto° de numerosas mezclas° de diferentes razas y pueblos que vivieron en España. Esta diversidad racial se refleja en los españoles de hoy.

Ha sido muy discutida la etimología de la palabra *España*. Fueron los griegos los que emplearon por primera vez el nombre de *Spania*, transformada luego en *Hispania* por los romanos. Se ha asociado con *span* (*palmo*), y al púnico *conejo*,° pero esas especulaciones no se

Edad… *Middle Ages*

enterprise, undertaking
link

defeat

product / mixtures

rabbit

pueden confirmar. *Iberia* quiere decir *país de los iberos* y deriva de la raíz *ib*, que significa *río*. Por eso se da el nombre° de *Ebro* a uno de los mayores ríos de la península.

Los iberos y los celtas

Los griegos nos dan la primera indicación de que los primeros pobladores de la Península Ibérica fueron los iberos. Se sabe que ya estaban allí en el siglo VI a.C. Pero no hay duda de que los iberos vivían en España desde mucho antes. Era un pueblo individualista y guerrero.° Constituía una raza de gente baja y morena, que también vivía en Inglaterra, Irlanda, Francia y otros lugares de Europa.   *warlike*

¿De dónde procedían° los iberos? ¿Serían los antepasados de los vascos de hoy? Las investigaciones científicas más modernas han demostrado que existe alguna conexión entre el pueblo vasco actual y los iberos de la prehistoria. Esta opinión está basada principalmente en ciertas relaciones entre el euskera, o lengua de los vascos, y la lengua que hablaban los iberos. Eso se ve especialmente en los nombres de ciudades, ríos y montañas.   *originated*

En el siglo VI a.C., llegaron los celtas a la Península Ibérica. Era éste un pueblo de gente rubia que procedía del norte y del centro de Europa. Todavía se nota hoy en España la influencia celta, principalmente en Galicia. Los gallegos se parecen a los irlandeses —también de origen celta— en ciertas características físicas. Culturalmente también comparten ciertas cosas, como por ejemplo la gaita° como instrumento musical.   *bagpipe(s)*

Iberos y celtas se fundieron° —primera mezcla de razas— para formar el pueblo celtíbero. Era un conglomerado de tribus desorganizadas y belicosas.° Eran valientes en la lucha y despreciaban la muerte.   *se… mixed* *warlike*

Otros: fenicios, griegos y cartagineses°

Carthaginians

Los fenicios fueron los primeros en establecer relaciones comerciales con la península, hacia el siglo XI a.C. Era un pueblo procedente de las islas y las costas en el este del Mediterráneo. Los fenicios eran semitas, marineros y comerciantes. Fundaron Cádiz, la ciudad más antigua de España. También establecieron colonias permanentes en Málaga y en otros puertos del Mediterráneo con

el fin° de explotar sus riquezas. Los fenicios eran de naturaleza pacífica y no iniciaron ninguna guerra contra los celtíberos. Se dedicaban
solamente al comercio, y enseñaron a los residentes de la península el
uso de la moneda, el alfabeto y el arte de trabajar los metales y hacer
tejidos.°

    Hacia el siglo VII a.C., los griegos también establecieron colonias
mercantiles en los puertos del Mediterráneo. Incrementaron el cultivo de
la uva y del olivo, y fundaron escuelas y academias. En una zona cerca
de l'Escala (Girona), se ve una interesante mezcla de las culturas de la
época de los siglos VI y VII a.C.: ruinas griegas y romanas en la costa y
ruinas celtas en el interior en Ullstret. Las monedas encontradas indican
que los celtas vendían sus productos a las poblaciones de la costa.

    Antes de las guerras púnicas,* Cartago era una colonia fenicia si-
tuada en el norte de África. Pronto se convirtió en una gran metrópoli
comercial e industrial. Tenía más de un millón de habitantes. En el siglo
VI a.C., los fenicios fueron atacados por los celtíberos y les pidieron
ayuda a los cartagineses. Pero al llegar éstos a España se hicieron
dueños de la península.

    Durante el siglo III a.C., la Península Ibérica fue uno de los lugares
disputados entre los cartagineses y los romanos, que también querían
ejercer su dominio en la península. Un poderoso ejército cartaginés
desembarcó° en España para conquistar definitivamente el país en el
siglo III a.C. Pronto conquistó todo el país. Aníbal era el caudillo
cartaginés. Desde los trece años, Aníbal había vivido en España. Juró°
odio eterno a los romanos. Con soldados cartagineses y celtíberos, y una
formidable caravana de elefantes, Aníbal cruzó los Pirineos y los Alpes.
Estuvo a punto de ocupar Roma, pero no pudo. Fue Roma la que, finalmente, destruyó e incendió° Cartago en el año 146 a.C.

*Margin glosses:*
- end, goal
- cloth, fabric
- landed
- He swore
- burned

Los romanos

Mientras Aníbal luchaba en Italia, los romanos invadieron
España en el año 281 a.C. Tardaron° doce años en expulsar
a los cartagineses. Roma dominó en la península durante
seis siglos. Pero los poderosos ejércitos romanos tardaron
doscientos años en someter a las valerosas tribus celtíberas.

    La ciudad de Numancia es el símbolo inmortal de la resistencia del
pueblo celtíbero en su lucha a muerte contra Roma. Estaba en llamas°

*Margin glosses:*
- It took them
- en... in flames

---

*Las tres guerras púnicas entre romanos y cartagineses duraron más de un siglo. Fue
una lucha por la supremacía del Mediterráneo que terminó con la victoria total de Roma
en el siglo II a.C.

Templo romano en Vic (provincia de Barcelona).
(Courtesy of Spanish National Tourist Bureau)

Trajano fue uno de los cuatro emperadores romanos nacidos en España. Dio a Roma su máxima expansión territorial.
(Alinari/Art Resource)

cuando el general romano Escipión pudo finalmente entrar. Pero no encontró un solo numantino vivo porque, después de la derrota, se habían suicidado todos. Miguel de Cervantes escribió una famosa tragedia sobre la caída de Numancia.

Los celtíberos mezclaron su ya mezclada sangre con la de los invasores romanos. La lengua, las leyes y las costumbres romanas fueron en parte adoptadas en la península; es decir, España se romanizó. Ya no era una colonia, sino parte integrante y orgullosa de Roma. Los españoles, ahora hispanorromanos, no eran vasallos° sino ciudadanos romanos que disfrutaban de todos los derechos inherentes a la soberanía.° Cuatro de ellos llegaron a ser emperadores romanos: Trajano, Adriano, Marco Aurelio y Teodosio el Grande. Séneca, el gran filósofo estoico, y otras ilustres figuras de la cultura romana, eran hispanorromanos. Así es como España se convirtió en un país latino.

vassals, subjects
sovereignty

Los visigodos

Después de seis siglos de dominación romana, en el año 400 España fue invadida por los pueblos bárbaros del norte. Los bárbaros aprovecharon° la decadencia del Imperio Romano para invadir los dulces campos del sur. Los pueblos estaban compuestos por varias tribus germánicas que se dedicaban a hacer la guerra y que sólo respetaban el derecho de conquista: la ley de la selva. En España, estos godos° o visigodos se convirtieron en los amos.

took advantage of

Goths

Pronto terminó la conquista para dar lugar a una nueva mezcla de sangre, esta vez entre hispanorromanos y visigodos. España, además de ser latina, y además de lo que había sido antes, llegó a ser también germánica. Por primera vez se estableció cierta unidad política y religiosa, y se creó la monarquía visigótica aristocrática. En el siglo VI, los visigodos se convirtieron al cristianismo. Uno de los más conocidos fue San Isidoro, a quien se le atribuye el primer tratado en contra de los judíos, pues también pretendía° convertirlos al cristianismo.

attempted

El feudalismo fue inaugurado en España por los visigodos, pero nunca alcanzó° un desarrollo tan amplio° como en otros pueblos de Europa. En general, los visigodos no crearon una civilización nueva. Se limitaron a adaptar las instituciones romanas a sus necesidades.

achieved / broad

Los árabes

En el siglo VII, en Arabia, surgió° un profeta (Mahoma) que dio origen a la religión islámica y unificó las tribus árabes. Pronto estas tribus, que habían sido nómadas, llegaron a formar el pueblo más poderoso del mundo civilizado de entonces. El símbolo islámico de la media luna fue el mayor rival de la cruz cristiana. El dominio árabe se extendió hasta Europa. En el siglo X, bajo la dominación árabe, España estaba a la cabeza de la cultura europea.

appeared

El Alcázar de Segovia se construyó como protección contra reinos enemigos. Aquí habitaron los Reyes Católicos por mucho tiempo.
(© Peter Menzel)

La historia tiene sus paralelismos. De la misma manera que el Imperio Romano se debilitó° en sus últimos días, cediendo el paso a los bárbaros del norte, así la monarquía visigótica sucumbió al primer ataque de los guerreros árabes en el siglo VIII.

Además, la monarquía visigótica no era hereditaria sino electiva entre los nobles. Por lo tanto, las sucesiones al trono eran casi siempre violentas. Los aspirantes a la corona° visigótica se mataban unos a otros. De los treinta y dos reyes visigóticos que reinaron en España, diez de ellos fueron asesinados por los aspirantes al trono.

La leyenda de don Rodrigo, el último rey godo, relata la perdición de la España visigótica. Dicen las viejas crónicas° que una preciosa doncella,° que se llamaba Florinda la Cava, se bañaba en las orillas del Río Tajo. La vio el rey Rodrigo desde una ventana de su palacio de Toledo, se enamoró de ella y la hizo su amante.° Pero cometió la indiscreción de no pedirle permiso a su padre, quien era el poderoso conde° don Julián, gobernador de Ceuta en el Estrecho de Gibraltar. Cuando don Julián se enteró° de estas relaciones ilícitas, se sintió insultado en su honor y juró vengarse. Las llaves de las puertas de España estaban a su disposición, y las abrió para que los moros invadieran la península.

En el año 711 los árabes entraron en España. En la península permanecieron° por ocho siglos, muchas veces guerreando con los españoles pero, con frecuencia, conviviendo° pacíficamente con ellos. Estos ocho siglos de vida en común han ejercido enorme influencia en el carácter nacional español, en la literatura y en el arte. El ingrediente árabe da una nota característica a la civilización española. La hace muy diferente de las de otros países europeos.

se... weakened

crown

chronicles
damsel, maiden

mistress
count

se... found out

they remained
living together

Al principio, el gobierno político de la España musulmana no era independiente. Estaba constituido por emires° bajo la jurisdicción del califa.° Pero en el año 756, el Califato de Córdoba fue proclamado soberano e independiente. Bajo la dirección de los califas cordobeses Abderramán II y Abderramán III, se inició° en España un período de máximo esplendor cultural, de 756 a 961. España tenía la flota° más poderosa del Mediterráneo. Córdoba, su capital, se convirtió en próspera metrópoli de la civilización de Europa. Árabes y judíos trabajaban juntos para dar al mundo importantes descubrimientos en los campos de la medicina, la botánica, las matemáticas y otras ciencias. Los árabes transmitieron al mundo occidental la filosofía y cultura de la antigua Grecia. Si no fuera por estos árabes hispánicos, se habría tardado en conocer la filosofía de Aristóteles.

> *emirs, princes*
> *caliph, head of a caliphate (state)*
> *se... was initiated*
> *fleet*

Córdoba tenía toda la opulencia de un cuento de *Las mil y una noches.* Dicen las crónicas que a una legua° de la ciudad, Abderramán III edificó la fabulosa ciudad-palacio de Medina-Azahra para su favorita. En su recinto° había un harén con 6.300 mujeres, 400 casas, 300 baños y 15.000 eunucos° y criados. Pero las mujeres cristianas y musulmanas tenían un papel activo en la sociedad, ya que practicaban oficios como menestralas,° taberneras e intelectuales. Artesanos cristianos y árabes construyeron las paredes cubiertas de oro y mármoles° transparentes. Las tejas° de muchos tejados° eran de oro y plata. En 1010, feroces tribus bereberes° del norte de África invadieron el califato, destruyeron los palacios del califa y mataron a sus ocupantes. Hoy casi no quedan restos de la opulencia de Medina-Azahra. Pero sí queda otro famoso palacio árabe, La Alhambra, que está en Granada.

> *league (2.4–4.6 miles)*
> *confines, enclosure*
> *eunuchs*
> *artisans*
> *marble*
> *tiles / roofs*
> *Berber*

Después del período de prosperidad y grandeza del califato, la España árabe se dividió en pequeños reinos débiles y desunidos llamados *taifas.* Granada fue el último reino moro; cayó en poder de las fuerzas cristianas en 1492.

La historia de ocho siglos de dominación árabe en España se caracteriza por la ejemplar° tolerancia que existía entre sus habitantes. Cristianos, árabes y judíos vivieron y colaboraron juntos, a pesar de sus enormes diferencias religiosas y culturales.

> *exemplary*

La Reconquista

Los cristianos españoles que no cayeron bajo las armas del Islam se reunieron en Covadonga, en las montañas de Asturias. Nombraron rey a Pelayo, primer rey de la dinastía española. En 718, sólo siete años después de la invasión, los cristianos ganaron en Covadonga la primera batalla contra los árabes. Después de esa victoria, la España cristiana comenzó las campañas° para rechazar° a los invasores árabes del suelo español. Esta larga lucha, conocida en la historia

> *campaigns / push back*

El Testamento de Isabel la Católica, *cuadro de Eduardo Rosales, representa la reina castellana tan admirada de muchos españoles. De suma inteligencia, gobernó durante la época de la unificación territorial de España y de la exploración de América.*

(Museo del Arte Moderno, Madrid/Institut Amatller d'Art Hispànic)

como *la Reconquista,* duró ocho siglos, aunque no era constante. Hubo muchos períodos de convivencia pacífica y amistosa.

El período de la Reconquista determinó la formación política y religiosa de España. A medida que° los reyes cristianos iban recuperando terreno de los árabes, la península se dividió en reinos independientes, desunidos y rivales. La diversidad y carácter propio de estos antiguos reinos (como Asturias, Aragón, Galicia, Navarra, León y Castilla) es la base de la relativa falta de unidad política y cultural que ha existido en la península hasta hoy.

A... As

La unidad política de España se logró con el casamiento en 1469 de los Reyes Católicos: Isabel, reina de Castilla, y Fernando, rey de Aragón. En aquel entonces Aragón formaba una tercera parte del este de la península, incluyendo Cataluña, un condado bajo el poder de los Condes de Barcelona que habían conquistado las grandes islas mediterráneas de los árabes: Baleares, Córcega, Cerdeña, Sicilia y el reino de Nápoles. Menos de tres décadas después, España (o Castilla-Aragón) se convertirá en imperio con la llegada de Cristóbal Colón a América y la subsiguiente° conquista de los aztecas y los incas.

subsequent

Los ejércitos de los Reyes Católicos entraron victoriosamente en Granada, el último bastión de los árabes, en 1492, poniendo fin así a la Reconquista. Dice un romance popular que Boabdil, el último califa árabe, «llora como un niño la pérdida de su Alhambra» (ver la foto, pág. 47). El año 1492 es una fecha importantísima en la historia española, por ser el año en que terminó la dominación árabe en territorio español y se extendió el imperio español en América con el primer viaje de Colón. Tristemente, este año también marca la expulsión de los judíos de España, después de un siglo de persecuciones.

Preguntas

1. ¿Cuáles son los grupos principales que dominaron en España antes de la colonización romana?

2. ¿Cuál fue la contribución principal de los fenicios? ¿Y la de los griegos?

3. ¿Qué importancia histórica, simbólica y literaria tiene la ciudad de Numancia?

4. ¿Cuáles son algunas de las contribuciones culturales de los árabes a la civilización española?

5. Describe la Reconquista. ¿Cuánto tiempo duró? ¿Dónde empezó y dónde terminó?

Temas de investigación y conversación

Primero, investiga los siguientes temas de este capítulo. Luego, coméntalos con tus compañeros de clase.

Para investigar los temas de este capítulo, puedes encontrar tanto enlaces a buscadores como palabras clave en la página Web de este libro de texto: **www.mhhe.com/espana6.**

1. **Investigación:** Busca los orígenes de la palabra *España*/Hispania. Luego, encuentra el origen del nombre de la ciudad, estado o país donde vives.
   Conversación: ¿Por qué podría ser importante para los colonos (*settlers*) de un lugar la selección del nombre de dicho lugar?

2. **Investigación:** El Imperio Romano colonizó España hacia el año 300 a.C. ¿Cuál es la definición de la palabra *colonialismo?* ¿ y de *imperialismo*?
   Conversación: Algunos historiadores creen que el imperialismo persiste hoy día en la política exterior de los Estados Unidos. ¿Estás de acuerdo? ¿Cuáles son las diferencias entre el imperialismo romano y el de los Estados Unidos a partir de 1900? Explica tu respuesta.

3. **Investigación:** Investiga las contribuciones judías y árabes a la civilización española. Describe algunas de estas aportaciones (por ejemplo: idioma, religión, filosofía, arquitectura, medicina, matemáticas y agricultura).

Conversación: ¿Crees que la Edad Media española fue un período de tolerancia y convivencia entre las culturas judía, árabe y cristiana? ¿Por qué sí o por qué no?

4. **Investigación:** Busca información sobre la leyenda de Florinda la Cava. ¿ De qué se trata? ¿Qué función sirve esta leyenda en la cultura española?

Conversación: ¿Hay otros personajes históricos que se han convertido en figuras míticas (por ejemplo, George Washington o Paul Bunyan)? ¿Por qué suele existir una convergencia entre la historia y el mito?

La literatura española desde su nacimiento hasta el Siglo de Oro

Antes de apreciar las primeras manifestaciones de literatura en idioma castellano, hay que reconocer que existía en España una antigua tradición de literatura escrita en gallego, en catalán y en mozárabe (el idioma que hablaban los españoles que vivían en territorios ocupados por los árabes de España). Actualmente hay muchos escritores que insisten en escribir en catalán, gallego o euskera para conservar la cultura e identidad propias. En este texto, se hablará sobre todo de la literatura escrita en castellano pero también se indicará la importancia de algunas de las obras más conocidas y escritas en los idiomas minoritarios de la península.

¿Cuáles son las características comunes a la literatura española? Es arriesgado° generalizar. Cada escritor español tiene una personalidad, un estilo y una cultura muy suya, según el lugar y la época en que nació y vivió. Se ha dicho que los intelectuales españoles se instalan° dentro de una realidad no abstracta sino vital. Es decir, los escritores españoles son individualistas y realistas.

La raíz° de la literatura española está en el pueblo. El elemento popular es frecuentemente la base de la creación artística. Lo popular y lo artístico se mezclan para buscar la armonía y la gracia. El escritor español suele poetizar todo lo que es popular en la vida y en el arte.

risky

se... place themselves

root

Los orígenes de la lengua y las «jarchas»

El castellano, siendo lengua románica, viene del latín. Pero hay muchas palabras que son de origen árabe, por ejemplo, las que empiezan por el artículo árabe *al*, como *algodón* y *alcalde*.

Las muestras más antiguas de la literatura española son las jarchas (hacia el siglo XI). Éstas son pequeños poemas escritos en dialecto mozárabe, un español muy arcaico. Aparecen al final o como el estri- billo° de un poema más largo escrito en árabe o hebreo. El tema de estos poemas es casi siempre el amor: el éxtasis o el dolor que uno siente por la persona amada. Las jarchas son poemitas dulces y sensuales que su- gieren° que el deseo amoroso es una necesidad humana.

refrain

suggest

Las jarchas han influido mucho en la historia de la lírica española, tanto en la forma como en los temas. De las jarchas derivan los *villanci- cos* (canciones cantadas en la Navidad) y las cantigas de amigo cantadas por trovadores gallego-portugueses. Una gran parte de la poesía tem- prana está escrita en voz de mujer.

Meu sidi Ibrahim, ya neumne dolche,
vent 'a mib de nohte.
In non, si non queris, yirem' a tib:
garme a ob legarte.

*(Mi señor Ibrahim, dulce nombre,
Ven a mí de noche.
Si no, si no quieres, yo iré a ti:
Dime dónde encontrarte.)*

El Poema del Cid

La poesía nació al mundo con tono épico. La literatura griega tiene su base en *La Ilíada* de Homero, la literatura inglesa en el *Beowulf*, la francesa en la *Chanson de Roland*, la alemana en el *Nibelungenlied* y la española en el *Poema del Cid*, todas ellas poesías épicas con héroes nacionales. Es importante recordar que en la época, España es un crisol° que incluye las ricas culturas judía e islámica que florecieron en la península y las islas ibéricas.

melting pot

El *Poema del Cid* fue escrito por un poeta anónimo hacia finales del siglo XII. Tiene más de tres mil versos que tratan de las hazañas° de este caudillo de la Edad Media. El Cid es la encarnación de la España

exploits, deeds

Esta escultura del Cid es obra de Anna Hyatt Huntington. Dice el poeta anónimo en el Poema del Cid: «Monta el Cid Campeador en Babieca su caballo; / con todas sus guarniciones allí lo han enjaezado (harnessed). / ¡A banderas desplegadas salen de Valencia al campo! / Son cuatro mil menos treinta y en cabeza el Cid mandando».

(Courtesy of the Hispanic Society of America)

caballeresca,° varonil y noble. El poema no es fantástico como los otros citados.° Al contrario: es muy humano, dramático, realista y popular.

    El héroe, Ruy Díaz de Vivar, conocido como *el Cid* —que en árabe quiere decir *señor*— es un noble guerrero castellano. El Cid es acusado por un envidioso enemigo ante el rey Alfonso VI de Castilla (reinó de 1065 a 1109), quien lo destierra° injustamente. Sus leales hombres le siguen en el destierro para pelear contra los moros.

    Después de muchas batallas por las tierras del norte de Castilla, Aragón y Cataluña, derrota a los moros y entra triunfante en la ciudad de Valencia. Allí, se reconcilia con el rey. Sus dos hijas, doña Elvira y doña Sol, se casan con los infantes° de Carrión del antiguo reino de León. Estos cobardes esposos azotan° y violan a sus mujeres y las abandonan desnudas en un robledal.° A petición del Cid, se convocan° las Cortes de Castilla para castigar a los infantes de Carrión. El poema termina consolando a las desgraciadas° hijas del Cid mediante nuevas bodas con los honrosos infantes de Aragón y de Navarra. El Cid recupera su honor; sus grandes hazañas le merecen unos lindos epítetos que se repiten en el poema. Por ejemplo, le llaman «el que en buena hora ciñó espada» (*he who in a happy hour girded on his sword*).

chivalric, knightly
mentioned

exiles

princes
beat
oak grove
se… are convened
unfortunate

Cantigas de Santa María

Estas composiciones religiosas del siglo XIII se cantaban en gallego-portugués como alabanzas° a la Virgen María. El rey Alfonso X «el Sabio» (1221–1284) las recopiló° y las hizo transcribir no sólo como una muestra de espiritualidad sino también como una labor intelectual y artística. Las cantigas son las primeras joyas de la literatura gallega. En las cantigas se relatan los milagros de Nuestra Señora. Sirvieron para conservar el culto a la Virgen María que es algo muy típico de la religiosidad española, y es una virgen muy humana, que proteje a los pecadores, incluso a una monja que se escapa de su convento para verse con su amante. Hasta hoy día se cantan en las iglesias y son muy conocidas por el pueblo gallego.

praises
compiled

El conde Lucanor

El conde Lucanor del infante don Juan Manuel (1282–1348) es una colección de cuentos didácticos dentro de un marco.° El joven conde llega a su sabio tutor Patronio con sus dudas y preguntas sobre la vida. Patronio le contesta con un cuento que termina con una moraleja o lección vital. «De lo que aconteció a un hombre bueno con su hijo» es uno de los cuentos del libro que narra lo que le sucedió a un hombre que iba al mercado con su hijo y una bestia. Ambos iban a pie y la bestia iba descargada.° Pasaron unos hombres y dijeron que el padre y el hijo eran tontos por ir a pie. Entonces montó el hijo. Pasaron luego otros hombres y criticaron al hijo porque iba montado en la bestia mientras el padre viejo iba a pie. Entonces el hijo bajó de la bestia, y subió el padre. Otros hombres dijeron que no estaba bien que el tierno° hijo fuera andando. Entonces los dos subieron a la bestia. Pero otro hombre dijo que eran crueles con la pobre bestia. Ya cansado de tanta crítica, el hombre bueno concluye que es mejor que cada quien haga lo que le parece bien, que no importa la opinión de los demás, porque siempre habrá quien encuentre defectos en lo que los otros hacen. Otro de los cuentos tiene su tema muy parecido al de la obra shakespeariana, *The Taming of the Shrew*.

frame

with no burden

tender, young

El Arcipreste de Hita

Juan Ruiz (1283–1350) fue arcipreste del pueblo de Hita (provincia de Guadalajara) y estuvo en la cárcel trece años por causas desconocidas. Su obra maestra *El libro de buen amor* (1330–1334) es una joya de didacticismo, lirismo y poesía narrativa. Se parece un poco en los temas y en el tono a *The Canterbury Tales*

Ramón Llull, filósofo mallorquín del siglo XIII, escribió en catalán y latín. Aquí se ven unos folios (pages) de un manuscrito iluminado; son páginas copiadas y decoradas a mano por monjes.
(Centre UNESCO de Catalunya, Barcelona)

de Chaucer. El *Buen amor* es una mezcla de exaltación religiosa y a la vez un canto a las delicias de la vida: los vinos, las canciones, la naturaleza y el amor. Al principio el protagonista está desilusionado porque ninguna mujer se ha enamorado de él. Pero luego, con la ayuda de una alcahueta° famosa, Trotaconventos, lo consigue. Juan Ruiz es el

go-between, matchmaker

poeta-humorista más antiguo de España. La intención de la obra ha sido muy discutida. Algunos dicen que esos elogios al placer y a los sentidos son ejemplos del «amor loco», o sea, el amor mundano, mientras otros ven en el arcipreste una figura positiva que representa la sensualidad.

¡Ay, Dios, cuán hermosa viene doña Endrina por la plaza!
¡Ay, qué talle, qué donaire,° qué alto cuello de garza°!
¡Qué cabellos, qué boquita, qué color, qué buenandanza°!
Con saetas° de amor hiere cuanto los sus ojos alza.

grace / heron
felicidad
arrows

Proverbios morales *y* La historia del Abencerraje

En el siglo XIV, se encuentran también muestras de las otras culturas que coexistían con la España cristiana. El sabio rabino Sem Tob de Carrión escribió una colección de *Proverbios morales,* cuartetos doctrinales de inspiración hebrea. En ese mismo manuscrito se encuentran unas *Coplas de Yoçef* que narran los últimos años de la vida del bíblico José, según el libro *Génesis 37* (30–50). El mismo José es objeto de otro libro, el *Poema de Yúçuf,* en *aljamiado,* nombre éste que se da a las obras escritas con palabras españolas pero utilizando escritura árabe o hebrea. Este texto anónimo se basa más bien en el Corán.

Más tarde (alrededor de 1550), encontramos la bella novela sentimental de tema árabe, *La historia del Abencerraje y la hermosa Jarifa,* que tiene lugar en las regiones fronterizas entre moros y cristianos, centrándose en las relaciones de amistad entre protagonistas de ambos bandos. Abindarráez y Rodrigo de Narváez son hombres de honor que se tratan con respeto. La obra inspiró algunos episodios de *Don Quijote* y llegó a tener seguidores en la literatura francesa.

Tirant lo Blanc

Una de las novelas caballerescas más famosas de la literatura mundial es *Tirant lo Blanc,* escrita en catalán por el valenciano Joanot Martorell (1410–1468) y publicada póstumamente en 1490. Según Miguel de Cervantes, autor de *Don Quijote, Tirant* es «el mejor libro del mundo» porque los caballeros son pintados de una manera realista: «comen… , duermen, mueren en sus camas y hacen testamento antes de su muerte.» La obra se trata de la batalla entre los turcos musulmanes y los cristianos por la gran ciudad bizantina de Constantinopla. El héroe, Tirant, es un personaje que lucha valerosamente y se enamora apasionadamente. Pero no es de ningún modo el único personaje; hay doncellas, caballeros, princesas, una emperadora sensual y seductora, soldados y gente común. La obra es de gran interés por las observaciones sobre la vida cotidiana° de la corte bizantina y también por la modernidad de su narrativa. No sólo es una obra realista sino que, junto con las escenas de batallas, está llena de intrigas amorosas, a veces eróticas.

diaria

La Celestina

En 1499 apareció *La Celestina,* una composición dialogada que se puede leer como obra dramática o novela. Fue escrita por Fernando de Rojas, cuyo nombre aparece en verso acróstico.° Se considera como una obra de transición entre la época medieval y el Renacimiento.

verso... acrostic verse

Brevemente el argumento relata la historia de Calixto, quien está apasionadamente enamorado de Melibea. Gracias a la vieja y astuta Celestina, una alcahueta parecida a la Trotaconventos del *Libro de buen amor,* Calixto y Melibea se ven secretamente de noche en el jardín de Melibea. Después de una de sus visitas nocturnas, Calixto cae accidentalmente de una escalera y muere. Entonces Melibea, desesperada, se suicida.

El mérito de *La Celestina* está en el argumento, lleno de suspenso e intrigas, y también en el cuadro que pinta de las pasiones humanas. Los personajes están llenos de vida y movimiento. El estilo es clásico, pero los temas son modernos. Los pensamientos y los proverbios de *La Celestina* han sobrevivido en el idioma español hasta hoy: «Haz tú lo que bien digo y no lo que mal hago», «Miserable cosa es pensar ser maestro el que nunca fue discípulo», «Cada cual habla de la feria según le va en ella°», «Por mucho que madrugues no amanece más temprano».° Pasa lo mismo con unos refranes en la obra de Shakespeare.

según... according to his or her own experiences / Por... No matter how early you get up, dawn comes at the same time.

La poesía popular: los romances°

ballads

Todo el pueblo español, desde el siglo XIV, ha cantado viejas canciones, llamadas *romances,* que son de autores desconocidos. Los juglares° las cantaban en las plazas y en los mercados. El pueblo las repetía y transmitía por vía oral de generación en generación, y así han llegado hasta el presente y como en toda tradición oral, hay muchas variantes de los temas más populares. Todavía se cantan y se componen en España, en Hispanoamérica, en el sudoeste de los Estados Unidos y entre los judíos españoles que se encuentran por el mundo. Después de cuatro o cinco siglos, conservan la misma frescura° de entonces.

trovadores

freshness, originality

Aunque algunos son más antiguos y otros más modernos, la mayoría de los romances viejos fueron compuestos° durante el siglo XV y la

composed

primera mitad del XVI.* En la segunda mitad del siglo XVI se reunieron varios volúmenes de romances, llamados *romanceros.* El romancero español ha sido una fuente inagotable° de inspiración para los escritores *inexhaustible* españoles y extranjeros, desde el Siglo de Oro hasta hoy. Algunos de los poemas incluidos en los romanceros llevan nombres de los poetas, o de las poetas, porque hay también unos cuantos nombres de mujeres. Los temas de los romances varían. Algunos son históricos; otros son novelescos,° caballerescos o líricos. Hay a veces una estrecha relación entre lo *fantastic, fictional* histórico y lo ficticio. Las hazañas del Cid, por ejemplo, aparecen en los romances y en crónicas medievales de la historia española. El romance ha sido utilizado de forma más culta en la literatura moderna: Gustavo Adolfo Bécquer adaptará esa tradición en el siglo XIX, y Federico García Lorca, en el siglo XX.

Preguntas

1. ¿Cuáles son las muestras más antiguas de la literatura española?
2. Describe la obra anónima, *El Poema del Cid.*
3. ¿Cómo son los cuentos de *El conde Lucanor*?
4. Explica la importancia de *Tirant lo Blanc* en la literatura peninsular.
5. ¿Qué es un romance? ¿Qué tipos de romances hay y cuáles son sus características principales?

Temas de investigación y conversación

Primero, investiga los siguientes temas de este capítulo. Luego, coméntalos con tus compañeros de clase.

 Para investigar los temas de este capítulo, puedes encontrar tanto enlaces a buscadores como palabras clave en la página Web de este libro de texto: **www.mhhe.com/espana6.**

1. **Investigación:** Busca el texto, *El Poema del Cid.* Lee uno de los episodios. Resume el argumento. ¿Quiénes son los personajes? ¿Cómo se desarrollan?
   Conversación: ¿Cómo encarna (*embodies*) el Cid los valores del pueblo español? ¿Cómo encarna valores universales?

---

*Algunos de los romances son fragmentos de poemas épicos más largos y posiblemente más antiguos.

2. **Investigación:** Busca el texto de *El conde Lucanor.* Lee uno de los cuentos o «ejemplos». Resume el argumento. ¿Quiénes son los personajes? ¿Cuál es la moraleja del cuento?
   Conversación: ¿Crees que la moraleja es aplicable a la vida de hoy? ¿Por qué sí o por qué no?

3. **Investigación:** *La Celestina* contiene muchos proverbios que se emplean hasta hoy día (ver la pág. 39). ¿Cuáles son las verdades que intentan expresar los proverbios de *La Celestina?*
   Conversación: ¿Crees que estos proverbios expresan ideas serias y válidas? ¿Hay proverbios en inglés que corresponden a éstos?

4. **Investigación:** Los romances son producto de la llamada tradición oral de literatura. Busca la definición e información sobre ella. Resume la definición en tus propias palabras. ¿Cuáles son manifestaciones de este fenómeno en otras culturas?
   Conversación: ¿Hay algunos ejemplos de la tradición oral hoy día? Comenta.

3

El arte prehistórico, la arquitectura y la escultura

El arte prehistórico

Si se entiende por arte la expresión de la belleza, España es una de las naciones de más vigorosa y prolífica creación artística, a través de su historia. Esto se muestra desde el ser prehistórico de las cavernas° hasta Picasso. Las características generales del arte español, como de la literatura, son su realismo y su base popular. El arte español no es, en general, idealista, metódico ni académico, sino espontáneo, original e inspirado en el sentir del pueblo.

caves

Uno de los ejemplos de arte más antiguo del mundo son las pinturas de la cueva de Altamira, en la provincia de Santander, en el norte de España. Son dibujos de animales hechos con asombrosa° precisión: bisontes,° toros y ciervos.° Fueron pintados hace veinte mil años sobre las rocas de la cueva donde vivían los hombres prehistóricos.

astonishing
bison / stags

Los iberos, los primeros pobladores de España, dejaron la *Dama de Elche* como una de las pocas muestras de la elegancia de su arte. Es una escultura de tamaño natural de un busto de mujer ibera de serenísima y clásica belleza. Recientemente, unos antropólogos han sugerido que la estatua no es tan antigua como se pensaba, pero esa especulación no le quita nada de su exquisitez.

Todos los pueblos y razas que invadieron España dejaron muestras permanentes de sus trabajos artísticos. En muchos monumentos de arte

***Más de 150 figuras
de animales como la
de este bisonte,
pintado en las rocas
hace unos veinte mil
años, se han
conservado hasta
hoy en la famosa
cueva de Altamira,
en la provincia de
Santander.***
(T. L. Bierwert/Courtesy of
the American Museum of
Natural History)

La Dama de Elche.
(Museo de Arqueología
Nacional, Madrid/Institut
Amatller d'Art Hispànic)

que existen hoy en España se pueden ver reunidos los peculiares estilos
de los pueblos que han contribuido a la civilización española. Hay
lugares como Toledo, en Castilla; Santiago de Compostela, en Galicia; y
Girona, en Cataluña; que conservan abundantes joyas de arte prehistórico.

La arquitectura

La arquitectura romana

Durante los seis siglos que Roma dominó en España, la arquitectura y el arte romanos alcanzaron un gran desarrollo. Los romanos aprendieron mucho de sus maestros, los griegos. Se distinguieron principalmente en la construcción de obras públicas. Sus notas distintivas son la solidez, la simetría y la proporción. En España abundan las reliquias romanas: coliseos, teatros, puentes, templos y arcos triunfales. Se encuentran sobre todo en las ciudades de Mérida, en Extremadura; Tarragona, en Cataluña; y Sevilla, en Andalucía.

De especial interés es el acueducto romano de Segovia, en Castilla, una de las obras más impresionantes del mundo antiguo. Está hecho de enormes bloques de granito unidos sin argamasa.° El agua viene de la vecina Sierra de Guadarrama. Abasteció° agua a la ciudad de Segovia durante veinte siglos.

mortar
It supplied

El anfiteatro de Mérida está relativamente bien conservado. Todavía se presentan conciertos y otros espectáculos. Allí se podía, y aún se puede, reunir hasta cinco mil espectadores que oyen sin amplificación artificial. Los emperadores españoles Trajano y Adriano hicieron construir parte del mismo. En Mérida también se conservan templos, altares, acueductos y un puente, todos ellos construidos por los romanos. Hay un hermoso museo moderno donde se exhibe la historia romana de la región.

El acueducto romano de Segovia es el más impresionante y mejor conservado de todos los numerosos acueductos romanos del mundo. Se caracteriza por su sencillez, elegancia y grandiosidad. Toda la ciudad castellana de Segovia parece dominada por esta masa de granito que ha subsistido los rigores del tiempo durante dos mil años.
(age fotostock)

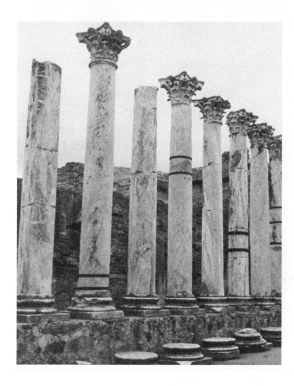

El anfiteatro de Mérida.
(Courtesy of Spanish National Tourist Bureau)

La arquitectura árabe

Como se ha dicho anteriormente, los ocho siglos de dominación árabe en España dieron al arte español una expresión peculiar, diferente de la de otros países europeos, especialmente en la arquitectura. El arte árabe, fiel al dogma del Corán, no reproduce nunca la figura humana. Su nota dominante es la línea curva y la rica ornamentación, a base de complicados motivos geométricos de filigrana.° El arte árabe predomina en el sur de España. — *filigree, intricate design*

La Mezquita° de Córdoba, hoy convertida en catedral cristiana, es impresionante. Tiene arcos de rico colorido° y un fantástico laberinto compuesto por cerca de mil columnas. Los arquitectos adoptaron el estilo romano para construir estas columnas y arcos. Es un estilo parecido al que se ve en el acueducto de Segovia, pero mucho más elegante. Tiene once pasillos° separados por columnas de diversos tamaños° y formas, con diseños° diferentes. Al entrar en la mezquita-catedral, se siente la impresión de estar en un bosque de fantasía. — *Mosque / color / passageways, halls / sizes / designs*

La Alhambra (*palacio rojo*) de Granada, construida en los siglos XIII y XIV para residencia de los reyes moros, es uno de los monumentos árabes más hermosos del mundo. Las murallas que se ven desde fuera esconden la belleza que se encuentra dentro del palacio. Es una expresión arquitectónica° de paz y de reposo, hecha para una — *architectural* vida de placer y de lujo. Hay más de veinte salas y patios con azulejos° de múltiples colores. En las columnas hay increíbles trabajos estucados° de filigrana. Al inspeccionar cuidadosamente los diseños del Patio de los Leones, por ejemplo, se descubre su maravillosa° variedad. La Alhambra era un verdadero paraíso islámico.

    Los sultanes moros no tenían bastante con un solo palacio. Casi al lado de la Alhambra construyeron otro: el Generalife. Aún hoy, sus jardines, sus fuentes de agua que canta, sus estanques,° sus cascadas,° sus árboles (arrayanes,° cipreses, naranjos y limoneros), evocan un ambiente de gran voluptuosidad. No es extraño que Washington Irving, el famoso escritor norteamericano, decidiera vivir allí. En Granada escribió sus magníficas narraciones *Cuentos de la Alhambra.*

tiles
carved in stucco
amazing

pools
waterfalls / myrtles

La Edad Media

Se ha llamado «oscura» a la Edad Media, pero la verdad es que en cuanto al arte y otras empresas culturales, no pudo ser más luminosa. Junto a las invenciones fantásticas de los árabes, el arte cristiano de la Edad Media encontró su única inspiración en la religión. Se levantaron majestuosas catedrales, cuya construcción duraba a veces siglos. España tiene más de doscientas catedrales y templos de primer rango.° Como sucede con los grandes tesoros arqueológicos de Grecia e Italia, al gobierno español le cuesta mucho mantener sus monumentos históricos.

    Varios estilos de arquitectura predominaron en España. Desde el siglo XI al XIII prevaleció el arte románico. Fue introducido en España

de... top-ranking

La Alhambra de Granada es una maravilla de arquitectura. Cada detalle, cada patio, cada arco tiene su propia personalidad.
(© Adam Woolfitt/Corbis)

con motivo de las peregrinaciones° que venían de otros países de Europa a Santiago de Compostela. Los templos románicos son macizos° y oscuros, con techos abovedados° y motivos° decorativos de figuras humanas y animales de primitivo encanto. Ejemplos de tantos monumentos románicos son la impresionante catedral de Santiago de Compostela, en Galicia, y el monasterio de Poblet, en la provincia de Tarragona donde se enterraba° a los reyes de Aragón.

El arte gótico empezó a dominar en el siglo XIII, además del románico. Es decir que muchos monumentos muestran una mezcla de arte gótico, románico y hasta árabe. La arquitectura gótica se caracteriza por el arco ojival° y los contrafuertes° en el exterior, que permitían construir muros menos gruesos.° También abundan las grandes vidrieras° de colores y las agujas° como flechas que parecen querer alcanzar el cielo. Así son las catedrales de Burgos, León y Toledo: cada una de ellas una muestra deslumbrante° de arte.

El arte mudéjar es el estilo de los árabes que vivían en territorio cristiano. Se trata de una original combinación de elementos góticos y árabes. Utiliza la gracia y colorido de los azulejos tan empleados aún hoy día en la arquitectura española de la península y de América.

La catedral de Sevilla es uno de los templos más imponentes de la cristiandad. Es de estilo gótico, pero su encanto principal es la torre de

pilgrimages
solid, strong
vaulted / motifs

se... they buried

pointed / buttresses
thick / stained-glass
windows / spires

dazzling

La catedral de Santiago de Compostela domina la ciudad con sus torres altas y su fachada grandiosa. Era la meta de muchos peregrinos (pilgrims) cristianos en la Edad Media.
(Courtesy of Spanish National Tourist Bureau)

El hospital de los Reyes Católicos fue construido en Santiago de Compostela como un lugar de reposo para las masas de peregrinos que llegaban a Santiago desde todas partes del mundo. Aquí se ve una habitación del hospital, que fue transformado por el gobierno español en un hotel o parador llamado Hostal de los Reyes Católicos.
(Courtesy of Spanish National Tourist Bureau)

Este puente en Toledo es una bella obra del arte mudéjar español, estilo único en Europa.

(Bernard G. Silberstein/ Monkmeyer Press Photo Service)

la Giralda, antiguo alminar° árabe, a la que pueden subir hasta ca- *minaret*
ballos por su espaciosa rampa. La Giralda es una joya querida de
España.

En la Edad Media, junto al espíritu religioso que se manifiesta en la
construcción de catedrales, dominaba también la preocupación militar. La vida era religión y milicia° caballeresca. Esto se refleja en los *battle*
numerosos castillos, residencias y fortalezas feudales que los nobles
construyeron para defenderse contra sus enemigos árabes y cristianos.
Hoy, en Castilla y en toda España, se pueden admirar estos viejos castillos con sus enormes murallas e impresionante aspecto medieval. No
hay provincia que no tenga varios castillos. Algunos están bien conser-
vados; otros están en ruinas. Algunos de estos castillos han sido con-
vertidos en hoteles de lujo, llamados *paradores*. Famoso es, por ejemplo, el castillo de la Mota que fue residencia de Isabel la Católica en
Medina del Campo, Castilla León.

Muchas ciudades estaban entonces completamente amuralladas.° El *walled*
mejor ejemplo que se conserva es la ciudad castellana de Ávila. La ciudad está rodeada de enormes murallas de cuarenta pies de altura y diez
de espesor,° en un perímetro de casi seis kilómetros. Fueron construidas *de... thick*
en el siglo XII. Es la edificación militar más importante de la Edad
Media que existe hoy en el mundo.

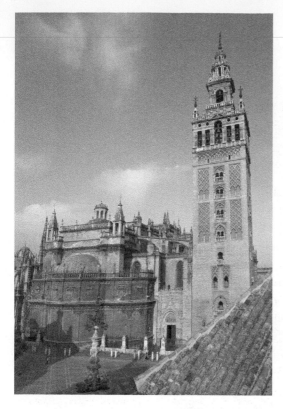

La Giralda es la torre de la catedral de Sevilla, que se construyó en el lugar que ocupaba una mezquita árabe, de la cual sólo ha quedado la Giralda, que era su alminar (minaret)*. Hoy sirve de campanario* (bell tower) *de la catedral. La parte sobre el campanario fue añadida en 1568 y es de estilo renacentista.*
(PIXTAL)

El Renacimiento

Con el Renacimiento no terminó la construcción de catedrales, pero cambió el estilo. Dominó el estilo plateresco. Se llama *plateresco* porque se parece a la filigrana del trabajo del platero.° Es una mezcla de arte gótico con las formas clásicas de Grecia y Roma. El mejor ejemplo es la Universidad de Salamanca, fundada en 1243.

    El monumento renacentista más importante de España es el Monasterio de El Escorial, en la Sierra de Guadarrama. Es templo, cementerio de los reyes de España, biblioteca valiosísima por sus manuscritos antiguos y museo de arte. También es monasterio-colegio de agustinos.° Fue construido por el arquitecto Juan de Herrera, pero refleja más bien el alma asceta° de su inspirador y primer ocupante: Felipe II. Es curioso el contraste que ofrecen los dos grandes monumentos de la arquitectura española: El Escorial y la Alhambra. La Alhambra de Granada es un canto a la sensualidad y a la fantasía, al color, a la gracia y a la alegría de vivir. El Escorial, en cambio, es monumental, grandioso, austero y clásicamente proporcionado.

    En el siglo XVII nació el estilo barroco, recargado de ornamentación,° que se caracteriza por la línea curva. El Barroco es el estilo predominante de las catedrales e iglesias que se construyeron en la América española durante la época colonial.

silversmith

Augustinian monks

ascetic

recargado... *decorated somewhat excessively*

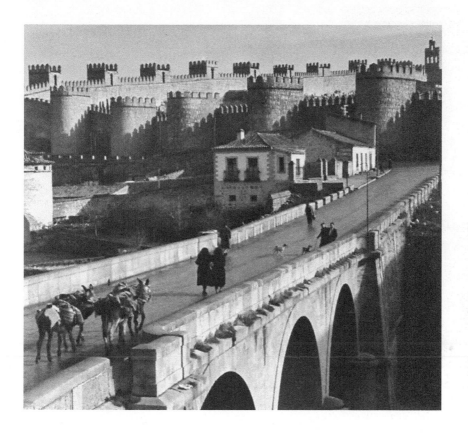

Las impresionantes murallas de Ávila, con sus ocho puertas de entrada, fueron construidas en tiempos de Alfonso VI, después de reconquistar la ciudad del poder de los árabes.
(Bernard G. Silberstein/ Monkmeyer Press Photo Service)

La escultura y la música

Un realismo extremado, casi brutal, caracteriza a la escultura religiosa española con énfasis en el martirio de santos. Tiene su principal expresión en la producción de imágenes religiosas esculpidas en madera e iluminadas con color. Es un arte llamado de *imaginería*, típicamente español. Algunas de estas imágenes salen todos los años por las calles de las ciudades españolas en las famosísimas procesiones de la Semana Santa. Son queridas y veneradas por todo el pueblo español. En Andalucía, cuando desfilan estas imágenes por las calles, algunas personas suelen improvisar canciones llenas de emoción popular y religiosa. Estas canciones, que el pueblo escucha con respeto, se llaman *saetas*, una variedad del cante flamenco. Sevilla es la ciudad más famosa por la celebración de la Semana Santa. Miles de personas, procedentes de todas partes del mundo, van allí todos los años para presenciar el espectáculo emocionante y popular de sus procesiones. Otro ejemplo de la música medieval también tiene sus

La fachada principal de la catedral de Jaén, en Andalucía, es grandiosa. Comenzada en el año 1500, la catedral es una joya del arte renacentista español.
(Courtesy of Spanish National Tourist Bureau)

raíces en la religión. Es el canto gregoriano, que ha experimentado recientemente una nueva ola de popularidad.

Las imágenes de los Cristos de Juan Martínez Montañés y Gregorio Fernández son de tal naturalismo que parecen seres vivientes. Algunas de ellas representan seres torturados por el dolor en los últimos momentos de la agonía.° Las obras de estos grandes escultores, como Luisa Ignacia Roldán, que fue la escultora oficial de los reyes Carlos II y Felipe V en los siglos XVII y XVIII, son otra muestra de cómo el realismo popular prevalece en el arte español. Igualmente impresionantes son las vírgenes que esculpió el murciano° Salcillo en el siglo XVIII, como la *Dolorosa* del pueblo de Hellín. Tiene un puñal clavado en el pecho y llora con lágrimas que parecen perlas. Esta imagen fue destruida durante la Guerra Civil.

A través de su larga historia, España fue dejando reliquias arquitectónicas, pedazos tangibles de esa misma historia. Se puede recuperar una parte del pasado español al observar esos castillos, catedrales, palacios y edificios. Muchos, en su interior, conservan también otras joyas artísticas.

death, dying

person from Murcia

**El Cristo muerto,
una figura torturada,
es ejemplo del
realismo español en
combinación con un
tema religioso. Ésta
es una obra del
escultor Gregorio
Fernández.**

(Gregorio Fernández/
Institut Amatller d'Art
Hispànic)

Preguntas

1. ¿Cuáles son algunas de las características tradicionales del arte español?

2. ¿En qué se distingue la arquitectura árabe? ¿Por qué no se encuentra en ella la figura humana?

3. Describe la arquitectura gótica. Menciona un ejemplo de ella.

4. El acueducto de Segovia es sólo uno de los ejemplos de las obras públicas romanas. ¿Cuáles son otros de ellos? Descríbelos.

5. ¿Qué punto de vista sobre la vida reflejan los castillos y fortalezas de la Edad Media? Explica.

Temas de investigación y conversación

Primero, investiga los siguientes temas de este capítulo. Luego, coméntalos con tus compañeros de clase.

 Para investigar los temas de este capítulo, puedes encontrar tanto enlaces a buscadores como palabras clave en la página Web de este libro de texto: **www.mhhe.com/espana6.**

1. **Investigación:** En la cueva de Altamira en Santander, se encuentran figuras de bisontes y otros animales. Una de las teorías de su existencia es que estas figuras se dibujaban para asegurar una caza exitosa. Haz una búsqueda sobre las otras teorías. ¿Cuáles son algunas?

Conversación: En tu opinión, ¿cuál(es) de las teorías tiene(n) sentido? ¿Por qué? ¿Cuáles no? ¿Por qué no? ¿Cuál es tu teoría preferida? ¿Por qué?

2. **Investigación:** Como ejemplo típico de la arquitectura hispano-árabe, el palacio de la Alhambra se caracteriza por su sensualidad. En cambio, el estereotipo de la cultura árabe suele subrayar las prohibiciones, la represión sexual y las restricciones dirigidas a la mujer. Busca otros ejemplos de arte y arquitectura árabes de la Edad Media. Describe cada uno. ¿Hay algunas características que tienen en común?

    Conversación: ¿Cómo ves las contradicciones entre tal percepción convencional de la cultura árabe y la sensualidad de la arquitectura hispano-árabe?

3. **Investigación:** Una reproducción bastante fiel a la Giralda de Sevilla (ver la pág. 50) se encuentra en la ciudad de Kansas City, Missouri. Busca información sobre la Giralda original y sus imitaciones, incluso la de Kansas City. ¿Qué es la Giralda? ¿Por qué crees que hay imitaciones de la original?

    Conversación: ¿Te gustan estos tipos de imitaciones? ¿Tienen alguna función social además de la promoción comercial? ¿Crees que pueden servir de puentes culturales entre un país y otro? Explica.

4. **Investigación:** Haz una búsqueda sobre «El Cristo muerto» de Gregorio Fernández (ver la pág. 53). Describe la escultura en tus propias palabras.

    Conversación: ¿Crees que es una representación realista? ¿Por qué sí o por qué no? ¿Cuál es la impresión que produce en el espectador?

Source and Supplementary Materials

I. La prehistoria hasta la Edad Media

Printed Materials

CLARK, WILLENE B. *A Medieval Book of Beasts: The Second-Family Bestiary: Commentary, Art, Text, and Translation.* Suffolk: Boydell Press, 2006.

CONSTANTINI, HUMBERTO. "In the Beginning." In Barbara Howe (ed.). *The Eye of the Heart.* New York: Bard Avon, 1973. A story about prehistoric life, focusing on the takeover of the Neanderthals by the Cro-Magnons.

CORFIS, IVY A. and RAY HARRIS-NORTHALL. *Medieval Iberia: Changing Societies and Cultures in Contact and Transition.* Suffolk: Tamesis, 2007. An explanation of the cultural and political complexities of the medieval Iberian Peninsula.

DUBRUCK, EDELGARD E. and BARBARA I. GUSICK, eds. *Fifteenth-Century Studies, Volume 32.* Rochester: Camden House, 2007. Focuses on the importance and praise of late-medieval women.

FISH COMPTON, LINDA. *Andalusian Lyrical Poetry and the Old Spanish Love Songs.* New York: New York University Press, 1976.

FLORES, ÁNGEL and KATE FLORES, eds. *The Defiant Muse: Hispanic Feminist Poets from the Middle Ages to the Present.* New York: The Feminist Press, 1986.

HERMENEGILDO, ALFREDO, ed. *Cervantes's* La Numancia. Madrid: SGEL, 1976. A play by the renowned novelist about the battle between the Spaniards and the Romans.

IRISARRI, ANGELES DE and MAGDALENA LASALA. *Moras y cristianas.* Barcelona: Emecé, 1998.

IRVING, WASHINGTON. *The Alhambra.* New York: Macmillan, 1936. There are countless editions of Irving's famous tales, including a Spanish version, *Cuentos de la Alhambra.* New York: Ginn, 1927.

JIMÉNEZ BENÍTEZ, ADOLFO. *La lírica arábigoespañola y las jarchas mozárabes.* San Juan, Puerto Rico: Zoé, 1982.

KEDOURIE, ELIE, ed. *Spain and the Jews.* London: Thames and Hudson, 1992.

MARTORELL, JOANOT. *Tirant lo Blanc.* Trans. David Rosenthal. New York: Schocken Books, 1984.

MENOCAL, MARÍA ROSA. *The Ornament of the World: How Muslims, Jews, and Christians Created a Culture of Tolerance in Medieval Spain.* New York: Little, Brown and Company, 2002. The title is self-explanatory. Although this book has been the object of some criticism, it is a must-read in our post-9/11 world.

MUNTANER, RAMÓN. *The Catalan Expedition to the East.* Translated by Robert Hughes. Suffolk: Tamesis, 2006. The story of how, in 1303, a short-term mission for the Catalan army became an eight-year war of attrition.

NELSON, BERNADETTE and OWEN REES, eds. *Cristóbal de Morales: Sources, Influences, Reception.* Suffolk: Boydell Press, 2007. A comprehensive survey of the music of the leading Spanish composer of his time.

RUBIERA MATA, MARÍA JESÚS. *Poesía femenina hispanoárabe.* Madrid: Castalia, 1989.

WEISS, JULIAN. *The «Mester de Clerecía»: Intellectuals and Ideologies in Thirteenth-Century Castile.* Suffolk: Tamesis, 2006. A group of narrative poems composed by university-trained clerics, including Gonzalo de Berceo.

Audiovisual Materials

The Cid. Charlton Heston plays the Spanish warrior in Hollywood's somewhat fanciful version of the legend. Sophia Loren plays Jimena. Available on DVD.

"Miracles of Sant'iago. Music from the Codex Calixtinus," Harmonia Mundi 907156, is a CD with accompanying songbook of medieval chant and polyphony.

II

Siglo de Oro

*Diego Velázquez, "Las meninas" (detail). Museo del
Prado, Madrid. (Alinari/Art Resource, NY)*

Cronología

	1481–1820	La Inquisición establecida por los Reyes Católicos
Encuentro con América; expulsión de los judíos	1492	
	1516–1555	Reinado de Carlos V de Austria y I de España
Conquista de México	1519	
	1519–1522	Primer viaje de Magallanes alrededor del mundo
Conquista del Perú	1524–1533	
	1525	Batalla de Pavia: Francisco I de Francia cae prisionero
Reinado de Felipe II	1555–1598	
	1557	Victoria de San Quintín (sobre Francia)
Batalla de Lepanto	1571	
	1588	Derrota de la «Armada Invencible»
Decadencia bajo Felipe III, Felipe IV y Carlos II; pérdida de gran parte del imperio	1598–1700	

La España Imperial de los siglos XVI y XVII

Con los Reyes Católicos se puso fin a la Edad Media en España y comenzó el Renacimiento español. Mientras en el resto de Europa reinaba un sistema político feudal en el siglo XV, en España se logró la unidad territorial. Con ello se dio origen a la institución del estado moderno y se estableció el primer imperio colonial. Pero esa unidad territorial fue, hasta cierto punto, superficial, debido a la diversidad cultural y religiosa de la España de la Edad Media.

La Inquisición y la expulsión de los judíos

Al intentar conseguir° la unidad territorial, los Reyes Católicos anhelaban° también la unidad religiosa de España. La inmensa mayoría de los españoles era cristiana, pero había también muchos judíos y conversos° que hasta entonces podían practicar su religión libremente. Los cristianos no habían absorbido el espíritu de tolerancia religiosa que dominaba en la España musulmana.°

to attain
desired

converts to the Christian faith
Muslim

Los judíos habían empezado a llegar a España, procedentes° del *coming from, originating*
norte de África, antes de la era cristiana. La mayoría llegó hacia el siglo
XI, durante la dominación árabe. Los Reyes Católicos querían castigar° *to punish*
a los que no practicaban dogmáticamente la religión cristiana. Para ello
establecieron, en 1481, el Tribunal de la Inquisición que tenía a su
cargo° la búsqueda y castigo de herejes° y la supresión de materias no *tenía… was in charge of / heretics*
ortodoxas.

Pero esto no era bastante para los fines propuestos. Los Reyes
Católicos ordenaron en 1492 la expulsión de España de todos los
judíos no conversos. Esta acción inhumana se aplicó a 165.000
judíos. Unos 50.000 conversos se quedaron. Los judíos habían contribuido con su trabajo a la prosperidad del país. Algunos dirigían° el *managed*

comercio bancario, otros eran grandes médicos y muchos ocupaban importantes puestos administrativos en el gobierno de la nación. Su expulsión fue una gran pérdida para España. Hoy hay muchos grupos de judíos españoles, llamados *sefarditas,* en el sur de Europa, en Turquía, en el norte de África, en Israel y en los Estados Unidos. Aunque no han vivido en España desde hace cinco siglos, algunos todavía hablan en sus hogares la lengua española del siglo XV, que se llama *ladino.*

Los moriscos

Los moriscos eran los árabes que se quedaron en España después de la Reconquista. Muchos de ellos continuaron practicando la religión musulmana, y otros se convirtieron al cristianismo más o menos a la fuerza.° Los moriscos, que habían importado el sistema de riego° de los países de clima seco de donde provenían,° se dedicaban a la agricultura y trabajaban muy bien las tierras de los nobles cristianos. A principios del siglo XVII, también unos 400.000 moriscos fueron expulsados de España por motivos religiosos. La agricultura sufrió un terrible abandono.

a... by force
irrigation / they came

España en América

La exploración de América es uno de los hechos más significativos de la historia de España. Después de realizar la unidad nacional bajo los Reyes Católicos, los españoles se lanzaron° a la fantástica empresa de explorar y colonizar un inmenso continente desconocido. Pero el «descubrimiento» de América fue en gran parte obra de la casualidad.° Cristóbal Colón (¿1436?–¿1506?), un aventurero de probable origen italiano, planeó un proyecto grandioso: una ruta nueva a la China. La reina Isabel de Castilla le dio tres carabelas° —la Pinta, la Niña y la Santa María— tripuladas° por 120 españoles. Partiendo de Palos de Moguer, en el sur de España, encontraron el Nuevo Mundo el 12 de octubre de 1492. Fue un viaje de algo más de dos meses. Colón hizo después otros tres viajes al continente americano.

Colón ocupó las nuevas tierras en nombre de los Reyes Católicos. En medio siglo de fiebre de conquistas,° los conquistadores españoles convirtieron España en el primer° imperio del mundo. España sólo tenía entonces unos ocho millones de habitantes.

se... threw themselves

obra... the work of chance

vessels, ships
crewed

En... In half a century of feverish conquest / leading

España en Italia

La política imperialista de los Reyes Católicos se dirigió° entonces a Italia. Francia y España habían luchado constantemente por la posesión de la península italiana. Venció España. Los Condes de Barcelona ya ocuparon la parte meridional,° Sicilia y Cerdeña. Más tarde, ocuparon también Milán.

En 1525, los españoles hicieron prisionero al rey de Francia, Francisco I, en la batalla de Pavia, en el norte de Italia. El rey de Francia fue encerrado° en la Torre de los Lujanes de Madrid.

se... turned

southern

imprisoned

Carlos V de Austria y I de España

La hija de los Reyes Católicos, Juana, llamada «la Loca», casada con Felipe I «el Hermoso», de la familia real de Habsburgo en lo que hoy es Austria, subió al trono español en 1506. Según la leyenda, Juana se volvió loca debido a la muerte de Felipe en 1506. Pero también es más que probable que su supuesta locura haya sido a causa de las intrigas políticas de su esposo y su padre, y más tarde de su propio hijo. Estas intrigas, según los historiadores, resultaron en el encarcelamiento efectivo de Juana desde una edad joven hasta su muerte. Su hijo Carlos V de Austria y I de España (reinó de 1516 a 1555) fue el último bastión del Sagrado° Imperio Romano-Germánico. Por ser nieto° de los Reyes Católicos, heredó la corona española con todas las vastas posesiones de América, Italia, Oceanía y el norte de África. Como hijo de Felipe el Hermoso, recibió lo que hoy es Holanda, Bélgica, Luxemburgo, Flandes, el Artois° y la provincia del Franco-Condado, al este de Francia. Todas estas tierras formaban parte del Imperio Español. Por eso se decía que «en los dominios de España no se ponía nunca el sol». Aunque no hablaba español, Carlos V adoptó a España como su propia patria.

Carlos V siguió la política imperialista y religiosa de sus abuelos, los Reyes Católicos. Éstos lucharon por la unidad religiosa de España y América. Carlos V luchó por la unidad religiosa de Europa. Podría haber sido tolerante con Martín Lutero, pero no comprendía la revolución religiosa que, bajo el nombre de la Reforma,° dominaba toda Europa en la primera mitad del siglo XVI. Políticamente, le habría convenido° ser tolerante, pero Carlos V era intransigente en cuestiones de la fe. Prefirió luchar contra sus rivales: Francisco I de Francia, Enrique VIII de Inglaterra, los príncipes° protestantes de Alemania y los turcos.

Holy / grandson

region in northern France

Protestant Reformation

le... it would have been good for him

princes

Carlos V de Austria y I de España gobernó más territorios que ningún otro monarca de Europa. Ocupó la posición central en las luchas políticas y religiosas de la primera mitad del siglo XVI. Bajo Carlos V y su hijo Felipe II, España luchó durante cien años contra la Reforma protestante y contra los turcos. Este retrato es uno de los varios pintados por el italiano Ticiano, pintor favorito de la corte de Carlos V.
(Museo del Prado)

La conquista de México

El imperialismo de Carlos V se ve claramente en la conquista de México, o «Nueva España», en 1519. El que llevó a cabo° esa conquista fue Hernán Cortés, uno de los grandes aventureros y genios militares de la historia.

llevó... *carried out*

En México no había un conglomerado de razas indígenas como en los Estados Unidos, sino imperios. Los aztecas tenían una gran civilización, comparable a las de Egipto y del Hindostán. Tenochtitlán, la capital imperial y hoy la moderna capital de México, era una ciudad monumental de más de trescientos mil habitantes.

La conquista de los aztecas se logró con un ejército armado de sólo seiscientos hombres y doce caballos. Es un episodio que parece más leyenda que un hecho histórico. Cortés, perseguido por el gobernador de Cuba, Diego Velázquez, se escapó de Cuba con los barcos de Velázquez y desembarcó en el sitio donde hoy se encuentra la ciudad mexicana de Veracruz. Allí hizo quemar todos sus barcos para que nadie pudiera regresar. Los

HERNAN CORTES.

Hernán Cortés fue un hidalgo (minor nobleman) pobre nacido en Medellín, Extremadura. Murió pobre y abandonado en una pequeña finca cerca de Sevilla. Le escribió cinco cartas a Carlos V que constituyen un valioso documento histórico de la conquista de México.

(Etching, Manuel S. Carmona, from *Retratos de españoles ilustres*. Courtesy of Hispanic Society of America)

españoles encontraron inestimable ayuda en Marina, llamada «la Malinche», una inteligentísima mujer indígena. Llevando siempre a Marina como intérprete y guía, Cortés empezó la marcha hacia el interior del fabuloso imperio. Tuvo que vencer enormes dificultades a través de un territorio desconocido, montañoso y selvático. Pero con la ayuda de Marina y de algunas tribus que se aliaron° con él para vencer a los aztecas, entró triunfante en Tenochtitlán. Allí hizo prisionero al emperador Moctezuma y, más tarde, al caudillo Cuauhtémoc, sobrino y sucesor de Moctezuma. Cuauhtémoc era un noble y orgulloso representante de la raza azteca. Cuando cayó prisionero de los españoles, le dijo a Cortés: «He hecho todo lo que he podido para defender a mi pueblo; ahora puedes matarme a puñaladas°». «No temas° —le contestó Cortés— serás tratado con todo honor. Has defendido tu capital como un guerrero bravo.»

Sin embargo, el tesorero real de España quería el oro de los aztecas. Cortés quemó vivo a Cuauhtémoc porque no confesó dónde guardaba el tesoro. Cuando otro noble azteca, condenado al mismo tiempo a la hoguera,° se quejaba de tal tortura, dicen las crónicas que Cuauhtémoc le respondió: «¿Por qué te quejas? ¿Estoy yo acaso en un lecho° de rosas?»

Para el pueblo mexicano, Cuauhtémoc es un héroe mientras que los españoles son explotadores inhumanos por su trato° de la población

se… *allied themselves*

matarme… *stab me to death*
No… *Do not fear*

fire, stake
bed

treatment

indígena. De este trato tuvo origen «La leyenda negra», que afirma la crueldad de los conquistadores españoles.

Después de la conquista, México se transformó en el Virreinato° de la Nueva España, y Cortés fue el primer gobernador, o *virrey*.

Viceroyalty

La conquista del Perú

En el Perú existía otra civilización tan avanzada como la de México: el imperio de los incas, que se llamaban *hijos del sol*. Entre sus magníficas ciudades sobresalen° Machu Picchu y Cuzco, la capital imperial, llena de palacios construidos con enormes piedras talladas° geométricamente. Estas piedras eran sostenidas, y aún se sostienen en su puesto, sin argamasa.

stand out
carved

El imperio era fabulosamente rico en oro y plata. Tenía un vasto sistema de carreteras que atravesaban la maciza° cordillera de los Andes. Su territorio se extendía hasta lo que hoy son las repúblicas del Perú, Bolivia, Ecuador y Chile.

massive

En 1524, otro conquistador y aventurero, Francisco Pizarro, con un puñado° de hombres audaces,° inició la conquista del imperio inca, la cual terminó en 1533 con la toma° de Cuzco. Otro famoso conquistador de los incas fue Lope de Aguirre. Werner Herzog hizo una impresionante película sobre sus aventuras.

handful / bold
capture

Logros del Imperio Español

Sería imposible negar las contribuciones y los logros de los españoles y portugueses durante la época del imperio. Después de haber explorado el Nuevo Mundo durante el reinado de Isabel y Fernando, se encontraron otras tierras y riquezas geográficas. En 1513, Vasco Núñez de Balboa llegó a lo que hoy es Panamá. Con los sesenta y siete hombres que le quedaban de su expedición, avanzó por tierra panameña hasta dar con el océano Pacífico. En 1519, bajo Carlos V, el portugués Fernando de Magallanes y el vasco Juan Sebastián Elcano hicieron su famoso viaje alrededor del mundo. Exploraron las Islas Filipinas, las Islas Molucas y el Cabo de Buena Esperanza. Cabeza de Vaca, otro explorador español, fue el primer hombre europeo que viajó a pie desde el Atlántico hasta el Pacífico. Caminó desde Florida, a través de los actuales estados de Alabama, Misisipí, Luisiana, Tejas, Nuevo México y Arizona, hasta California.

No son escasos los comestibles que se introdujeron en Europa después de estas exploraciones: chocolate, tomate, maíz, patata, caña de azúcar y vainilla.

Fin del reinado de Carlos V

El oro que llegaba de América a España se gastaba en las interminables guerras religiosas. Carlos V llevaba a la famosa infantería° española a

infantry, army

***Francisco Pizarro
nació en Trujillo,
Extremadura. No
recibió ninguna
educación formal. Con
Balboa encontró el
océano Pacífico. Fue
asesinado por
enemigos españoles.***
(Scala/Art Resource, NY)

guerrear por toda Europa al grito de: «¡Adelante, mis bravos leones de
España!» Pero «los bravos leones de España» no hacían más que desan-
grarse° en batallas muy lejos de su patria. España se empobrecía° con
tanta guerra, y sus campos quedaban abandonados. Pronto vendría la
decadencia.

  En 1555, cansado de medio siglo de guerras, Carlos V se retiró al
monasterio de Yuste, en Extremadura, a rezar y a preparar su alma antes
de morir. Abdicó en favor de su hijo Felipe II, y murió tres años más
tarde.

*shed their blood / se...
became impoverished*

Felipe II

El rey Felipe II, quien reinó de 1555 a 1598, es uno de los personajes más discutidos° de la historia española. Para muchos,
es el emperador más grande que ha tenido España. Para otros,
especialmente para los historiadores extranjeros, sólo fue un
déspota fanático. En general siguió la política de su padre, de quien
recibió personalmente las lecciones de gobierno. Pero en la política reli-

controversial

giosa, su determinación en mantener el poder de España sobre los territorios que querían independizarse de la subyugación católica era mayor que la de su padre.

Holanda, parte de la herencia de Carlos V, presentaba un problema grave para España, y Felipe II no pudo resolverlo. El pueblo holandés era en su mayoría protestante y quería la independencia. Felipe II envió al Duque de Alba a Holanda como gobernador, con instrucciones de no hacer ninguna concesión. Tuvo que emplear la fuerza de las armas y llegar al derramamiento de sangre para mantener el poder y la dominación católica.

Para los españoles Felipe II era el «Rey Prudente» por su estrategia calculadora y centralista. Era un monarca trabajador y concienzudo. Dirigió meticulosamente los Consejos° de Estado para coordinar los diversos asuntos de gobierno. Tenía muchos consejeros para cada asunto pero nunca se dejó gobernar por ninguno de ellos.

Councils

Felipe II continuó las guerras de su padre contra Francia. En 1557 los españoles vencieron en San Quintín al norte de París. Para celebrar el acontecimiento, Felipe II hizo construir el Monasterio de El Escorial. Otro triunfo del llamado Rey Prudente fue la incorporación de Portugal a España en 1581 después de una batalla ganada por las tropas del Duque de Alba.

La batalla de Lepanto

En 1453 cayó Constantinopla en poder de los turcos. El Mediterráneo quedó a merced de los piratas turcos que no permitían la navegación de ningún barco extranjero. España, el Papa° y la República de Venecia

Pope

Situado al pie de la Sierra de Guadarrama, a unas treinta millas de Madrid, el monasterio de El Escorial domina las llanuras de Castilla.
(© Bernard Rouget-Rapho/ Photo Researchers, Inc.)

organizaron una armada de doscientas naves para combatir la marina turca. Juan de Austria, hermano bastardo de Felipe II, fue el comandante. En 1571, la armada obtuvo una victoria trascendental frente al golfo de Lepanto, en Grecia. Murieron treinta mil turcos, se tomaron diez mil prisioneros, se rescataron quince mil cautivos cristianos,° se apresaron ciento treinta galeras turcas° y se hundieron cincuenta. La potencia naval turca fue destruida. En esta batalla, el escritor Miguel de Cervantes perdió el uso de la mano izquierda, por lo cual desde entonces se le llamaba el «manco° de Lepanto». El gran dramaturgo Lope de Vega también participó con orgullo en esta batalla.

se… 15,000 Christian prisoners were rescued / se… 130 Turkish ships were captured

one-handed person

La «Armada Invencible»

Felipe II aspiraba a ser rey de Inglaterra para convertir al catolicismo a los protestantes ingleses. Además, «distinguidos» piratas ingleses, como Sir Francis Drake y Sir John Hawkins, capturaban barcos españoles y saqueaban los puertos de América. Para llevar a cabo sus planes, Felipe II se casó con María Tudor de Inglaterra. Pero esta reina murió en 1558, sin haber tenido un hijo que hubiera sido el heredero directo del trono de Inglaterra.

Isabel de Inglaterra, hija de Enrique VIII y de Ana Bolena, era enemiga mortal de Felipe II. En 1587, Isabel mandó a ejecutar° a la católica María Estuardo, reina de Escocia y de Francia, que simpatizaba con Felipe.

mandó… ordered the execution

La «Armada Invencible», la gran flota que envió Felipe II a invadir a Inglaterra, fue derrotada por la flota inglesa, al mando de Drake y Hawkins. Sólo la mitad de la Armada logró regresar.
(Snark International/Art Resource)

Con estos antecedentes,° Felipe II preparó la escuadra° más formidable de la historia, a la que llamó la «Armada Invencible». Se componía de ciento treinta barcos y de más de treinta mil hombres. El Marqués de Santa Cruz era un excelente marino español que había organizado la Armada. Debía mandarla en la batalla, pero murió poco antes de la fecha señalada.° Para sustituirlo, fue nombrado el Duque de Medina Sidonia, un viejo que no quería aceptar la responsabilidad «porque no entendía de las cosas del mar y, además, se mareaba°». Felipe II le contestó que no se preocupara porque «el verdadero almirante° de la Armada era el Señor°».

A causa de las tempestades,° de la mayor velocidad de las naves inglesas y de la absoluta incompetencia de Medina Sidonia, la Armada sufrió, en 1588, una derrota decisiva.

previous events / squadron, fighting force

indicated, chosen

se… he got seasick
admiral / Lord
storms

El régimen político y social

En el siglo XVI, el rey, considerado de origen divino, era la autoridad absoluta. Por encima del° rey sólo estaba Dios. Un gran dramaturgo del Siglo de Oro,° Calderón de la Barca, lo expresa en estos versos:

Por… Above the
Siglo… Golden Age (16th century)

Al rey la hacienda y la vida
se ha de dar°; pero el honor
es patrimonio° del alma,
y el alma sólo es de Dios.

Al… To the king fortune and life must be given / es… belongs to

El Consejo de Castilla se ocupaba del gobierno interior de la nación. Había un presidente y dieciséis consejeros, nombrados por el rey o por elección popular. Los cargos° también se compraban o se daban a los miembros de ciertas familias.

offices, posts

El Consejo de Estado ayudaba al rey en los asuntos° de política exterior. Había también otros consejos, como los de Hacienda,° Indias,° Inquisición y Guerra. Las típicas cortes españolas eran un parlamento popular que tenía gran importancia; a partir del° siglo XVI, las cortes se reunían pocas veces y no se atrevían° a votar contra los deseos del rey.

matters
Treasury / the Indies (i.e., the Americas)
a… beginning with the
no… did not dare

A la cabeza de la escala social estaba la aristocracia por derecho de sangre.° Los nobles tenían muchos privilegios, y no pagaban impuestos. Algunos ni siquiera reconocían la autoridad del rey. Los Reyes Católicos pusieron fin a esta rebeldía, pero los nobles siguieron siendo una clase privilegiada.

blood (i.e., heritage, birthright)

El clero° de España fue siempre conservador y apoyaba° la monarquía. Gozaba de gran prestigio social. Continuamente aumentaba el número de curas, monjas y frailes.° El clero constituía una gran parte de la población total de España.

clergy / supported

curas… priests, nuns, and monks

Los caballeros y los hidalgos («hijos de algo») eran nobles pobres y de categoría inferior a la de los aristócratas, pero estaban orgullosos de su sangre. En la burguesía,° que se dedicó al comercio y a la industria, predominaban los extranjeros. La máxima aspiración de los españoles de las clases altas era dedicarse a las armas° o a la Iglesia, no al trabajo.

bourgeoisie

a... to warfare

Los últimos en la escala social eran los trabajadores manuales, llamados *villanos*. Algunos eran libres y otros vasallos de los nobles. Tenían que pagar la mayor parte de los impuestos y eran los que más trabajaban.

La agricultura, la ganadería y la industria

España era un país agrícola, pero la agricultura no producía lo suficiente para cubrir las necesidades nacionales. Además, las tierras estaban muy abandonadas porque faltaban brazos° para trabajarlas. La población de España disminuía° debido a la emigración al Nuevo Mundo. También las constantes guerras, las expulsiones de judíos y moriscos y la pobreza fueron causas de la disminución de la población. Del siglo XV al XVI, la población se redujo de ocho millones a seis.

arms (i.e., workers)
decreased

Más próspera era la cría° de ovejas, exportadas más tarde a Inglaterra. La producción y la exportación de lana° eran importantísimas, pero pronto fueron abandonadas. También había una importante industria de la seda° en Andalucía, Murcia y Toledo.

raising
wool

silk

En conclusión, se ha visto que durante el siglo XVI, España era el imperio más poderoso del mundo, bajo la dirección de los Reyes Católicos, Carlos V y Felipe II. Pero esta grandeza no les dio paz ni bienestar° a los españoles. España se desangraba en guerras lejanas y abandonaba su propio territorio. Después de Felipe II, la grandeza se convirtió en la más desesperada decadencia.

well-being

Decadencia del Imperio Español

La decadencia de España se manifestó en la pérdida de su poderío político y militar y en la bancarrota económica y financiera del país. Fue la primera nación moderna en crear un imperio, pero también fue la primera en perderlo. Se convirtió muy pronto en una nación de segundo orden. A pesar de esto, la peculiar escala de valores de los españoles no cambió en lo fundamental.

El gran imperio de Carlos V y Felipe II en el siglo XVI decayó en tiempos de sus sucesores: Felipe III, Felipe IV y Carlos II. Éstos fueron los tres últimos reyes de la Casa de Austria, los Habsburgos. Reinaron durante todo el siglo XVII. En la primera mitad de ese siglo, España estaba empobrecida debido a las guerras del siglo XVI. Cuando el pueblo sintió que no tenía nada nuevo que hacer, perdió la confianza en sí mismo, y vino la decadencia total. España fue el primer imperio de la edad moderna que fracasó.° *failed*

Los reyes españoles del siglo XVII preferían los placeres de la vida contemplativa y ociosa° a las preocupaciones del buen gobierno de la nación. Abandonaron todo en manos de favoritos aristócratas. En vez de gobernar, cazaban,° iban al teatro, daban fiestas y gastaban el tesoro de la nación. Después de muchos desastres militares, en el siglo XVII España perdió Holanda, Flandes, Luxemburgo, el Artois, el Rosellón,° el Franco-Condado, Portugal y algunas posesiones del norte de África. El resultado fue que España dejó de ser° la nación más poderosa de Europa. *idle* / *they went hunting* / *region in southern France* / dejó… *stopped being*

Como ya se dijo, la decadencia política fue acompañada por la depresión económica y la miseria° y el hambre del pueblo. El español típico del siglo XVII era representado en la novela picaresca° como un pobre muerto de hambre° que ocultaba° su miseria bajo el orgullo de ser un hidalgo. *poverty* / novela… *rogue romance, story of a poor and low-born person* / muerto… *starving person* / *hid*

En 1640, el pueblo catalán, especialmente los campesinos y segadores,° se sublevó° contra el absolutismo centralista y contra la conscripción de catalanes en las guerras de Felipe IV. Los catalanes querían separarse de España y formar una república independiente. Los franceses los apoyaban, pero pronto se vio que lo que Francia quería era apoderarse de Cataluña. La guerra civil terminó en 1652 pero no resolvió los problemas del centralismo español frente a Cataluña. *reapers* / se… *rose up*

Preguntas

1. ¿Cuándo se estableció la Inquisición en España? Explica su propósito y cómo se realizó.

2. Describe el enriquecimiento del Imperio Español debido a la exploración de América.

3. Carlos V y Felipe II reinaron de 1516 a 1598, los años imperiales de España. ¿Cómo se caracteriza el reinado de estos dos monarcas españoles? ¿Cuáles son algunos de los éxitos políticos y sociales logrados? ¿Cuáles fueron los problemas más graves?

4. Describe el régimen jerárquico político y social de la España del siglo XVI. ¿Cómo contribuyó esa jerarquía a la decadencia del imperio?

Temas de investigación y conversación

Primero, investiga los siguientes temas de este capítulo. Luego, coméntalos con tus compañeros de clase.

 Para investigar los temas de este capítulo, puedes encontrar tanto enlaces a buscadores como palabras clave en la página Web de este libro de texto: **www.mhhe.com/espana6.**

1. **Investigación:** La larga persecución de los judíos forma parte de la historia de España a pesar de que los sefarditas contribuyeron mucho a la civilización de la Península Ibérica. Busca información sobre la Inquisición en España. Explica su propósito y cómo se realizó.

   Conversación: ¿Por qué crees que durante la Inquisición se persiguió menos a los judíos, los cuales eran abiertamente fieles a su religión, que a los conversos?

2. **Investigación:** En el año 1609 también se expulsó a los moriscos. Busca información sobre esta expulsión. ¿Por qué fueron expulsados? ¿Cómo se realizó?

   Conversación: En tu opinión, ¿cuáles son las causas de este tipo de maltrato hacia los grupos minoritarios, particularmente teniendo en cuenta que tales expulsiones dañaron el comercio y el bienestar de la sociedad española de aquel tiempo?

3. **Investigación:** Busca información sobre el llamado «descubrimiento» de América que hoy día se entiende más como un «encuentro» que un «descubrimiento». ¿Cuales son las suposiciones (*assumptions*) en que se basan los dos conceptos?

   Conversación: ¿Cuál de los dos términos prefieres y por qué?

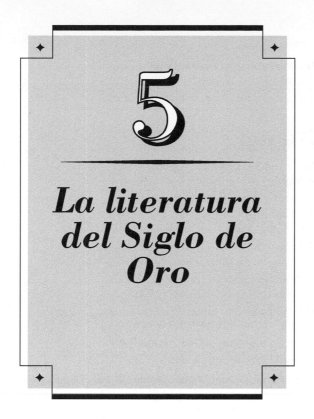

La literatura del Siglo de Oro

Los «siglos de oro» españoles son el XVI y el XVII. Esta época se llama así no sólo por los grandes descubrimientos, las conquistas de los territorios americanos y el enriquecimiento del imperio a consecuencia de la colonización, sino también por la abundante producción literaria. El oro representa la riqueza económica y a la vez el valioso ingenio artístico del imperio en esa época. Las dos corrientes culturales de dicho período son el Renacimiento y el Barroco.

El Renacimiento

El Renacimiento fue un fenómemo cultural que empezó en Italia en el siglo XV y se extendió por toda Europa. Su característica principal fue una mayor preocupación por lo humano (las ciencias y la creación artística) que por lo divino. El reino de Aragón-Cataluña ya había ejercido su poder en las islas italianas, y en 1443 el reino de Nápoles llegó a formar parte del reino de Aragón. Por eso los primeros indicios de poesía renacentista en España se manifiestan con dos poetas catalanes: Ausias March (1397–1460) y Joan Boscà (1495–1542). Éstos introducen los temas y los estilos italianos en España, especialmente el soneto.

La poesía renacentista busca la armonía humana como una imitación de la perfección celestial. El amor, por ejemplo, es una manifestación del amor de Dios. Pero cuando esta perfecta armonía no se encuentra, el poeta suele expresar dolor y angustia.

Garcilaso de la Vega

Garcilaso de la Vega (1501–1536) es el más genuino representante español del Renacimiento. De familia noble, era militar, diplomático y poeta refinado. Escribió en español, en latín y en italiano. Tocaba el violín y el arpa, y adoraba la belleza femenina. Murió a los treinta y cuatro años luchando por la España imperial.

La obra de Garcilaso tiene importancia porque produjo una revolución en la poesía castellana. Siguió el estilo de Boscà empleando el verso de once sílabas que desde entonces usaron muchos poetas españoles. Escribió poco, pero siempre con delicada elegancia. Cantó a la naturaleza y al amor. En sus versos creó pastores° ideales inspirados en personas de la vida real que él conocía.   *shepherds*

Garcilaso estuvo locamente enamorado de una noble dama portuguesa, Isabel Freire. En el siguiente soneto se refiere a ella:

¡O dulces prendas,* por mi mal halladas,°   mal... *sadly found*
dulces y alegres cuando Dios quería!
Juntas estáis en la memoria mía,
y con ella en mi muerte conjuradas.°   y... = y ligadas con mi memoria hasta la muerte / = hubiera dicho

¿Quién me dijera,° cuando las pasadas   que... = que tan bien contigo me encontraba / = habíais
horas, que en tanto bien por vos me vía,°
que me habíades° de ser en algún día
con tan grave dolor representadas?

Pues en una hora junto me llevastes
todo el bien que por términos me distes,
llevadme junto el mal que me dejastes.†

Si no, sospecharé° que me pusistes   *I will suspect*
en tantos bienes, porque deseastes
verme morir entre memorias tristes.

La novela picaresca

Hay un género literario que es una creación típicamente española, aunque muchas literaturas extranjeras lo han empleado. Se trata de la novela picaresca, que es un cuadro muy realista de la vida de la clase

---

*Las prendas son los rizos (*locks*) de pelo que el poeta guarda de su amada muerta.
†En prosa moderna: «Si en una hora me quitaste / todo el bien que poco a poco me diste, / quítame ahora todo el mal que me dejaste.»

baja. El personaje central suele ser° un pícaro° que describe sus experiencias. El pícaro es un tipo muy español que ha existido y aún existe en España y abundaba durante el Siglo de Oro, que fue una época de pobreza para la mayoría del pueblo a pesar de la riqueza del imperio. Este personaje es un individuo de clase humilde que inventa toda clase de trampas° para sobrevivir y no morirse de hambre. Muchas veces vive al margen° de la ley, burlando y engañando a la gente. Siente horror al trabajo, al que considera como un castigo de Dios. La ironía es que trabaja muchísimo pensando en la manera de no trabajar.

Lo más característico de la novela picaresca es su vivo realismo y la pintura de las clases sociales de la época. No trata de idealizar ni poetizar la vida, sino todo lo contrario: observarla y describirla con naturalidad. La novela picaresca tuvo una gran difusión en Europa y es considerada como una de las bases del realismo moderno.

La primera novela picaresca, y la más típica de todas, es la *Vida de Lazarillo de Tormes,* escrita en 1554 por un autor desconocido. Su argumento es así: Lázaro nació en un molino sobre el Río Tormes. Su padre fue ladrón, su madre fue castigada por ladrona y el amante de ésta fue ahorcado° por ladrón también. La madre pone a Lázaro al servicio de un mendigo° ciego. El ciego y Lázaro salen a vagabundear° por los pueblos de Castilla. Viven de las limosnas,° o de lo que pueden conseguir. Pero el ciego es un egoísta que se guarda° todo lo que la gente les da. El pobre Lázaro, para no morirse de hambre, engaña al ciego; al fin lo abandona. Después sirve sucesivamente a un clérigo, a un escudero,° a un fraile, a un vendedor de bulas papales,° a un pintor, a un capellán° y a un alguacil.° Con un tesoro inagotable de buen humor y de picardía, termina sus aventuras haciéndose pregonero° y casándose con la criada (y concubina) de un arcipreste.

suele... is usually / rogue, vagabond

tricks
al... outside

hanged
beggar / roam idly
alms
se... keeps for himself

squire
bulas... Papal Bulls / chaplain / bailiff
town crier

El Barroco

Una de las aportaciones° más grandes de la civilización española es la cultura del Barroco, que coincide con la Contrarreforma católica de mediados del siglo XVI hasta finales del XVII. Se caracteriza por un nuevo dogmatismo religioso y la glorificación de las obras de la Iglesia. Hay una inmensa variedad de expresiones artísticas del Barroco, pero una de sus características más comunes es el estilo florido y ostentoso. Los creadores barrocos querían llegar al extremo tanto en sus obras artísticas como en sus pasiones. Por eso hasta los místicos españoles se consideran barrocos.

contributions

Los místicos

La literatura mística, en prosa y en verso, es otro fenómeno muy español. La religión ha sido siempre un motivo fundamental de inspiración artística. El misticismo es la manifestación más elevada de espiritualidad religiosa. El místico desea la comunicación directa con Dios. Los máximos exponentes de la corriente mística en la segunda mitad del siglo XVI fueron Santa Teresa de Jesús, quien escribió su obra en prosa, y San Juan de la Cruz, quien la hizo en verso.

Santa Teresa de Jesús (1515–1582) nació en la ciudad de Ávila, en Castilla-León. Ya a los siete años se escapó de su casa para buscar el martirio. Dedicó su vida a la fundación de treinta y dos conventos, en colaboración con San Juan de la Cruz. Inteligente, alegre y muy humana, tenía una energía vigorosa, a pesar de su delicada salud. Su preocupación era doble: lo terrestre° y lo divino. Descubriría la presencia de Dios en la realidad de los objetos de la vida cotidiana. Solía decir que «hasta entre los pucheros anda Dios».°

earthly

hasta… *God is present even among the cooking pots / simplicity*

Su obra *Vida* es un modelo de sencillez,° sinceridad y elevación espiritual. Explica cómo despertó su alma a la virtud y con qué resignación venció sus terribles enfermedades. Santa Teresa da detalles de un mundo que para ella no es sobrenatural. «Estando yo un día oyendo misa, vi a Cristo en la cruz cuando alzaban la hostia°…»

alzaban… *they raised the host (communion wafer)*

San Juan de la Cruz (1541–1591) es el más refinado de los poetas místicos. Fue discípulo de Santa Teresa, pero con actitud más intelectual. San Juan de la Cruz aspira a llegar al «estado beatífico°» y al «matrimonio espiritual» con Dios. Su poesía, iluminada por el éxtasis, es dulce, liberada de la materia de este mundo. Ha ejercido gran influencia en la poesía lírica moderna.

blissful, beatific

Hoy se considera a Santa Teresa de Jesús como uno de los más grandes místicos españoles. Aquí se ve su habitación en el convento de Santa Teresa de Ávila, ahora convertida en capilla.
(Courtesy of the Spanish National Tourist Bureau)

Lo que sigue es un fragmento de su *Cántico espiritual entre el alma y Cristo, su esposo.*

¿Adónde te escondiste,
Amado, y me dejaste con gemido°?
Como el ciervo° huíste,
habiéndome herido;
salí tras° ti, clamando,° y ya eras ido.

Pastores, los que fueseis
allá por las majadas al otero,°
si por ventura° vieseis
aquél que yo más quiero,
decidle que adolezco,° peno° y muero.

con… moaning, wailing
stag

= detrás / crying out

*por… through the
sheepfolds to the
knoll / por… by chance*

*I am suffering / I am
agonizing*

El teatro del Siglo de Oro

El teatro español tiene su origen en la religión. Su primera manifestación fueron los llamados *misterios y autos* de tema religioso que se representaban en las iglesias. En el Renacimiento hubo una transición. En el Siglo de Oro los dramaturgos llevaron el teatro a los palacios de los nobles y al pueblo.

Lope de Rueda (1510–1565) es el verdadero padre del teatro español, porque escribió y representó para la gente común por primera vez. Escribió diez *pasos,* piezas cortas para entretener al público por unos momentos. Son admirables cuadros de las costumbres y la vida diaria de su tiempo. Este género de teatro popular es genuinamente español. Ha prevalecido siempre en España bajo los nombres de *entremeses,*° *sainetes*° y *género chico* hasta hoy.

*one-act farces shown
between acts of a longer
play / one-act farces
showing popular
customs, usually ironic*

Lope de Vega

Lope de Vega (1562–1635) es la encarnación misma del teatro español. De familia modesta, nació, vivió y murió en Madrid. No se sabe bien dónde ni cómo adquirió su enorme cultura literaria. Asistió al colegio de los jesuitas de Madrid y a la Universidad de Alcalá, pero era básicamente un autodidacta.° A los doce años escribió su primera comedia. En 1588 luchó contra Inglaterra en la «Armada Invencible».

self-taught person

Su vida fue intensa y emocionante como pocas. Lope era el ídolo del pueblo de Madrid y de toda España. Era tierno padre de familia y amante apasionado. Se casó dos veces y tuvo varios hijos ilegítimos. Aunque gran pecador,° Lope era religioso y creyente. A los cincuenta y dos años se hizo sacerdote. Sin embargo, no dejó de llevar una vida de hombre de mundo. A los setenta y tres años murió en la cumbre° de su gloria, pero pobre.

sinner

height

Lope de Vega fue un genuino intérprete de la esencia vital del pueblo español. Hoy en Madrid se encuentra la Casa Museo de Lope de Vega, donde vivió y murió. La sala de la casa está adornada con este retrato de él, de pintor desconocido.
(Institut Amatller d'Art Hispànic)

Era un «monstruo de la naturaleza», según Cervantes. Terminaba una comedia en verso en veinticuatro horas, y tenía tiempo para adquirir una cultura enciclopédica. Escribió unas mil quinientas obras dramáticas en verso, pero sólo se conservan unas quinientas, aparte de su voluminosa producción no dramática. Es el autor más prolífico de todos los tiempos.

Lope unificó los elementos dramáticos de sus antecesores° y estableció el carácter general del teatro español. Cuando él empezó a escribir, sólo existían en España dos compañías teatrales; a su muerte había cuarenta.

predecessors

El teatro de Lope de Vega usaba la sencilla fórmula de divertir y enseñar al público, que en masa iba al teatro para admirar, sentir y vivir la producción inagotable del maestro. Para hacer esto, rompió con los rígidos preceptos clásicos de las tres unidades de tiempo, lugar y acción y proclamó la libertad artística.

Las comedias de Lope son de todas clases: históricas, de capa y espada,° de amor, de temas de caballería,° mitológicas, pastoriles, bíblicas, de vidas de santos y autos sacramentales.*

capa... *cloak and dagger / chivalry, knighthood*

---

*Los autos sacramentales eran dramas religiosos en un acto, dedicados al sacramento de la Eucaristía, para ser representados el día de *Corpus Christi* en las plazas públicas de las ciudades.

Fuenteovejuna, por ejemplo, está basada en un hecho histórico. El pueblo entero de Fuenteovejuna, en la provincia de Córdoba, se rebela contra la tiranía del Comendador, un noble feudal que ha cometido muchos abusos. En acción revolucionaria, el pueblo mata al Comendador. Los Reyes Católicos representan en la comedia la justicia contra los excesos del feudalismo. El verdadero protagonista, en esta comedia, es todo el pueblo de Fuenteovejuna. El siguiente diálogo entre el representante del rey y el pueblo resume° el tema:

    summarizes

—¿Quién mató al Comendador?
—¡Fuenteovejuna, señor!
—¿Y quién es Fuenteovejuna?
—¡Todos a una!°

    ¡Todos… *All of us together!*

Pedro Calderón de la Barca

Pedro Calderón de la Barca (1600–1681) siguió las normas teatrales de Lope de Vega. Creó personajes profundos, con preocupaciones filosóficas y religiosas. Nació y vivió en Madrid. De joven era un soldado de vida alegre. Estudió en las Universidades de Alcalá y de Salamanca. A los cincuenta y un años se hizo sacerdote y llevó una vida tranquila, de ahí en adelante.

Se suele hablar del «honor calderoniano», tan esencial en la vida de los españoles de todos los tiempos. En los dramas de Calderón, esposos,

Pedro Calderón de la Barca.

(Retrato de Juan Alfaro y Gómez/Institut Amatller d'Art Hispànic)

padres y hermanos matan para defender su honor. El honor no se pierde cuando la ofensa es vengada con sangre. En *El médico de su honra,* por ejemplo, el protagonista, don Gutierre, mata a su esposa inocente sólo porque hay sospechas de su infidelidad, como el Otelo de Shakespeare. En el concepto del honor calderoniano se puede entender las contradicciones inherentes de la dominación masculina sobre las cuales se expresó una poeta mexicana, Sor Juana Inés de la Cruz, en su poema «Hombres necios que acusáis». Sor Juana protestó contra el honor calderoniano al ridiculizar la idea de que la mujer es la causa de la transgresión del hombre.

Aún quedan unas doscientas piezas teatrales de Calderón. Escribió dramas basados en hechos históricos o imaginados, comedias de capa y espada, comedias religiosas o filosóficas, autos sacramentales y obras populares.

Pero la obra maestra de Calderón es *La vida es sueño.* El personaje central es Segismundo, hijo del rey de Polonia. Lo encerraron en una torre, cuando aún era niño, porque la astrología había dicho que sería un monstruo. Sin embargo, después de muchos años, el rey lo deja en libertad para probar su carácter. Segismundo cree que sueña, se muestra ingrato,° soberbio° y brutal. Tira por la ventana a un criado. Entonces el rey lo vuelve a encerrar. Segismundo, de nuevo° en la torre, ya no sabe qué es sueño y qué es realidad: *ungrateful / arrogant* *de… once again*

> ¿Qué es la vida? Un frenesí.
> ¿Qué es la vida? Una ilusión,
> una sombra, una ficción,
> y el mayor bien es pequeño;
> que toda la vida es sueño,
> y los sueños sueños son.

Más tarde, el pueblo lo libera porque no quiere que un extranjero herede el trono. Esta vez Segismundo, en libertad, se porta° como un verdadero rey: *se… behaves*

> pues que la vida es tan corta,
> soñemos, alma, soñemos
> otra vez, pero ha de ser° *ha… it must be*
> con atención y consejo
> de que hemos de° despertar… *hemos… we must*

Tirso de Molina

Tirso de Molina (1583–1648), el creador de *Don Juan,* era un fraile madrileño. Su verdadero nombre era Gabriel Téllez. Fue el dramaturgo español más prolífico después de Lope. Escribió más de cuatrocientas comedias, pero sólo se conservan unas sesenta. Observó profundamente la psicología humana. Se considera que *El condenado por desconfiado* es el mejor drama teológico del mundo.

Tirso ha dado a la literatura el personaje español más universalmente conocido, *Don Juan,* en su comedia *El burlador° de Sevilla,* escrita en 1630. El tema, que tiene su origen en una vieja leyenda sevillana, ha sido tratado e interpretado de distintas maneras por todas las literaturas. Sobre el tema de *Don Juan* han escrito Molière, Mérimée, Balzac, Flaubert, Lord Byron, Bernard Shaw y muchos más, sin olvidar la hermosa ópera de Mozart ni el popular *Don Juan Tenorio* de Zorrilla. Pero el donjuanismo también tenía sus críticos contemporáneos, sobre todo entre algunas dramaturgas como María de Zayas (1590–1661) y Ana Caro (1600–1653).

trickster, seducer

Algunos poetas del Siglo de Oro

Luis de Góngora

L uis de Góngora (1561–1627), poeta del Barroco, era un cura cordobés. Fue castigado por el obispo° porque le gustaban más los toros que el coro° de la catedral. Empezó escribiendo sencillas canciones y romances populares. Pero más tarde compuso poemas largos, como las *Soledades* y la *Fábula de Polifemo y Galatea,* en un estilo barroco y metafórico, lleno de jeroglíficos lingüísticos. Esta poesía es de un arte y una belleza supremos. Hay que leerla con paciencia y cuidado para descifrar sus más exquisitas (pero complicadísimas) metáforas. En los versos de Góngora una mesa es «cuadrado pino»; un pájaro, «una esquila° dulce de sonora pluma»; una flecha, «un áspide° volante». Se da el nombre de *gongorismo* a este difícil estilo. Góngora es el ídolo de los poetas modernos que escriben para minorías selectas y no para el pueblo.

bishop
choir

little bell / asp

Francisco de Quevedo

Francisco de Quevedo (1580–1645) es el gran poeta satírico de España. El gongorismo y la sátira caricaturesca de Quevedo representan el estilo barroco de la literatura española del siglo XVII. Quevedo era un noble y culto° madrileño. Estuvo trece años encarcelado en León por criticar la decadente política de los favoritos del rey.

well-educated

Escribió en prosa obras políticas, morales, filosóficas y satíricas. Entre ellas sobresale *Los sueños,* la mejor sátira sobre la sociedad escrita en castellano. Trata del Juicio° Final y del infierno; hace una caricatura de mujeres, médicos, jueces, clérigos y monjas de su tiempo. También es admirable su novela *El Buscón,* llena de picardía y de un estilo exagerado.

Judgment

Quevedo debe su fama principalmente a las novecientas poesías satíricas y líricas que escribió. Muchas de ellas no se han olvidado hasta nuestros días, como la que empieza:

Luis de Góngora.
Ejemplo de su poesía
es la letrilla que
empieza: «La más
bella niña / de nuestro
lugar, / hoy viuda y
sola / y ayer por casar
(about to be married) /
viendo que sus ojos / a
la guerra van, / a su
madre dice / que
escucha su mal: /
dejadme llorar / orillas
del mar.»

(Retrato de Diego
Rodríguez de Silva y
Velázquez. Maria Antoinette
Evans Fund. Courtesy
Museum of Fine Arts, Boston)

Poderoso caballero
es don Dinero.
Madre, yo al oro me humillo:
él es mi amante y mi amado,
pues de puro enamorado,
de continuo anda amarillo°
pues que doblón o sencillo,°
hacen todo cuanto quiero,
poderoso caballero
es don Dinero.

de… he continually looks
yellow (pale) / pues…
since doubloons or half
doubloons

Francisco de Quevedo.
Ese tipo de anteojo
redondo todavía se
conoce por su nombre,
«Quevedos».
(Retrato de Francis Lathrop.
Courtesy of the Hispanic
Society of America, NY)

La narración breve

En 1613 Miguel de Cervantes publicó una serie de novelas que él llamó «novelas ejemplares». Son novelas cortas sobre las peculiaridades de la vida y de la gente de aquel tiempo. Intentan ofrecer un ejemplo de buena o mala conducta para que el lector se pueda beneficiar moralmente del modelo presentado. Con estas novelas Cervantes creó un género nuevo, a diferencia de la prosa anterior que se limitaba a tres tipos: novelas de caballería, novelas pastoriles y novelas picarescas. Las novelas ejemplares se asemejan entre sí sin ser dominadas por la vida de un personaje principal. En *El coloquio de los perros,* por ejemplo, hay dos perros que discuten y satirizan la vida cotidiana. Y en *El licenciado Vidriera* un hombre cree que él mismo está hecho de vidrio.

María de Zayas

También cultivó la novela corta María de Zayas (1590–1661), la primera feminista conocida en España. Sus protagonistas son generalmente mujeres y sus imágenes originales, a veces chocantes.° En «La burlada Aminta»,   *shocking*
por ejemplo, la autora presenta la otra cara de la moneda del honor calderoniano. La protagonista, engañada y traicionada por un hombre, insiste en tomar la sangrienta venganza tradicional en sus propias manos. Otras narraciones, como «La inocencia castigada», describen mujeres que han sido víctimas de los hombres, y en «El prevenido engañado», hay hombres tontos que andan detrás de las mujeres más débiles para poder controlarlas. En muchas de sus novelas, Zayas nos presenta el erotismo femenino, caso único en la época. La primera parte de su colección de novelas cortas se titula *Novelas amorosas,* y la segunda, *Desengaños amorosos.* Son historias contadas dentro de un marco, que también forma parte de la novela, al estilo de Boccaccio y don Juan Manuel. Desafortunadamente, poco se sabe de la vida de esta extraordinaria escritora.

En el siguiente fragmento Zayas describe a uno de sus protagonistas.

El primero que dio principio al airoso paseo fue don Juan, que por guía y maestro empezó solo, tan galán, de pardo, que le llevaba los ojos de cuantos le vían,° cuyos botones y cadenas de diamantes   = veían
parecían estrellas.

Preguntas

1. ¿Qué caracteriza, en general, la literatura del Renacimiento? ¿Quiénes son los escritores más representativos?

2. ¿Cuáles son las características de la cultura del Barroco? ¿En qué se diferencia esta cultura de la del Renacimiento?

3. ¿Quiénes son los dramaturgos más importantes del siglo XVII? ¿Por qué son importantes? Describe una de sus obras.

4. ¿Quién fue la escritora que es considerada por algunos críticos como la primera feminista de España? ¿A qué se debe que sea considerada feminista?

Temas de investigación y conversación

Primero, investiga los siguientes temas de este capítulo. Luego, coméntalos con tus compañeros de clase.

 Para investigar los temas de este capítulo, puedes encontrar tanto enlaces a buscadores como palabras clave en la página Web de este libro de texto: **www.mhhe.com/espana6.**

1. **Investigación:** Busca el famoso soneto de Lope de Vega sobre el amor, «Desmayarse». Abajo se puede encontrar la primera estrofa:

    Desmayarse, atreverse, estar furioso,

    áspero,° tierno, liberal, esquivo,°   *harsh / aloof*

    alentado,° mortal, difunto, vivo,   *daring*

    leal, traidor, cobarde y animoso:°   *brave*

    ¿Cabe este texto dentro de la categoría cultural del Renacimiento o del Barroco? ¿Por qué? ¿Cuáles son las paradojas del poema?
    Conversación: ¿Es así el amor? ¿Hay que probarlo para saberlo?

2. **Investigación:** En la historia del Siglo de Oro se hablaba del «honor calderoniano» y se ejecutaba el código de honor manifestado en los famosos versos calderonianos: «El honor con sangre, señor, se lava». Sin embargo, en las interpretaciones más recientes de los dramas de Calderón, se acierta que el famoso dramaturgo barroco criticaba el código estricto y violento que condenaba la infidelidad femenina. Busca información sobre el código de honor en el Siglo de Oro español. ¿Qué es? ¿Qué significa?
    Conversación: ¿Por qué crees que se dirige más a las mujeres que a los hombres? ¿Existe el código de honor hoy día?

3. **Investigación:** Haz una búsqueda sobre el personaje picaresco. ¿Cuáles son las características del personaje picaresco?
    Conversación: ¿Ves algunos ejemplos de personajes picarescos en otros cuentos y/o novelas que has leído? ¿Existen estos tipos de personas en la vida real de hoy?

4. **Investigación:** Busca información sobre el misticismo español del Siglo de Oro. ¿Cómo se expresa en la vida y obra de Santa Teresa de Ávila y San Juan de la Cruz?
    Conversación: ¿Crees que puede existir un verdadero misticismo hoy día? ¿Por qué sí o por qué no?

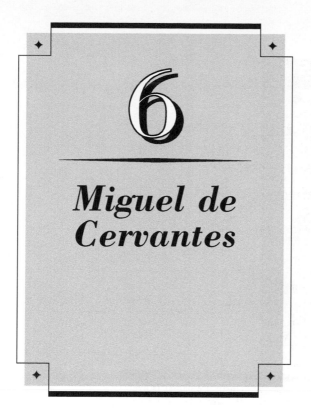

6

Miguel de Cervantes

La vida de Cervantes

Miguel de Cervantes (1547–1616) nació en Alcalá de Henares, que entonces era una pequeña ciudad universitaria, a treinta kilómetros de Madrid. Su padre era un modesto cirujano,° hidalgo y pobre, de origen gallego. Cervantes nunca recibió educación formal. Fue un autodidacta que aprendió de la vida y de los libros. Se sabe poco de su infancia. Pero sí se sabe que en 1568 estudiaba en Madrid con Juan López de Hoyos, un maestro de latín, liberal, quien llamó a Cervantes «nuestro caro° y amado discípulo».

En 1569, Cervantes —que trabajaba al servicio de un cardenal°— fue a Italia. Pasó cinco años en esta tierra, cuna° del Renacimiento. Este período ejerció gran influencia en su formación intelectual y artística.

Pero el hecho más importante de su vida fue su participación en la famosa batalla de Lepanto, en 1571, contra los turcos. Allí perdió el uso de la mano izquierda «para mayor gloria de la derecha», y por eso se le llamaba «el manco de Lepanto».

Cuando regresaba a España en 1575, el barco en que Cervantes venía fue atacado por piratas turcos. Cayó prisionero y fue llevado a Argel.° Allí sufrió prisión durante cinco años, hasta ser liberado por frailes que lo llevaron a España en 1580.

surgeon

dear
cardinal
cradle

Algiers, North African port city

Miguel de Cervantes.

(Institut Amatller D'Art
Hispanic)

Cervantes no tuvo una vida fácil. No fue feliz en su matrimonio
(1584) con Catalina de Palacios. No tuvo éxito en su carrera militar. En
1585, publicó su novela pastoril° *La Galatea*, poco apreciada por sus   *pastoral, bucolic*
contemporáneos. Se dedicó a escribir para el teatro, pero el público de
Madrid no lo aplaudió.

Cervantes tuvo varios empleos humildes en Andalucía. Fue encar-
gado de conseguir aceite y trigo° para la «Armada Invencible». Quería   *wheat*
ir a América, pero no se lo permitieron. Además, fue encerrado en la
cárcel varias veces porque había errores en la administración de sus
cuentas.°   *accounts*

Quizás en medio de tantas penas y en la soledad de la cárcel, con-
cibió la idea de la obra monumental *Don Quijote de la Mancha.*° La   *la... area in Southern*
primera parte fue publicada en Madrid en 1605. Inmediatamente el   *Castile*
libro alcanzó un éxito sin precedentes en España y, más tarde, en el
mundo. Diez años después, en 1615, cuando Cervantes tenía ya sesenta
y ocho años, se publicó la segunda parte del *Quijote.* Pero la fortuna de
Cervantes no mejoró mucho.

Vivió en Madrid hasta su muerte. En los tres últimos años de su vida,
ya viejo, publicó las *Novelas ejemplares; Ocho comedias y ocho entremeses,* piezas de teatro breves; el *Viaje al Parnaso,* un libro en verso; y *Los
trabajos de Persiles y Sigismunda,* una novela de aventuras fantásticas.
Pero nada de esto puede compararse con la grandeza del *Quijote.*

Cervantes murió pobre y olvidado en Madrid, el 23 de abril de 1616. Fue precisamente el mismo día en que murió Shakespeare. Ese día el mundo perdió a dos de los genios más grandes de la cultura occidental.

El ingenioso hidalgo
don Quijote de la Mancha

«**E**n un lugar de la Mancha de cuyo nombre no quiero acordarme...» Con estas inolvidables palabras presenta Cervantes a su héroe, Alonso Quijano «el Bueno». Este personaje se describe como un hidalgo pobre, de unos cincuenta años, alto y delgado, «gran madrugador° y amigo de la caza». Vive solo con el ama° y una sobrina que no pasa de los veinte años.

early riser
housekeeper

Don Quijote es muy aficionado a los libros de caballerías,* que entonces se leían con tanto furor como se leen hoy las novelas de detectives. A causa de la lectura de estos libros, pierde el juicio° y decide hacerse caballero andante.° Como hacían los caballeros andantes de los libros que él había leído, se pone un nombre nuevo: *don Quijote de la Mancha*. Bautiza a su flaco° caballo con el no menos sonoro nombre de *Rocinante*. Como caballero, necesita una dama, que para él será la imagen del amor perfecto y de la gloria que él buscaba. Se acuerda de una moza labradora del pueblo de El Toboso, de quien él había estado en un tiempo silenciosamente enamorado. Se llama Aldonza Lorenzo, pero él la bautiza con el nombre más poético de *Dulcinea del Toboso*. Abandona su casa y se lanza al mundo en busca de la gloria, enderezando entuertos y deshaciendo agravios,° siempre buscando el ideal.

sense of judgment
caballero... knight errant

skinny

Así es cómo una mañana sale don Quijote por el corral de su casa, dejando que Rocinante lo guíe,° sin destino° predeterminado, por las secas llanuras de la Mancha. Se encuentra en una venta° que él imagina ser un castillo, donde es recibido por dos «mozas alegres».° Él cree que son princesas, y que el ventero° es un caballero. Don Quijote les recita este famoso romance:

enderezando... righting wrongs and undoing injuries / dejando... letting Rocinante lead him / destination / roadside inn / mozas... prostitutes / innkeeper

> Mis areos° son las armas, mi descanso, el pelear, mi cama, las duras peñas, mi dormir, siempre velar.°

trappings
to keep vigil

El ventero, que es muy burlón,° arma caballero° a don Quijote en un rito paródico de las leyes de caballería. Al salir de la venta se encuentra con unos mercaderes° a quienes don Quijote les obliga a confesar que no hay en el mundo nadie como su señora, la sin par° Dulcinea del Toboso. Los mercaderes, que según don Quijote son hombres sin fe, no quieren alabar a una persona a quien no conocen, y golpean al pobre

given to mocking / arma... confers knighthood
merchants
sin... peerless

---

*Los libros de caballerías (*chivalry*) narraban hazañas de valientes y nobles caballeros, siempre fieles a sus damas.

EL INGENIOSO
HIDALGO DON QVI-
XOTE DE LA MANCHA,

*Compuefto por Miguel de Ceruantes
Saauedra.*

DIRIGIDO AL DVQVE DE BEIAR,
Marques de Gibraleon, Conde de Benalcaçar, y Baña-
res, Vizconde de la Puebla de Alcozer, Señor de
las villas de Capilla, Curiel, y
Burguillos.

Año, 1605.

CON PRIVILEGIO,
EN *MADRID*, Por Iuan de la Cuesta.

Vendefe en cafa de Francifco de Robles, librero del Rey nío feñor.

La aparición del **Quijote** *en 1605 fue un acontecimiento literario mundial; es una de las fuentes más importantes de la novela moderna. El éxito del libro fue instantáneo en España, y en poco tiempo su fama se extendió al resto de Europa. Fue traducido y, con el tiempo, se convirtió en una obra clásica y universal.*

(Courtesy of the Hispanic Society of America, NY)

manchego,° quien queda derrotado en el suelo. Pero un buen vecino suyo lo recoge y lo lleva de regreso a su aldea.°   *persona de la Mancha* / *village*

Como don Quijote se había vuelto loco leyendo libros de caballerías, sus amigos queman más de cien libros de su biblioteca. Pero don Quijote no se arrepiente de su locura y sale por segunda vez de su aldea, ahora en compañía de su escudero Sancho Panza, un labrador bajo, gordo y analfabeto.° En pago a sus servicios de escudero, don Quijote le promete que le hará gobernador de una región que conquistará en alguna de sus imaginadas aventuras caballerescas.   *illiterate*

Don Quijote, montado en Rocinante, y Sancho, en su querido asno,° viajan por los polvorientos° caminos de la Mancha. Van a buscar grandes aventuras, a luchar contra la maldad, la mentira y la hipocresía de los hombres. Don Quijote y Sancho representan los dos extremos de la vida: uno es el ideal, el sueño, el espíritu; el otro, lo prosaico de la vida, la realidad, la carne, la razón. Pero los dos se complementan: discuten siempre entre sí, pero no hay separación posible. La esencia del pensamiento y del sentimiento de Cervantes está en estos inolvidables diálogos entre el caballero y escudero.   *donkey, mule* / *dusty*

Siguiendo con las aventuras, ahora se encuentran con varios molinos de viento° que la fantástica imaginación de don Quijote convierte en   *molinos... windmills* feroces gigantes. Sancho advierte a su amo que son molinos, pero don Quijote los ataca con su lanza. Las aspas° del molino lo tiran al suelo herido, pero el caballero no cede.° Explica que el mago Frestón tiene la culpa porque convirtió a los gigantes en molinos para robarle la gloria de ganar tan singular° batalla.

    No es posible olvidarse de Maritornes, la criada° asturiana° de la segunda venta. Es ancha de cara y tuerta.° La buena Maritornes sirve a los rudos arrieros° que paran en la venta. Atiende a sus necesidades físicas y les da consuelo° espiritual como un acto de servicio y caridad. Cuando el pobre Sancho es golpeado por no pagar la cuenta de la venta, Maritornes, compasiva,° le da una jarra de agua y otra de vino, que ella misma paga.

    Prosiguen las aventuras. Don Quijote ve en su camino a unos hombres cargados de cadenas.° Son criminales condenados a las galeras° por la justicia del rey. Don Quijote se indigna y grita: «Soltadles,° porque es injusto hacer esclavos a quienes Dios y la naturaleza hizo libres.» Don Quijote libera a los criminales, pero les ordena que vayan a arrodillarse,° como acto de gratitud, ante su señora Dulcinea. Los criminales no quieren cumplir esta orden y, en cambio, le tiran piedras al pobre don Quijote.

    Después de muchas graciosas y trágicas aventuras, un cura y un barbero inventan un plan para llevar a don Quijote de regreso a su casa e intentar° curarlo de su locura. Engañan° al pobre caballero y le hacen creer que está encantado.° De esta manera lo llevan a su aldea, encerrado en una jaula° de madera, transportada por una carreta de bueyes.° Así termina la primera parte del *Quijote*.

wings
no... does not give up

tan... such a unique
maid / de Asturias
blind in one eye
mule drivers
consolation

compassionate

*cargados... in chains / a...
to be galley slaves / Set
them free*

kneel

try / They trick
under a charm, spell
cage / carreta... oxcart

La segunda parte es menos anecdótica pero más profunda y analítica que la primera. En ésta se cuenta cómo don Quijote sale por tercera vez de su aldea, acompañado de su inseparable Sancho Panza. Sancho parece ahora más discreto; quiere y admira más a don Quijote. Aparece Sansón Carrasco, estudiante recién llegado de la gran Universidad de Salamanca. Carrasco quiere mucho a su buen amigo don Quijote, pero no comprende su grandeza que él también toma por locura.

Cerca de Zaragoza, don Quijote y Sancho encuentran a un duque y a una duquesa que dicen haber leído la primera parte del *Quijote*. Para reírse de las locuras del caballero y de la gracia del escudero, los duques fingen° tomarlos en serio. Tratan a don Quijote como si fuera de verdad un caballero andante y lo llevan a su castillo. Esto da lugar° a una serie de burlas humillantes contra el genial manchego. Los duques representan una sociedad que no tiene sensibilidad° para comprender un ideal puro y que ataca con el arma del ridículo. El lector sufre al ver al pobre caballero mortificado por unos nobles ignorantes.

Ha llegado la hora de cumplir la promesa que don Quijote había hecho a su escudero. Los duques nombran a Sancho gobernador de un pueblo que ellos, para burlarse, llaman la ínsula° de Barataria. Para que sea un buen gobernador, don Quijote le da sabios consejos: «sé limpio; no comas ajos° ni cebollas; la diligencia es madre de la buena ventura°». Sancho demuestra ser un buen gobernador, sencillo, humano y justiciero. Pero, al fin, abandona el gobierno de la ínsula porque le piden que mande un ejército imaginario para derrotar a unos supuestos invasores. «Yo no he nacido para gobernar, sino para arar° y cavar°» dice Sancho.

Caballero y escudero, libres y juntos nuevamente, llegan a la ciudad de Barcelona. Pero aquí les ocurre la más triste aventura de su vida. El estudiante Carrasco, vestido de *Caballero de la Blanca Luna*, quiere curar a don Quijote de su locura. Vence a don Quijote en duelo de armas y, según las leyes de caballería, tiene el derecho de obligar al vencido a volver a la paz de su aldea.

Derrotado, triste y melancólico llega don Quijote a su casa. Cae enfermo en cama. Con lágrimas en los ojos, todos rodean a este caballero del espíritu que ahora está moribundo.° Antes de morir, confiesa que sus aventuras no fueron más que locuras, provocadas por la lectura de los detestables libros de caballerías. Dice: «Ya yo no soy don Quijote de la Mancha, sino Alonso Quijano, a quien mis costumbres me dieron renombre de *Bueno*.» Pero Sancho, que ahora se ha contagiado de las ideas de don Quijote, anima° a su amo con energía, aunque llorando: «No se muera vuesa° merced, señor mío, sino tome mi consejo, y viva muchos años; porque la mayor locura que puede hacer un hombre en esta vida es dejarse morir, sin más ni más,° sin que nadie le mate, ni otras manos le acaben° que las de la melancolía.»

---

pretend

da… *gives rise*
sensitivity

= isla

garlic / fortune

to plow / to dig

dying

encourages
= vuestra

sin… *suddenly, / finish, kill*

La del alba sería... Escena del Quixote, *obra de José Moreno Carbonero, ilustrador del* **Quijote.** (Institut Amatller d'Art Hispànic)

Pero el caballero no le oye. Con los ojos en el cielo, dice: «Vámonos poco a poco, pues ya en los nidos de antaño no hay pájaros hogaño».° Su cuerpo muere, pero el espíritu de don Quijote de la Mancha es inmortal.

Cuando el personaje central de la novela deja de ser don Quijote de la Mancha para volver a ser simplemente Alonso Quijano «el Bueno», el héroe tiene que morir, y la novela tiene que terminar. El lector, que ha seguido con emoción la odisea° de este caballero y ha vivido el idealismo y la infatigable voluntad de acción de don Quijote, ve con gran desilusión que el héroe rechaza su quijotismo y llama «locuras» a sus ideales y sus sueños.

Cervantes fue un escritor que reflejó en su obra el gran dilema humano: cómo reconciliar lo real con lo ideal. Es un tema de todos los tiempos.

Vámonos... *Let us go on little by little, for in the nests of yesteryear there are no birds today.*

odyssey

Don Quijote, el caballero del ideal, va en compañía de su inseparable Sancho Panza, contemplados desde atrás por Cervantes. Este monumento se encuentra en la Plaza de España en Madrid.

(© Peter Menzel)

Preguntas

1. ¿Qué experiencias vitales se cree que ejercieron influencia en la vida intelectual y artística de Miguel de Cervantes?

2. ¿Por qué fue importante la batalla de Lepanto en la vida de Cervantes?

Temas de investigación y conversación

Primero, investiga los siguientes temas de este capítulo. Luego, coméntalos con tus compañeros de clase.

Para investigar los temas de este capítulo, puedes encontrar tanto enlaces a buscadores como palabras clave en la página Web de este libro de texto: **www.mhhe.com/espana6.**

1. **Investigación:** Lee el capítulo IV de la primera parte de *Don Quijote de la Mancha.* Resume el argumento de este episodio.

Conversación: En este capítulo, don Quijote parece tener un agudo sentido de la justicia. Sin embargo se ve que está mentalmente desequilibrado. ¿Cómo ves esta discrepancia?

2. **Investigación:** Lee el siguiente pasaje sobre Sancho Panza del capítulo VII de la primera parte de la novela:

> En este tiempo, solicitó don Quijote a un labrador vecino suyo, hombre de bien —si es que este título se puede dar al que es pobre—, pero de muy poca sal en la mollera.° En resolución, tanto le dijo, tanto le persuadió y prometió, que el pobre villano se determinó de salirse con él y servirle de escudero. Decíale, entre otras cosas, don Quijote que se dispusiese a ir con él de buena gana, porque tal vez le podía suceder aventura que ganase, en quítame allá esas pajas,° alguna ínsula, y le dejase a él por gobernador della.° Con estas promesas y otras tales, Sancho Panza, que así se llamaba el labrador, dejó su mujer y hijos y asentó por escudero de su vecino.

de... stupid, dense (colloq.)

en... for no apparent reason / = de ella

¿Cómo es el contraste entre don Quijote y Sancho Panza?
Conversación: ¿Cómo podrían interpretarse las diferencias entre estos dos personajes? ¿Qué simbolizan?

3. **Investigación:** Todos los caballeros andantes tienen que estar enamorados de una bella dama. La de don Quijote se llama Dulcinea del Toboso. Así la describe Cervantes en el capítulo I de la primera parte de la novela:

> Y fue, a lo que se cree, que en un lugar cerca del suyo había una moza labradora de muy buen parecer, de quien él un tiempo anduvo enamorado, aunque, según se entiende, ella jamás lo supo, ni le dio cata dello.° Llamábase Aldonza Lorenzo, y a ésta le pareció ser bien darle título de señora de sus pensamientos; y, buscándole nombre que no desdijese mucho del suyo, y que tirase y se encaminase al de princesa y gran señora, vino a llamarla «Dulcinea del Toboso», porque era natural del Toboso; nombre, a su parecer, músico y peregrino y significativo, como todos los demás que a él y a sus cosas había puesto.

ni... didn't even know he existed (colloq.) / = de ello

¿Cómo es Dulcinea del Toboso desde el punto de vista de don Quijote?
Conversación: ¿Qué nos cuenta este pasaje sobre el mismo don Quijote?

4. **Investigación:** Lee el capítulo VIII de la primera parte de la novela que describe el famoso episodio de los molinos de viento. ¿Cómo confunde don Quijote molinos de viento con gigantes?
Conversación: En tu opinión, ¿cuál fue la intención de Cervantes en comunicarnos esta clase de confusión o percepción errónea?

Artistas y músicos del Siglo de Oro

El siglo XVII es el gran siglo de la pintura española. En contraste con el idealismo de la pintura italiana, tres elementos inspiran a los maestros peninsulares: la religión, la monarquía y el realismo. Los grandes cuadros de la escuela de pintura española pueden admirarse en centenares de templos y monasterios, en los museos y en los palacios privados de España. También se encuentran en muchos museos del extranjero.° Pero el más vasto e inapreciable tesoro artístico está en el Museo del Prado de Madrid. No sólo se encuentra allí lo mejor de la pintura española, sino infinidad de obras maestras° de las escuelas italiana y flamenca que España adquirió cuando era un imperio poderoso. Entre muchos otros, el Prado conserva hoy sesenta y seis cuadros de Paul Rubens y cuarenta y tres de Ticiano.

del... *abroad*

obras... *masterpieces*

El Greco

Así se le llama a Domenico Theotocópuli (¿1542?–1614) porque nació en la isla de Creta, Grecia. Se sabe muy poco de la vida de este maestro, pero se puede deducir por cartas y otros documentos de aquel tiempo que de Creta pasó a Venecia y después a Roma. Allí se quedó hasta 1575 estudiando, pintando y absorbiendo las influencias del Renacimiento italiano. Algunos creen que en este

período italiano, El Greco fue discípulo de Ticiano, clásico pintor renacentista.

Sin embargo, durante esta estancia° en Italia no produjo ninguna
obra maestra. En 1577 llegó a Toledo, ciudad considerada símbolo del
espíritu castellano. Esta ciudad le produjo tal impresión que cambió su
estilo y se reveló su propia originalidad. Aquí El Greco empezó a pintar
las obras que le han dado el renombre° que tiene hoy.

Es irónico que un artista griego con influencias italianas llegara a ser
el pintor arquetípico español. Los temas intensamente religiosos, los
colores sombríos, las expresiones reverenciales de los personajes con-
tribuyen al carácter tan español de El Greco. Su arte no fue apreciado
por los reyes, como fue el caso de otros pintores de su época. Hasta no
hace mucho tiempo, sus cuadros estaban desperdigados° por iglesias y
monasterios españoles poco conocidos. El mundo no se dio cuenta del
valor de El Greco hasta el siglo XX.

El Greco usaba colores sombríos y sólo se servía de matices° sutiles.
También sobresale en este maestro español el uso del claroscuro, una forma
artística que emplea a la vez luces y sombras en una pintura para crear una
imagen o una sensación. El Greco fue un maestro de la composición y un
gran dibujante.° Sin embargo, a veces alteraba la forma aparente de las figuras para penetrar en el alma del sujeto. Buscando siempre lo espiritual,
huía de lo convencional. Podría decirse que sus santos, de caras macilen-
tas,° huesudas° y alargadas,° parecen espíritus de otro mundo.

stay

fame, renown

scattered

shades, tints

sketcher

emaciated / bony / elongated

**El entierro del conde
de Orgaz,** *obra
maestra de El Greco.*
(Giraudon/Art Resource, NY)

La crucifixión *es uno de los muchos cuadros de tema religioso que pintó El Greco, representativo del misticismo español del siglo XVI.*
(Museo del Prado)

El entierro del conde de Orgaz es la obra maestra de El Greco y uno de los cuadros más hermosos del mundo. Puede contemplarse hoy en la modesta iglesia de Santo Tomé, en Toledo. La historia que el cuadro representa es casi tan interesante como el cuadro mismo porque se basa en una leyenda religiosa. Gonzalo Ruiz de Toledo, conde de Orgaz, hizo reconstruir la iglesia de Santo Tomé. Murió hacia 1300 y, como recompensa por este acto de caridad, dice la leyenda que San Esteban y San Agustín bajaron de los cielos para depositar el cadáver de este noble señor en su tumba. El momento en que los dos santos expresan su gratitud al conde es el tema principal del cuadro. El Greco dividió esta obra en dos partes: lo celestial en la parte superior° del cuadro y lo terrestre en la parte inferior.° Arriba está la figura de Cristo y, al lado, la

upper
lower

Virgen María y San Juan. También se pueden ver diversas figuras de la
Biblia: Moisés, Noé, San Pedro y otros santos del Nuevo Testamento.
Abajo están los nobles, contemporáneos de El Greco, con expresión
solemne y caritativa.° La figura que mira directamente a quien contem-   *charitable*
pla el cuadro, la séptima cabeza desde la izquierda, es la del propio pintor. En la parte inferior del centro aparecen las tres figuras principales
de la escena: San Esteban, el conde de Orgaz y San Agustín. Hacia la
izquierda hay un paje° que podría ser el hijo de El Greco.   *page*

Entre otros cuadros famosos de El Greco figura *La crucifixión.* Hay
varias versiones: una se encuentra en el Prado, otras en el Louvre de
París, en el Instituto de Arte de Cleveland y en otros museos y colecciones
particulares.° En la versión que se ve en el Prado el cuerpo de Cristo   *private*
reposa sereno en la cruz, sin dolor. La tragedia se manifiesta en el tono
negruzco verdoso del cielo. Al lado de Jesucristo están la Virgen María y
San Juan. En el centro quedan María Magdalena y un ángel, los dos
lavando las heridas de Jesucristo. La escena recuerda la penitencia de
María Magdalena cuando lavó los pies de Cristo con sus propias lágrimas.

Al final de su vida, El Greco pintó uno de los cuadros más excep-
cionales de su producción artística: *Vista de Toledo.* Es el único paisaje
que pintó pero la ciudad aparece en el fondo° de otros cuadros. En este   *background*
cuadro, parece que el cielo está a punto de estallar°; con colores grises   *explode*
y verdosos, el pintor crea la impresión de que algo sobrehumano domina
la ciudad.

Diego Velázquez

Si El Greco dio en su obra el alma religiosa de España, Diego
Velázquez (1599–1660) dejó su realismo, que, combinados,
constituyen la síntesis del espíritu de España. Nadie en la historia de la pintura ha expresado la vida con tanta naturalidad y
belleza como Velázquez. Se ha dicho que era frío, observador imparcial
de la realidad, y que no tenía corazón. Pero el propio Velázquez decía
que su ideal era «la verdad, no la pintura».

En contraste con la vida de El Greco, la de Velázquez fue una serie
de éxitos. Velázquez gozó de° gran fama tanto en la vida como en la   *gozó… enjoyed*
muerte. Hijo de padres humildes, a los doce años mostró un talento
extraordinario para la pintura y empezó a estudiar bajo la dirección de
uno de los mejores profesores de pintura de aquel tiempo, Francisco
Pacheco. Como pintor, Pacheco era mediocre, pero nadie puede negar
su importancia como maestro. En 1618, Velázquez se casó con la hija de
Pacheco. Fue un matrimonio arreglado para promover la carrera del pintor. Pacheco ayudó mucho a su alumno, introduciéndolo en la corte de
Felipe IV en 1622. Al principio, no lo recibieron con los brazos abier-
tos. Pero en 1623, el duque de Olivares, que había visto algunos de sus

Toledo fue la ciudad adoptiva de El Greco, en donde vivió la mayor parte de su vida y en donde pintó cuadros tan impresionantes como esta visión espiritual de la histórica ciudad: **Vista de Toledo.**

(Courtesy of the Metropolitan Museum of Art, bequest of Mrs. H. O. Havemeyer, 1929. The H. O. Havemeyer Collection)

cuadros, le mostró uno al rey. Tan entusiasmados quedaron en la corte que se nombró a Velázquez pintor exclusivo de la familia real.

De 1629 a 1631 Velázquez viajó a Italia para conocer la pintura italiana. Allí vio las obras de Miguel Ángel, Rafael y Ticiano. La atmósfera artística de Venecia lo atrajo tanto que, después de unos años, volvió a esa tierra de tanta actividad cultural. En Roma pintó uno de sus cuadros más famosos: el del papa Inocencio X, un ser frío, calculador y astuto. Se dice que al ver el cuadro, el papa exclamó: «Es demasiado real». Precisamente lo admirable es el realismo casi fotográfico del cuadro.

Cuando el rey Felipe IV se dio cuenta de la popularidad de Velázquez, le mandó que regresara a su tierra natal. En 1651 llegó Velázquez a Madrid y se puso a pintar lo que sería la culminación de su carrera: los cuadros de la infanta° Margarita, entre ellos, *Las meninas*° (ver la pág. 101). Velázquez continuó pintando, al servicio del rey, hasta su muerte.

El secreto del arte de Velázquez está en la técnica. Y en esto es considerado uno de los primeros en el mundo. Los personajes de muchos de sus cuadros son feos pero, para Velázquez, cualquier manifestación de la vida era belleza, y su inigualada técnica lo muestra. Felipe IV, a quien pintó cuarenta veces, no era conocido precisamente por su hermosura física. Tampoco fue bella la infanta Margarita. Pero en los cuadros de Velázquez sucede algo misterioso: los sujetos no son feos sino dignos,° nobles, admirables. Y estas características se manifiestan sin ninguna insinuación de idealismo ni de falsedad. ¡Qué feos son los bufones, enanos° e idiotas velazqueños! Y, sin embargo, ¡cuánta belleza hay en ellos!

princess / young ladies-in-waiting

dignified

dwarves

Los borrachos *de*
Velázquez.
(Museo del Prado)

Las obras maestras de Velázquez se encuentran en el Museo del Prado. Entre ellas, las más famosas son *Los borrachos,*° *La rendición de Breda,* el *Cristo crucificado* y, claro, *Las meninas.*

drunkards

Los borrachos es un cuadro típico de una serie de obras que combinan lo mitológico y lo real. Se ve en el cuadro la figura de Baco, el dios del vino, sentado en un barril con unos campesinos, todos sonrientes y alegres en una escena de diversión campestre.° Al frente se ve un soldado arrodillado° frente a Baco. Éste le pone una corona de laureles, símbolo del propio Baco. La escena es enigmática y contradictoria. Se puede captar la alegría de los borrachos pero, a la vez, se nota el peligro de este tipo de comportamiento. Al fondo se ve una figura oscura que parece un mendigo, una representación de las consecuencias del abuso del vino.

country, rural
kneeling

La rendición de Breda refleja un momento histórico en el desarrollo político de España. Se divide en dos campos: vencedores (los españoles) y vencidos (los holandeses); hay un contraste armonioso entre ambos. El comandante holandés, Justino de Nassau, está arrodillado humilde y dignamente frente al español, el marqués de Spínola. En el marqués se ve un gesto bondadoso y magnánimo al recibir las llaves de la ciudad de Breda. Los soldados españoles, con sus lanzas erguidas apuntando° hacia el cielo, contrastan con los holandeses vencidos pero no humillados. Es irónico que esta escena heroica se pintara durante el período de decadencia del Imperio Español.

pointing

El *Cristo crucificado* es otra obra maestra de Velázquez. A primera vista parece un cuadro objetivo, casi frío, en contraste con las pinturas de El Greco y las esculturas de Martínez Montañés que tienen el mismo tema. Pero aquí la agonía de Cristo es mucho más sutil. Además, el color negro que lo rodea marca un contraste extraordinario y da la impresión de una soledad total.

Si Velázquez sólo hubiera pintado *Las meninas,* su reputación como retratista° no sería menor. Es una maravilla de composición, misteriosa, enigmática y, al mismo tiempo, tan real. El aparente tema del cuadro es lo que se ve en la parte central: la infanta Margarita, hija de Felipe IV, y las dos meninas que la atienden. Pero mucho más interesante —y quizás más importante para la interpretación de la obra— es lo que se halla en los márgenes. A la izquierda se ve al propio Velázquez con el pincel.° Delante de él está el lienzo,° del cual se ve sólo la parte de atrás. En la pared del fondo hay un espejo que refleja las figuras del rey Felipe y de la reina Mariana. El gran misterio de la obra queda fuera del cuadro. ¿Cuál es el tema que está pintando Velázquez? ¿Podría ser el rey y la reina, cuyas imágenes se ven en el espejo? Se ha dicho que en este espejo no se ven figuras reales sino el reflejo de un cuadro que estaría° en la pared opuesta. También son interesantes las otras figuras: el señor que entra en la sala (¿o es que sale?) y la pareja detrás de las meninas. Las enanas de la derecha, una de ellas pisando° el perro que yace° tranquilamente delante de todos, son los típicos bufones de otros cuadros de Velázquez. En su totalidad, el cuadro es una reafirmación del talento del pintor.

portrait painter

paintbrush
canvas

must have been

stepping on / is lying

***El* Cristo crucificado
*sirvió de inspiración
para un volumen de
poemas de Miguel de
Unamuno,* El Cristo de
Velázquez.**
(Museo del Prado)

**Las meninas, *obra
maestra de Velázquez,
considerado el pintor
español más original y
exquisito del siglo
XVII.***
(Museo del Prado)

Velázquez vivió en plena armonía con su época. Desde el principio hasta el final de su vida, tuvo éxito. No fue un espíritu turbulento. Quizás por eso algunos lo han criticado por su «frialdad». Pero la emoción de sus cuadros, de alguna manera, toca la sensibilidad de quien los mira; las posibilidades de interpretación de sus obras son infinitas.

Otros pintores del Siglo de Oro

Además de estos dos grandes maestros de la pintura española, hay otros artistas dignos° de mención. Francisco de Zurbarán (1598–1664), contemporáneo de Velázquez, se conoce por su habilidad de captar la devoción religiosa de los santos de una manera reposada y tranquila. El *Santo Serapión* es un ejemplo de esto. El santo tiene las manos atadas,° pero se ve en su expresión una tranquilidad sublime.

  worthy

  tied

Bartolomé Esteban Murillo (1618–1682) es otro pintor del período barroco español. Sus temas son religiosos. Pinta escenas bíblicas, como El Greco, intentando señalar el espíritu moralizador de la escena.

También se destaca José Ribera (1588–1656), que nació en Italia pero pasó la mayor parte de su vida en España. Estudió las obras de Ticiano, como muchos pintores españoles, y se nota esa influencia en sus cuadros. Al principio de su carrera fue exaltado y exuberante, como se ve en *El martirio de San Bartolomé* y en su *Piedad*. Pero en la madurez° adquirió un carácter más reposado y espiritual, como lo muestra su pintura *San Jerónimo*.

  maturity

Josefa de Ayala (1630–1684), nacida en Sevilla, pintó retratos, naturalezas muertas,° alegorías y un importante retablo en la iglesia de Santa María de Obidos, en Portugal.

  naturalezas... *still lifes*

José Ribera pintó* El martirio de San Bartolomé *con detalles realistas; su uso del tenebrismo (contraste entre luz y sombra) se ve muy bien aquí.
(Museo del Prado)

La música

Tomás Luis de Victoria

Tomás Luis de Victoria (1540–1611) fue el mejor compositor de música religiosa del Renacimiento. Estudió en Roma con el italiano Giovanni Palestrina. Durante su estancia en Roma se ordenó sacerdote, pero su actividad espiritual siempre tenía algo que ver con algún aspecto de la música. En 1598, terminó los cinco volúmenes de sus *Laudi Spirituali,* en los cuales empleó canciones folklóricas españolas e italianas dentro de contextos religiosos. Fue nombrado maestro de coro° del Convento de las Descalzas Reales de Madrid. Se dice que Victoria es el primer representante mundial del misticismo en la música.

maestro... *choirmaster*

Domenico Scarlatti

Aunque no nació en España, este compositor de origen italiano (1685–1757) pasó la mayor parte de su vida en la Península Ibérica: primero en Portugal y después en España protegido por la corte de Felipe V. Es uno de los compositores más prolíficos del mundo y se conoce por sus sonatas para la clave.° Las tradiciones musicales de España, su país de adopción, caracterizan las composiciones de este gran músico. La guitarra y los bailes folklóricos castellanos se notan en su música y le dan un tono y estilo muy diferente del de otros músicos de su época. Scarlatti es reconocido como uno de los músicos más importantes de los siglos XVII y XVIII.

harpsichord

Preguntas

1. ¿Quiénes son los pintores más famosos del Siglo de Oro? ¿Cuáles son sus obras más importantes? ¿Por qué son importantes?

2. ¿En qué se distingue el estilo de El Greco? ¿Qué es el claroscuro?

3. ¿Por qué es considerado Diego Velázquez el pintor más original de la escuela española?

4. ¿Cuál es el tema predominante de las obras de Zurbarán, Murillo y Ribera? ¿Cómo se expresa este tema?

5. ¿Quiénes son dos de los músicos famosos del Siglo de Oro? ¿Cuáles son sus obras más importantes? ¿Por qué son importantes?

Temas de investigación y conversación

Primero, investiga los siguientes temas de este capítulo. Luego, coméntalos con tus compañeros de clase.

Para investigar los temas de este capítulo, puedes encontrar tanto enlaces a buscadores como palabras clave en la página Web de este libro de texto: **www.mhhe.com/espana6.**

1. **Investigación:** Mira otra vez el cuadro de Velázquez, *La rendición de Breda* (ver la pág. 100). Busca comentarios y crítica del cuadro. ¿Cuáles son algunos comentarios y crítica que has leído?

   Conversación: Es de notar que *La rendición de Breda,* cuadro tan patriótico, se pintó durante la decadencia del Imperio Español. ¿Es una contradicción la representación de una victoria militar cuando en realidad España estaba perdiendo la mayoría de sus batallas para defender su poderío imperial? ¿Qué propósito puede tener el artista al hacer una obra de este tipo? ¿Cómo ha representado la cultura norteamericana sus guerras en el cine o en la literatura?

2. **Investigación:** Busca otros cuadros de Velázquez o de El Greco. Describe estos cuadros.

   Conversación: ¿Qué tienen en común? ¿Cómo se difieren? ¿Cómo se pueden comparar con los cuadros que se describen en este capítulo del texto?

3. **Investigación:** Busca composiciones de Tomás Luis de Victoria. Escucha una y descríbela.

   Conversación: ¿Conoces a otros compositores de música religiosa? ¿Se puede comparar su música a la de Victoria?

Source and Supplementary Materials

II. Siglo de Oro

Printed Materials

CERVANTES, MIGUEL DE. *Don Quijote de la Mancha.* There are numerous editions and versions of this work, including J. M. Cohen's accurate and lively English translation. London: Penguin, 1954.

FUENTES, CARLOS. *The Buried Mirror: Reflections on Spain and the New World.* New York: Houghton Mifflin, 1992. This richly illustrated book is available in Spanish as well (*El espejo enterrado*), and is accompanied by a five-part video series narrated by Carlos Fuentes (Chicago Films, Inc., 1991).

KELLEY, JAMES, ed. *The Diary of Christopher Columbus's First Voyage to America, 1492–1493.* Norman: University of Oklahoma Press, 1989.

LOPE DE VEGA, FÉLIX. *Fuenteovejuna.* (Ed. María Grazia Profeti.) Barcelona: Planeta, 1981. Many other editions exist as well.

MARAVALL, JOSÉ ANTONIO. *La literatura picaresca desde la historia social.* Madrid: Taurus, 1986.

MARTÍN MORENO, ANTONIO. *Historia de la música española.* Madrid: Alianza, 1996.

PARKER, GEOFFREY. *Philip II.* Chicago: Open Court, 1995. A historical rendition of the life and times of the Spanish monarch.

PRAWDIN, MICHAEL. *Juana la Loca.* Barcelona: Juventud, 1967.

RIVERS, ELIAS, ed. *Poesía lírica del siglo de oro.* Madrid: Cátedra, 1979. A well-chosen selection of the poetry of the Renaissance and Baroque periods, with English translations and an introduction.

SOUFAS, TERESA SCOTT, ed. *Women's Acts: Plays by Women Dramatists of Spain's Golden Age.* Lexington: University Press of Kentucky, 1997.

VOLLENDORF, LISA, ed. *Recovering Spain's Feminist Tradition.* New York: Modern Language Association, 2001.

ZAYAS, MARÍA DE. *The Enchantments of Love.* Berkeley: University of California Press, 1990, and *The Disenchantments of Love.* Albany: SUNY Press, 1997. These translations by H. P. Boyer form the complete narrative work of Zayas.

Audiovisual Materials

Aguirre, the Wrath of God; Fitzcarraldo; Every Man for Himself and God Against All. These three films (available on DVD) by the famous German director (and hispanophile, of sorts) Werner Herzog, deal with subjects related to Spanish imperial culture. *Aguirre* is based on the life of Lope de Aguirre, explorer in Peru. *Fitzcarraldo* takes place in the Amazon jungle during the exploration. And *Every Man* carries the same theme as Calderón's canonical play *La vida es sueño.*

Don Giovanni, by Mozart, is an opera that uses the Don Juan theme.

Don Quijote de la Mancha. Five-part video produced by RTVE, directed by Manuel Gutiérrez Aragón, screenplay by Camilo José Cela, starring Fernando Rey and Alfredo Landa (Princeton Films for the Humanities, 1993).

"La nef: Music for Joan the Mad," DIS 80128, is a CD with accompanying songbook produced by the Dorian Group, 1995.

Man of La Mancha. Musical based (very loosely) on *Don Quijote.*

III

Siglos de luces y reformas: XVIII y XIX

Francisco de Goya, "El Parasol." Museo del Prado, Madrid. (Scala/Art Resource, NY)

Cronología

	1700–1746	Reinado de Felipe V
Guerra de Sucesión	1702–1713	
	1746–1759	Reinado de Fernando VI
Reinado de Carlos III; el «despotismo ilustrado»	1759–1788	
	1788–1808	Reinado de Carlos IV
Guerra de la Independencia contra Napoleón	1808–1814	
	1810–1822	Guerras de la Independencia contra España en Latinoamérica (México)
Proclamación en Venezuela de la independencia de América	1811	
	1811–1824	Guerras de la Independencia de América del Sur
Las Cortes de Cádiz	1812	
	1814–1833	Tiranía bajo el reinado de Fernando VII
Encuentro de Bolívar y San Martín en Guayaquil	1816	
	1833–1868	Reinado de Isabel II
Guerras carlistas	1833–1840 1872–1876	
	1873–1874	Primera República española
Restauración de la monarquía bajo Alfonso XII	1874–1885	

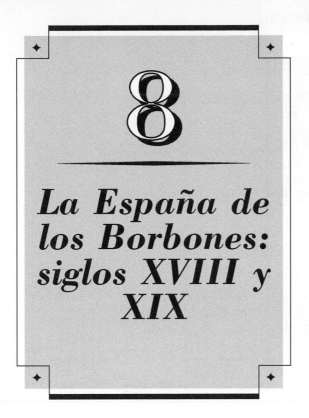

8

La España de los Borbones: siglos XVIII y XIX

Felipe V y la Guerra de Sucesión

Los Habsburgos de la Casa de Austria reinaron en España de 1516 a 1700. El último, Carlos II «el Hechizado»,° era un enfermo mental que murió sin sucesión. Entonces, las familias reales de Europa iniciaron una lucha diplomática para heredar la rica corona de España. Ganó Luis XIV, el Rey Sol de la casa de Borbón de Francia. De esta manera, el primer Borbón de España, nieto de Luis XIV, fue coronado rey de España con el nombre de Felipe V. Reinó de 1700 a 1746. Los Borbones continuaron reinando sucesivamente hasta 1931. El actual° rey de España, Juan Carlos I, pertenece a la familia de Borbón.

«¡Ya no hay Pirineos!» declaró Luis XIV a causa de la victoria diplomática de Francia, cuando Felipe V llegó a España. Francia y España ya no estarían separadas; en adelante serían como dos naciones hermanas. Pero esta victoria provocó la Guerra de Sucesión, que fue civil e internacional al mismo tiempo. De una parte° estaba Felipe V; de la otra, el aspirante al trono, el archiduque Carlos, hijo del emperador Leopoldo de Austria. Inglaterra y Holanda apoyaron a Carlos. Cataluña, temiendo el centralismo tanto español como francés, también apoyó al archiduque, un apoyo que le costó una gran represión.

Bewitched

current

De… On one side

Felipe V, el primer Borbón de España.

(Obra de van Loo, Museo del Prado, Madrid/Institut Amatller d'Art Hispànic)

La guerra duró de 1702 a 1713. Se luchó en Italia, en Flandes, en América y, principalmente, en España. Al fin se firmó la paz° de Utrecht en 1713. Todas las naciones reconocieron a Felipe V como rey de España. Pero los españoles perdieron sus posesiones en Italia y debieron ceder el peñón° de Gibraltar. Inglaterra ha ocupado desde entonces el peñón, como llave del Mediterráneo, para proteger sus líneas de comunicación con el resto del Imperio Británico. España ha luchado siempre por recuperar este territorio, pero en esto Inglaterra ha permanecido inflexible hasta la fecha.°

se... *the peace treaty was signed*

rock

hasta... *to this day*

El «despotismo ilustrado°»

enlightened

Los tres primeros Borbones, Felipe V, Fernando VI y Carlos III, reinaron en España de 1700 a 1788. En general, la decadencia nacional continuó, pero hubo síntomas de progreso industrial y comercial. El espíritu cívico y patriótico de los ministros de Carlos III mejoró la situación. El llamado «despotismo ilustrado» de los Borbones consistía en fomentar el bienestar del país, pero sin dar al pueblo participación en el gobierno.

Carlos III, que reinó de 1759 a 1788, amaba la paz, pero Inglaterra provocaba siempre a España con sus ataques de piratería contra el comercio español en América. Por este motivo, España ayudó financieramente al general George Washington. Mandó armas a los Estados Unidos que ayudaron a ganar la batalla de Saratoga contra Inglaterra.

La agricultura, la industria y el comercio habían decaído lamentablemente durante el siglo XVII. Pero iniciaron su renacimiento en el siglo XVIII, a causa de la buena política económica del gobierno. También en esta época se ve el comienzo del desarrollo económico de Euskadi, donde había aristócratas liberales que estaban interesados en la tecnología industrial y en las reformas agrarias.

Hasta entonces, los nobles y la Iglesia poseían la mayor parte de las tierras de España, y los pequeños propietarios° eran escasos. Los ministros ilustrados de Carlos III, como Gaspar Melchor de Jovellanos, dictaron leyes para conseguir una división más equitativa° de la tierra.

landowners

equitable

Como se ha visto, Castilla había sido siempre una monarquía absoluta de origen divino: el rey de España lo era, se creía, por la gracia de Dios. La más genuinamente española de las tradiciones democráticas de su historia era el parlamento popular conocido por «las Cortes». Este parlamento se fundó en la Edad Media, pero perdió autoridad y prestigio bajo la tiranía de los reyes Habsburgos.

A fines del siglo XVIII llegaron a España las ideas liberales de la Revolución Francesa. También causó alguna impresión el ejemplo de los Estados Unidos, una república basada en el gobierno del pueblo. Los liberales españoles recogieron° estas ideas con entusiasmo. Al principio eran muy moderados y sólo querían el establecimiento de una monarquía constitucional.

received, picked up

Napoleón en España

Después del despotismo ilustrado de Carlos III siguió el despotismo cobarde° de Carlos IV (1788–1808). Este rey, débil y perezoso,° puso las riendas° del gobierno en manos del ministro Manuel Godoy, protegido de la reina. Por razones egoístas, Godoy obedeció los mandatos° de Napoleón. Contra los intereses de España en esta ocasión, Napoleón obligó a Godoy a declarar la guerra a Inglaterra. El resultado fue que las tropas combinadas de Francia y España fueron vencidas por el almirante Nelson en la famosa batalla de Trafalgar, al sur de España, en 1805.

cowardly
lazy / reins

commands

Al año siguiente, Napoleón le prometió a Godoy un principado° si permitía que los ejércitos napoleónicos atravesaran España para invadir Portugal. No sospechaba el incauto° Godoy que lo que verdaderamente quería Napoleón era invadir España. De esta manera, el pueblo español

principality, title of prince

foolish

Los fusilamientos del 3 de mayo, un cuadro de Francisco de Goya, representa la ejecución de unos campesinos españoles en 1808, durante la rebelión española contra las fuerzas de Napoleón. Una de las víctimas, con los brazos en cruz como Cristo, parece representar el espíritu del pueblo español.
(Museo del Prado/ Courtesy of Spanish National Tourist Bureau)

fue traicionado° por Napoleón, por Godoy y por los reyes de España. Los ejércitos franceses invadieron la península en 1808.

    Con novelescas intrigas y engaños,° Napoleón tomó prisionero a Carlos IV y a su hijo Fernando VII. Estos «prisioneros» reales vivían cómoda y lujosamente° en Francia, mientras Napoleón invadía España.

    Napoleón proclamó rey de España a su hermano José, que reinó de 1808 a 1814 bajo la protección de las bayonetas napoleónicas. Los españoles, que creían que todos los franceses eran borrachos, llamaban a este rey «Pepe° Botellas».

betrayed

deceits, tricks

luxuriously

nickname for José

La Guerra de la Independencia

N apoleón no tuvo en cuenta° una cosa: la dignidad del pueblo español. Creyó que podría jugar con el pueblo lo mismo que con los reyes. Algunos españoles de las clases altas, llamados *afrancesados,* apoyaban a Napoleón por adhesión a los ideales revolucionarios franceses o por razones políticas, pero el pueblo español se levantó en masa contra los invasores. No eran los reyes, no era exclusivamente el ejército; era el pueblo desorganizado pero inspirado por una causa común: la expulsión de los invasores.

no… did not take into account

Esta desigual lucha duró de 1808 a 1814. Hombres, mujeres y hasta niños, con escasas armas, navajas,° palos y aceite hirviendo,° perfeccionaron una modalidad bélica°: la guerra de guerrillas. El ejército de Napoleón, numéricamente superior, ocupaba y saqueaba° las ciudades españolas. Pero nunca pudo dominar la tierra ocupada. De todas partes surgían emboscadas° que aniquilaban° poco a poco las tropas de Napoleón. Esta guerra se conoce en España como la *Guerra de la Independencia.*

razors, knives / aceite… boiling oil / modalidad… method of fighting / plundered

ambushes / annihilated, destroyed

Mientras el pueblo español luchaba por su independencia, los reyes de España, desde su «prisión» en Francia, felicitaban° a Napoleón por sus victorias en España. En 1810, un nuevo parlamento fue elegido en Cádiz, en el sur de España, la única ciudad importante que no cayó en poder de los franceses. Este parlamento, conocido como las Cortes de Cádiz, proclamó en 1812 la primera constitución que tuvo España. Reconocía la monarquía constitucional, la soberanía del pueblo y otras ideas liberales.

were congratulating

Al fin, el pueblo español expulsó° a las fuerzas de Napoleón de España, con la ayuda de un ejército inglés al mando del duque de Wellington.

expelled

Paradójicamente, después de la guerra el pueblo se mostraba indiferente al liberalismo de las Cortes de Cádiz. En vez de castigar a Fernando VII por traidor, lo recibió como rey absoluto de España, gritando «¡Vivan las cadenas!»° Todo el reinado de Fernando VII (1814–1833) fue una monstruosa tiranía y una brutal represión contra los espíritus liberales de España. Sólo hubo un período de libertad (1820–1823), impuesto por el coronel Rafael del Riego. Pero Riego fue fusilado° y volvió a imponerse la tiranía, que duró hasta la muerte de Fernando VII en 1833.

¡Vivan… Long live the chains (of absolutism)!

executed, shot

La independencia de la América española

Los años de la guerra contra Napoleón, las Cortes de Cádiz y la tiranía de Fernando VII coincidieron con el período en que la mayoría de las colonias americanas obtuvieron su independencia. Durante tres siglos, la América española había vivido bajo un régimen colonial. Los reyes absolutos de España eran también reyes absolutos de América. Los virreyes —gobernadores coloniales— gobernaban autocráticamente en nombre de la monarquía. Se mantuvo la unidad política de la América colonial en virtud de° la fuerza unitaria° de la monarquía española y de la Inquisición.

en… by virtue of / unifying

Las principales actividades de los españoles en América fueron la explotación de las ricas minas que producían fortunas para el imperio, el desarrollo de la agricultura y la ganadería, y la conversión al catolicismo de grandes masas de indígenas. España mantenía el monopolio exclusivo del comercio de América y explotaba por igual a los indígenas y el oro que alimentaba las guerras religiosas españolas.

Entre tanto,° las órdenes religiosas, en particular los jesuitas y franciscanos, se dedicaron infatigablemente° a la construcción de millares de iglesias y catedrales. Estos clérigos se lanzaron a la conversión y educación de los indígenas con vigoroso espíritu misionero. Nueve universidades fueron fundadas en Hispanoamérica antes que la de Harvard; las más importantes fueron la Universidad de México (1551) y la Universidad de San Marcos, en Lima (1551).

Entre... Meanwhile
tirelessly

Dos causas fundamentales impulsaron° la independencia de América. En primer lugar, la guerra victoriosa de las colonias norteamericanas demostró que si los pueblos de América se unieran en una causa común, podrían obtener su independencia. Muchos hispanoamericanos cultos pensaban: «Si los Estados Unidos del Norte han formado con éxito una nación unida e independiente, ¿por qué no puede hacer lo mismo el pueblo unido de la América española?» En segundo lugar, muchos patriotas educados conocían muy bien los hechos y las ideas de la Revolución Francesa, que proclamaban al mundo los ideales de libertad, igualdad y fraternidad. Los espíritus liberales pensaban que era justo unirse para derribar° al tirano y formar un gobierno basado en el consentimiento del pueblo.

gave impetus to

overthrow

Pero estas inspiradas ideas sólo estaban en la mente° de una pequeña minoría de americanos cultos. Cuando Napoleón invadió España en 1808, los hispanoamericanos no aprovecharon° la ocasión para separarse de España. Fueron leales a la causa del pueblo español, y enemigos de Napoleón. En vez de luchar por la independencia de América, formaron juntas de ciudadanos que estaban en contra de los virreyes españoles que se habían sometido dócilmente a Napoleón. Eran fieles a los reyes españoles Carlos IV y Fernando VII. Dos años antes de la invasión de Napoleón, por ejemplo, cuando los ingleses ocuparon temporalmente la ciudad de Buenos Aires en una lucha contra el poder del trono español, los hispanoamericanos habían apoyado a los reyes de la madre patria.

minds

no... did not take advantage of

La América del Sur

El 5 de julio de 1811 se proclamó en Caracas la primera República de la América española. El ejército español atacó a los patriotas. Así comenzó la gran epopeya° de la independencia de América.

epic

La guerra duró trece años, con alternativas de triunfos y fracasos. Simón Bolívar y José de San Martín, los dos grandes libertadores sudamericanos, tuvieron que superar enormes dificultades. Sin armas suficientes, con un ejército dividido por las ambiciones personalistas de sus jefes, lucharon con tenacidad hasta alcanzar la victoria final porque tenían fe en el ideal de su causa. En 1822, las tropas norteñas de Bolívar se juntaron° triunfalmente con las sureñas de San Martín en la ciudad

se... were joined

Simón Bolívar, uno de los héroes de la independencia sudamericana, nunca realizó su sueño: la unificación política de Sudamérica mediante la creación de una confederación de pueblos hispanoamericanos, similar a la unión de los Estados Unidos de Norteamérica.
(Courtesy of OAS)

de Guayaquil, en el Ecuador. Dos años después, los americanos independentistas ganaron la batalla final de Ayacucho, en el Perú. Durante los diez años antes de morir Bolívar, sus esfuerzos para unificar todo el norte del continente en un solo país —que llevaría el nombre de La Gran Colombia— fueron destinados a fracasar. Había demasiados intereses conflictivos, creados por los españoles, para lograr este fin harmónico. Antes de su muerte, Bolívar, decepcionado, pronunció esta frase histórica: «He arado en el mar».°

He... I have tried to till the ocean.

México

México no tuvo caudillos militares como Bolívar y San Martín, sino dos modestos curas libertadores. En 1810, el padre Miguel Hidalgo dirigió una pequeña revolución de indígenas al grito de «¡Viva la Virgen de Guadalupe* y viva la independencia!» Pronto fue ejecutado por orden del

---

*Según una antigua tradición católica, la Virgen María se apareció milagrosamente a Juan Diego, un humilde indígena mexicano, en 1534, pocos años después de la conquista de México por Hernán Cortés. Desde entonces hasta el presente, Nuestra Señora de Guadalupe, representada en una imagen con rostro indígena, es venerada por el pueblo mexicano como la Patrona de México.

virrey. Pero otro sacerdote° patriota, el padre José María Morelos, continuó
la revolución por todo el país. En 1815 fue ejecutado también. El papel de
la Iglesia y de sus sacerdotes siempre ha sido de doble filo° en México: por
un lado, la Iglesia ha sido una fuerza conservadora en la sociedad, y por
otro, la tradición de los curas revolucionarios ha continuado. Hoy día
sigue el fenómeno de la «teología de la liberación», que es un intento de
harmonizar las demandas sociales de los pobres con los principios
cristianos.

priest

*de... a double-edged
sword*

Los virreyes seguían dominando la situación, hasta que Agustín de
Iturbide logró derribar el gobierno del virrey y proclamar la independencia de México. Pero Iturbide era demasiado ambicioso. En 1822, se
nombró a sí mismo emperador de México con el nombre de Agustín I.
Sin embargo, su «imperio» terminó en 1824. Iturbide fue fusilado y se
estableció un régimen republicano.

Las Guerras carlistas

Después de la muerte de Fernando VII había en España dos
facciones políticas. Los liberales moderados querían que
heredara el trono la hija de Fernando VII, Isabel, una niña de
tres años. Los absolutistas querían a don Carlos, hermano del
rey. Subió al trono Isabel II (reinó de 1833–1868). Pero los absolutistas,
llamados también *carlistas* y *tradicionalistas,* muchos de los cuales
vivían en Euskadi, provocaron dos crueles guerras civiles que duraron
de 1833 a 1840 y de 1872 a 1876. Los obstinados carlistas perdieron
ambas guerras. El país se arruinó, y los españoles quedaron políticamente divididos. Estas guerras civiles fueron los precursores de la sangrienta Guerra Civil (1936–1939).

Isabel II y los «pronunciamientos»

El reinado de esta reina, considerada frívola e ignorante por
muchos españoles, fue un caos de inestabilidad política y de
decadencia nacional. En cuarenta y cinco años se promulgaron
seis constituciones; hubo cuarenta y un gobiernos y quince
levantamientos° militares. Estos levantamientos se llamaban «pronunciamientos». La política era personalista, y los generales eran los caudillos. Las armas fueron el árbitro de la situación, algunas veces a favor
de los reaccionarios, y otras, de los llamados liberales.

uprisings

Durante el reinado de Isabel II hubo guerras civiles, pronunciamientos militares, inestabilidad gubernamental, favoritismo arbitrario e indiferencia por los problemas de España.

(Retrato por Ribera y Fieve. Courtesy of the Hispanic Society of America, NY)

La Primera República

En España entraban algunas ideas europeas del liberalismo del siglo XIX. Este movimiento era bien recibido por los elementos liberales del ejército y de la clase media. Como resultado, el general Juan Prim y otros caudillos militares hicieron una revolución en 1868. La reina fue expulsada de España. En su lugar, el general Prim llevó a Amadeo de Saboya, hijo segundo del rey de Italia, como rey constitucional. Amadeo era un hombre bueno y modesto. Pero después de reinar sólo dos años tuvo que abdicar. No podía dominar las intrigas y la división política de los españoles.

Entonces, las Cortes proclamaron por votación la Primera República española. No duró más de veintidós meses. En tan corto período hubo cuatro presidentes. Todos fueron liberales, cultos, bienintencionados y patriotas. Pero ninguno fue capaz,° en tan poco tiempo, de poner fin a la anarquía política que era general en toda España.

capable

Una vez más, el ejército tuvo poca paciencia y terminó con la joven República en 1874 mediante° otro pronunciamiento militar. Los generales proclamaron rey a Alfonso XII, hijo de Isabel II. La Primera República fue ahogada° antes de tener tiempo de respirar.

through, by means of

smothered

Después del brevísimo experimento republicano de 1873, la monarquía tradicional fue restaurada. Los reyes de la Casa de Borbón que reinaron en España durante esta época fueron Alfonso XII (1874–1885) y su hijo Alfonso XIII (1886–1931). El reinado de Alfonso XII es conocido en la historia como la Restauración.

Alfonso XII

El primer acto de la Restauración fue proclamar la Constitución de 1876. Esta constitución era conservadora y moderada. Establecía la monarquía constitucional hereditaria y el régimen parlamentario con un Senado y un Congreso de Diputados. Reconocía la libertad de expresión y de asociación. El catolicismo era la religión oficial, pero se toleraban otras creencias. También se reconocía el matrimonio civil.

Se formaron dos partidos políticos: el Conservador, presidido° por Antonio Cánovas del Castillo, y el Liberal, dirigido° por Práxedes Mateo Sagasta. Había un acuerdo tácito entre los dos partidos para alternarse en el gobierno y establecer una balanza de estabilidad y continuidad; esto se llamaba el *turno pacífico*. No había gran diferencia entre un partido y otro. Lo importante era que ambos grupos tenían que mantener el régimen monárquico.

En casi todas las provincias había políticos locales, llamados *caciques,* cuya misión era comprar votos, falsificar los resultados de la votación y amenazar° con represalias° a los votantes. Estos delitos° políticos no eran castigados. Los caciques eran individuos sin escrúpulos que contaban con la protección de los políticos poderosos de Madrid. Mal podía funcionar una democracia en tales condiciones.

presided over
led

threaten / reprisals / crimes

Preguntas

1. Explica cómo un francés, Felipe V, llegó a ser rey de España.
2. ¿Cuáles fueron por lo menos tres de los resultados del Tratado de Utrecht?
3. Define el sistema del «despotismo ilustrado».
4. Describe el gobierno de la América española bajo los virreyes. ¿Por qué hubo luchas por la independencia en estas regiones?
5. Explica en orden cronológico los sucesos (*events*) de la Guerra de la Independencia de América del Sur. Luego, haz lo mismo con los sucesos de la lucha por la independencia de México.
6. ¿Cuáles son los acontecimientos más importantes del reinado de Isabel II? Explica por qué son importantes.
7. ¿Qué fue la Restauración? Resume sus causas.

Temas de investigación y conversación

Primero, investiga los siguientes temas de este capítulo. Luego, coméntalos con tus compañeros de clase.

 Para investigar los temas de este capítulo, puedes encontrar tanto enlaces a buscadores como palabras clave en la página Web de este libro de texto: **www.mhhe.com/espana6.**

1. **Investigación:** Durante el reinado de Isabel II hubo muchos pronunciamientos o golpes. Busca la definición de «pronunciamiento» y de «revolución». ¿Cómo se distinguiría entre pronunciamiento y revolución?

   Conversación: ¿Crees que la rebelión de las colonias norteamericanas en 1776 contra Inglaterra fue pronunciamiento o revolución? Elabora tu respuesta.

2. **Investigación:** En España también hubo una guerra de independencia a principios del siglo XIX. Busca información al respecto. ¿Contra quién luchó España? ¿Cuáles fueron las causas, las circunstancias y las consecuencias de dicha guerra?

   Conversación: ¿Cuáles son las diferencias y las semejanzas entre la Guerra de la Independencia de España y la Guerra de la Independencia de América del Sur?

3. **Investigación:** Haz una búsqueda sobre el «despotismo ilustrado». ¿Cuál fue su importancia histórica en el siglo XVIII en toda Europa?

   Conversación: ¿Cómo puede ser «ilustrado» el despotismo? ¿Crees que es una contradicción de términos? Explica tu respuesta. ¿Hay figuras políticas actuales que se podría describir como «déspotas ilustrados»?

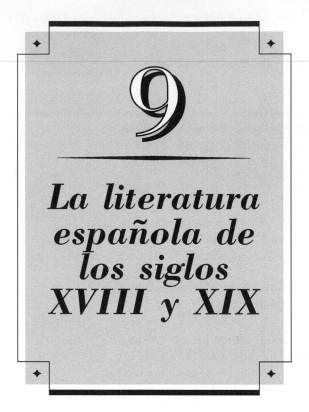

9

La literatura española de los siglos XVIII y XIX

La riqueza y fuerza creadora de los escritores españoles del Siglo de Oro terminaron con la muerte de Calderón de la Barca en 1681. El siglo XVIII, el llamado Siglo de las Luces,° fue la época de la Revolución Francesa y de la independencia norteamericana. En España el siglo XVIII se conoce por sus animados debates políticos y culturales.

Siglo… *The Age of Enlightenment*

El siglo XVIII

En las letras, el siglo XVIII es un siglo de decadencia y de imitación de la literatura clasicista francesa. La dinastía borbónica francesa empezó a reinar en España en 1700. Su influencia fue decisiva. Sin embargo, en el aspecto cultural y político, algunos progresistas intelectuales como el padre Feijoo, benedictino gallego, y Gaspar Melchor de Jovellanos, abrieron las puertas de España al espíritu científico y liberal de Europa. Entre otras cosas, Feijoo escribió una defensa de los derechos de la mujer. España rompió en parte su aislamiento.

***Ramón de la Cruz,
dramaturgo español
del siglo XVIII.***
(Institut Amatller d'Art
Hispànic)

Leandro Fernández de Moratín

Leandro Fernández de Moratín (1760–1828) es ejemplo típico de su época. Liberal, erudito, autor de *Los orígenes del teatro español,* adaptó al castellano las obras de Molière. También escribió comedias neoclásicas de fina ironía, como *La comedia nueva o el café* y *El sí de las niñas,* obra que defiende el derecho de la mujer de escoger ella misma a su marido.

Ramón de la Cruz

No todos los españoles seguían la influencia francesa en el siglo XVIII. Ramón de la Cruz (1731–1794) es un continuador del teatro popular de Lope de Rueda y Cervantes. Madrileño modesto, fue el dramaturgo favorito del pueblo español durante cincuenta años. Escribió muchas comedias y sainetes. Los sainetes, o cuadros de costumbres, de Ramón de la Cruz son reliquias documentales de la España popular del siglo XVIII.

El romanticismo en España

El movimiento romántico en Europa era el triunfo de la imaginación, del sentimiento, del individualismo y de la libertad artística. Combatió la rigidez del clasicismo del siglo XVIII. En España este movimiento duró desde 1830 hasta 1850 y

tenía dos aspectos: por una parte representaba la vuelta° al espíritu de *return*
Lope de Vega y del romancero; por otra, era un movimiento liberal que
empezó cuando murió el tirano Fernando VII y regresaron a España los
exiliados políticos. Éstos habían tenido contacto con los románticos de
Inglaterra y Francia. Como en otras culturas europeas, el movimiento
romántico español combinó el mundo político con el estético.

José de Espronceda

Este poeta romántico (1810–1842) ha gozado de gran popularidad en
España. Sufrió la persecución de Fernando VII por sus ideas liberales.
Su vida, como la de cualquier buen romántico, fue turbulenta; tuvo relaciones amorosas apasionadas. Uno de los poemas largos de Espronceda
es *El estudiante de Salamanca,* sobre un joven libertino° que se ve en *libertine*
su propio funeral bailando con el esqueleto de su novia. Otro es *El diablo mundo,* que aspira a ser una epopeya de la humanidad. Muy conocida es *La canción del pirata,* con su estribillo°: *chorus, refrain*

> Que es mi barco mi tesoro,
> que es mi Dios la libertad,
> mi ley la fuerza y el viento,
> mi única patria la mar.

José Zorrilla

Porque cantó las glorias del pasado de España, se le llama a José Zorrilla
(1817–1893) *poeta nacional.* Más poeta que filósofo, Zorrilla ha fascinado
al pueblo español hasta hoy con sus versos. A pesar de su enorme producción, murió en la miseria. Escribió también gran cantidad de obras
teatrales, siempre en verso, con la misma facilidad que tenía Lope de Vega.

Zorrilla es un poeta muy popular en el mundo español, principalmente por su comedia *Don Juan Tenorio,* inspirada en el drama de Tirso
de Molina. Después de su estreno° en 1844, hasta el presente, todos los *premiere*
años ha sido representada el Día de los Muertos.° *Día… All Souls' Day*

Gustavo Adolfo Bécquer

Gustavo Adolfo Bécquer (1836–1870) era un romántico cuando ya había
pasado la ola° del romanticismo, y también era simbolista. Es el poeta *wave*
más refinado y delicado de su siglo. Sevillano, sus antepasados emigraron de Flandes a Sevilla en el siglo XVI. Murió pobre y desconocido
a la edad de treinta y cuatro años. Los críticos de su tiempo preferían a
otros poetas inferiores a él, pero hoy es considerado como uno de los
poetas más originales del siglo XIX. Es el principal inspirador de la
poesía moderna española e hispanoamericana.

Su obra principal, las *Rimas,* no se publicó hasta después de su
muerte. Es una colección de setenta y nueve rimas cortas cuyos temas
son la inspiración creativa y el amor en su aspecto romántico y
melancólico. Las rimas a continuación son unas de sus más conocidas.

El más romántico entre los poetas románticos españoles, Gustavo Adolfo Bécquer nunca vio publicadas sus obras en forma de libro. Pobre y enfermo, murió en Madrid. Este retrato fue pintado por su querido e inseparable hermano Valeriano, otro artista romántico, soñador y pobre.
(Institut Amatller d'Art Hispànic)

¿Qué es poesía? dices mientras clavas°   you fix
en mi pupila tu pupila azul;
¿Qué es poesía? ¿Y tú me lo preguntas?
Poesía… eres tú.

Por una mirada, un mundo;
por una sonrisa, un cielo;
por un beso… ¡yo no sé
qué te diera° por un beso!   = daría

Sus obras en prosa, las *Leyendas,* también muestran gran lirismo.

Gertrudis Gómez de Avellaneda

Además de los escritores románticos del sexo masculino, proliferan en la primera mitad del siglo XIX escritoras románticas de mucha importancia, entre ellas Gertrudis Gómez de Avellaneda (1814–1874), Concepción Arenal (1820–1893) y Carolina Coronado (1823–1911). Gertrudis Gómez de Avellaneda es una de las más famosas. Nacida en Cuba, se trasladó a España cuando tenía veintidós años. Se estableció como escritora de talento al publicar poesías, novelas y obras teatrales. Ganó dos premios literarios muy prestigiosos entre los círculos madrileños de autores románticos. En 1859 volvió a Cuba y allí la recibieron como una gran heroína de la cultura cubana. Su poesía es emotiva y un poco pesimista. Destaca también el erotismo de una mujer emancipada. Algunas de sus obras más conocidas son *Soledad del alma,* un volumen de poesías; *Errores del corazón,* obra dramática; y *Sab,* una novela abolicionista anterior a la famosa obra norteamericana *Uncle Tom's Cabin,* de Harriet Beecher Stowe.

***Gertrudis Gómez de
Avellaneda, escritora
romántica nacida en
Cuba en 1814. A los
veintidós años se
trasladó a Madrid.***
(Institut Amatller d'Art
Hispànic)

Rosalía de Castro

Otra escritora romántica, comparada frecuentemente con Bécquer, es la
gallega Rosalía de Castro (1837–1885). Conocida por su poesía lírica y
delicada, también escribió novelas y ensayos. Vivió la mayor parte de su
vida en Madrid, siempre añorando° su tierra natal. En efecto, Galicia   *missing*
emerge como tema y fondo en gran parte de su obra. Escribió dos libros
de poesía en gallego. Sus novelas están llenas de fantasía e imaginación,
pero también hace crítica social en ellas; denuncia sobre todo la
pobreza de Galicia, su patria chica.° Su obra más conocida es el libro de   *patria… region, province*
poemas *En las orillas del Sar.*

«Renaixença» romántica catalana

El movimiento romántico tiene una representación muy importante en
Cataluña, que coincide con un resurgimiento del uso del idioma catalán,
antes prohibido. El género más importante es la poesía. En 1833,
Bonaventura Carles Aribau publica un largo poema en catalán que sirve
de inspiración y modelo para muchos otros. Jacint Verdaguer
(1845–1902) fue un campesino inteligente que educaron para cura.
Escribió abundante poesía lírica de gran dulzura y originalidad. No se
adaptó nunca a la vida urbana de Barcelona y vivió aislado, por fin
muriendo pobre y solo. Joan Maragall (1860–1911), periodista y crítico
literario, escribió cinco volúmenes de poesía en catalán. Por el estilo de

Este vaise i aquél vaise,
e todos, todos se van.
Galicia, sin homes quedas
que te poidan traballar.
(Éste se va y aquél se va,
y todos, todos se van.
Galicia, sin hombres te
quedas que te pueden
cultivar.)

Rosalía de Castro,
famosa poeta
romántica gallega,
autora de En las
orillas del Sar.
(Institut Amatller d'Art
Hispànic)

sus poemas, le asocian con el movimiento modernista que florecerá más tarde. Un movimiento paralelo ocurrió en Galicia, el «Rexurdimento».

Como la literatura escrita en castellano, la catalana también tiene sus grandes prosistas y dramaturgos en el siglo XIX. Por su realismo, muchos comparan a Narcís Oller (1845–1930) con Benito Pérez Galdós. La protagonista de su última novela, Pilar Prim, es una viuda muy criticada por la sociedad por sus amores con un hombre más joven que ella. En la tradición más pura del romanticismo, se salva, por lo menos moralmente, por su lealtad a sus sentimientos. La «renaixença» lingüística y literaria también tiene su componente en el teatro, representado por Ángel Guimerà (1845–1924). Sus dramas más exitosos° tienen como fondo la vida campestre, y como protagonistas, a sus habitantes, los campesinos.

successful

El renacimiento de la novela: el realismo

En la segunda mitad del siglo XIX triunfó la novela realista. El realismo español fue una reacción contra el subjetivismo y la fantasía de los románticos. Los realistas se dedicaron a describir en todos sus detalles las costumbres de la vida española, en particular el ambiente regional.

La primera novela realista española es *La gaviota* (1849), de Cecilia Böhl de Fáber (1796–1877), escritora nacida en Suiza, de padre alemán y madre andaluza. Como otras escritoras de la época, escogió un pseudónimo masculino: Fernán Caballero. En su novela pintó las costumbres andaluzas. Los grandes novelistas realistas del siglo XIX siguieron la tradición de Fernán Caballero.

Pedro Antonio de Alarcón

Pedro Antonio de Alarcón (1833–1891) fue el novelista que escribió una de las pequeñas joyas de la literatura española: *El sombrero de tres picos.*° Es un cuento popular picaresco, basado en un viejo romance. Por su estilo, es digno de la mejor tradición del Siglo de Oro. Trata de una molinera° casada que es perseguida por un viejo corregidor° andaluz. La molinera y su marido, al final, le dan una lección al corregidor. El gran compositor español del siglo XX Manuel de Falla se inspiró en *El sombrero de tres picos* para crear un ballet del mismo nombre. Estrenó esta obra en 1919 como una colaboración entre grandes figuras de artes contemporáneas: también colaboraron Pablo Picasso en el diseño de la escena y los trajes y Serge Diaghilev del *Ballet russe* en la coreografía.

de... three-cornered

miller's wife / mayor

Benito Pérez Galdós

Benito Pérez Galdós (1843–1920) fue uno de los mejores novelistas del siglo XIX y el alma del pueblo español del siglo pasado. La grandeza de su genio admite comparación con la de Cervantes. El lugar que ocupan Dickens en Inglaterra y Balzac en Francia corresponde al de Galdós en España.

Nació en las Islas Canarias, pero el centro de su vida y de sus novelas fue Madrid, donde casi siempre vivió. Galdós era anticlerical,° republicano y liberal. Sufría al ver la trágica injusticia social de su querida España. Pero, ante todo, era un hombre que luchaba con su pluma contra el egoísmo brutal de la sociedad. No era una lucha con odio, sino con bondad, amor y humor. Tenía fe y esperanza en una humanidad más humana, que sólo la han sentido profundamente los grandes genios como Tolstoy. En medio del individualismo anárquico, Galdós fue una de las pocas voces que pedía lo único que podía salvar a España: tolerancia, conciliación y educación.

opposed to the interference of the clergy in affairs of the state

En su discurso de ingreso° en la Academia Española, Galdós dijo: «La novela es la imagen de la vida y su arte consiste en reproducir sus caracteres humanos; pasiones, debilidades,° grandezas° y bajezas;° almas y rostros,° espíritu y materia; idioma, marca de la raza; hogares, símbolo de la familia; vestido, manifestación exterior de la personalidad. Sin olvidar que la reproducción tiene que ofrecer exacto equilibrio° entre la veracidad° y la belleza». Así es la obra de Galdós.

entrance, admittance

weaknesses / greatness / baseness / faces

balance
truth, veracity

La producción de Galdós fue enorme. Además de un gran número de cuentos y artículos, unos ocho mil personajes aparecen en setenta y

***Benito Pérez Galdós
(a la izquierda) con
la actriz Margarita
Xirgu y el dramatur-
go José Estrañi en
1914.***
(Institut Amatller d'Art
Hispànic)

siete novelas y veinticuatro obras teatrales. Su obra monumental, los
Episodios Nacionales, es un conjunto de cuarenta y seis novelas. Es una
novela histórica en la que se mezclan la realidad y la ficción al narrar
hechos bien documentados de la España del siglo XIX, con personajes
históricos y ficticios. Los *Episodios Nacionales* constituyen una epopeya
reveladora de la historia española. Galdós no pasó un solo año sin
escribir al menos una o dos novelas.

En su primera época escribió novelas atacando la intolerancia clerical y la falsa religión, como *Doña Perfecta, Gloria* y *La familia de León
Roch.* También en esta época hay obras de tendencias sociales, como
Marianela, que al mismo tiempo tiene un aire sentimental. Las novelas
de su segunda época tienen por escenario a Madrid. Constituyen el más
fiel retrato de la vida y psicología de los españoles.

Fortunata y Jacinta, una de las obras maestras de Galdós, también
es una creación de la primera época. Cuenta la historia del amor entre
Juanito Santa Cruz y Fortunata, una joven madrileña pobre que viene de
un mundo social totalmente diferente al de su amante, Juanito, casado
con Jacinta. A través de la narración de un amor imposible, se describe
el desarrollo social y económico de España durante el siglo XIX. Viven
en la novela un mundo entero de personajes, a la vez reflejos° de sus   *reflections*
circunstancias sociales e individuos con problemas propios.

En sus últimos años, Galdós se dedicó al teatro. Su teatro es real y
humano, inspirado en la gente que sufre. Algunos críticos lo atacaron
por sus ideas liberales; en cambio, el pueblo lo aplaudió con entusiasmo. Hoy Galdós es considerado como uno de los primeros dramaturgos
del siglo XIX. De sus dramas, los más conocidos son *El abuelo, Electra*
y *Realidad.*

Emilia Pardo Bazán, nacida en La Coruña (Galicia) de familia aristocrática, se asocia con el movimiento naturalista en España. Se interesó en la naturaleza como un factor que determina el comportamiento humano.
(Courtesy of Aguilar, S.A. de Ediciones)

Emilia Pardo Bazán

Una de las novelistas más prolíficas e interesantes de todo el siglo XIX es Emilia Pardo Bazán (1851–1921). Hija única y precoz de un aristócrata de gran cultura, llegó a ser una mujer erudita. Fue condesa en Galicia, su tierra natal, y ésta sirve de fondo a muchas de sus obras. Conocida más bien por sus novelas, especialmente *Los Pazos de Ulloa*, también escribió muchísimos ensayos, algunos libros de cocina, y aproximadamente 600 cuentos, incluso algunos en el nuevo género de detectives o policíacos. Fue la primera mujer nombrada profesora de la Universidad Central de Madrid, pero como ningún programa de estudios requería los cursos que enseñaba, los alumnos que asistieron a sus clases fueron pocos. Como feminista, defendió fuertemente el derecho de la mujer a la educación. Sin embargo, sus propios colegas masculinos nunca le dejaron entrar en la Real Academia de la Lengua Española.

Las siguientes oraciones son del cuento «Náufragas».

Era la hora en que las grandes capitales adquieren misteriosa belleza. La jornada del trabajo y de la actividad ha concluido; los transeúntes van despacio por las calles, que el riego de la tarde ha refrescado y ya no encharca.

Vicente Blasco Ibáñez

Vicente Blasco Ibáñez (1867–1928) es el novelista español moderno más conocido en el mundo, aunque quizás no sea considerado el mejor. De joven fue un periodista° dinámico y republicano. Entonces escribió sus mejores novelas regionales sobre Valencia, su tierra. Especialmente *La barraca*° es un vivo cuadro de arte pintado con vigoroso estilo, lleno de luz y color. Más tarde, Blasco Ibáñez se dedicó a escribir novelas anticlericales y sociales, como *El intruso, La catedral* y *La bodega.*° Alcanzó popularidad fuera de España con *Los cuatro jinetes*° *del Apocalipsis* y *Mare Nostrum,* novelas sobre la Primera Guerra Mundial. *Sangre*

journalist

small house

tavern, wine-cellar
horsemen

*Una **barraca** es una casa rústica, típica de la huerta valenciana, como la que se ve aquí. Como en Irlanda, quedan pocas casas de este tipo, folklóricas pero incómodas.*

(Courtesy of the Spanish National Tourist Bureau)

y *arena* es otra novela popular sobre los toros. Hollywood llevó estas tres últimas obras mencionadas al cine, y Blasco Ibáñez alcanzó una fama mundial que pocos escritores conocen.

Preguntas

1. ¿Por qué tuvo tanta influencia en España durante el siglo XVIII la literatura clasicista francesa?

2. Explica la importancia y las diferencias entre la producción literaria de Leandro Fernández de Moratín y la de Ramón de la Cruz.

3. ¿Quiénes son algunos de los escritores y escritoras más importantes del romanticismo español? ¿Por qué se consideran románticas sus obras? Ofrece por lo menos dos ejemplos.

4. En Cataluña hubo una «renaixença» en la literatura en la primera mitad del siglo XIX. ¿Coincide ésta con el movimiento romántico castellano? ¿Por qué sí o por qué no? ¿Cuáles son las diferencias?

5. ¿Cuáles son las diferencias entre el realismo y el romanticismo? Describe los dos movimientos, mencionando las fechas en que empezaron y terminaron, los autores más representativos de cada uno y las ideas fundamentales en que se basan.

Temas de investigación y conversación

Primero, investiga los siguientes temas de este capítulo. Luego, coméntalos con tus compañeros de clase.

Para investigar los temas de este capítulo, puedes encontrar tanto enlaces a buscadores como palabras clave en la página Web de este libro de texto: **www.mhhe.com/espana6.**

1. **Investigación:** Busca información sobre Benito Pérez Galdós, famoso novelista del realismo español. ¿Qué tienen sus obras en común? ¿A qué novelistas se le compara?
   Conversación: Benito Pérez Galdós escribió que «la novela es la imagen de la vida y su arte consiste en reproducir sus caracteres humanos». En tu opinión, ¿por qué creía Galdós que la novela es la imagen de la vida?

2. **Investigación:** Haz una búsqueda sobre los *Episodios Nacionales* de Galdós. ¿De qué se trata?
   Conversación: ¿Cuál fue la intención de Galdós al escribir novelas como éstas? ¿Conoces alguna novela, poema, película u otro tipo de expresión artística que intenta comunicar algo parecido, es decir, algo sobre la historia de un país concreto? Explica tu respuesta.

3. **Investigación:** Lee el cuento de Emilia Pardo Bazán, «Las medias rojas». ¿Cuál es el argumento de esta historia?
   Conversación: ¿Qué nos comunica la autora sobre la sociedad española de su época, en particular, la sociedad rural gallega? ¿Crees que escribió este cuento para cambiar o mejorar las condiciones sociales? ¿Por qué sí o por qué no?

10

Pintura y música de los siglos XVIII y XIX

Después del Renacimiento y del Barroco se pasa a la edad moderna. De la religiosidad y el misticismo se entra en una época que empieza a apartarse° de estos temas. Ahora, en el llamado Siglo de las Luces, la sociedad, en todas sus manifestaciones, es una entidad dinámica que crea, o puede crear, su propio destino. Tanto en la pintura y la música como en la literatura, se nota un nuevo interés por las cosas de este mundo y por la vida de todos los días.

move away

Francisco de Goya

Quizás Francisco de Goya (1746–1823) sea el ejemplo más sobresaliente de esta nueva tendencia. No hay en la cultura del siglo XVIII artistas ni escritores que destaquen, con excepción de él. Sin tradición artística, y poca escuela, Goya es español hasta los tuétanos,° con todas las cualidades y defectos de su tiempo y de su pueblo.

hasta... *through and through*

La vida de Goya

Goya nació en la aldea de Fuendetodos, en Aragón, de una familia humilde. A los trece años se fue a Zaragoza, donde empezó a pintar bajo

En **José Moñino, conde de Floridablanca,** *pintado por Francisco de Goya, se ve la influencia del estilo realista de Velázquez.*
(Institut Amatller d'Art Hispànic)

la dirección de José Luzán y Martínez. Fue un chico travieso° e inquieto, características que conservó toda su vida. Alrededor del año 1766 se fue a Madrid y de allí pasó a Roma, donde vivió hasta 1775. De esta época se conoce muy poco, pero se sabe que la vida que llevó en Roma le costó algunos duelos, riñas° y persecución de la Inquisición. Cuando volvió a Madrid se casó con Josefa Bayeu, hermana de un pintor conocido de aquellos tiempos, Francisco Bayeu. Con la ayuda de Bayeu, empezó a adquirir fama. Le encargaron la pintura de escenas religiosas en dos bóvedas° de la Iglesia del Pilar, de Zaragoza. En 1786, el rey Carlos IV lo nombró pintor de cámara° y le otorgó un salario que lo liberó de preocupaciones económicas. Durante estos años pintó a personajes de la prostituida corte de Carlos IV. No le faltaba picardía ni ingenio; pintó a los miembros de la realeza° con atrevida y fiel exactitud. Toda la degeneración de la familia real se refleja en sus cuadros. Es extraño que no lo ahorcaran° por su audacia.

mischievous

quarrels

vaults, arches
pintor... *court painter*

royalty

hang

**La gallina ciega,
cuadro neoclásico
de Goya.**
(Museo del Prado)

Goya tenía íntima amistad con la duquesa de Alba, quintaescencia de la belleza española: una mezcla de distinción aristocrática y gracia popular. Muchas veces pintó Goya a la duquesa. Quizáš esta experiencia artística y vital haya inspirado sus dos cuadros famosos, *La maja*° *desnuda* y *La maja vestida*. Pero se sabe que la mujer que le sirvió de modelo para estos cuadros no fue la duquesa de Alba.

belle, pretty woman

Hacia la mitad de su vida, Goya se volvió casi sordo.° Llegó el año 1808, cuando las tropas de Napoleón invadieron la península. Al entrar los soldados en Madrid, Goya estaba allí y fue testigo° del horror de la guerra. Sus cuadros *El dos de mayo* y *El tres de mayo* son escenas dramáticas de la batalla. Se ve en ellas que el pintor estaba del lado de sus compatriotas, horrorizado por lo que llamaría después «los desastres de la guerra».

deaf

witness

Goya pasó los últimos años de su vida en Burdeos° como exiliado político voluntario. El tirano Fernando VII tenía a España bajo el terror. Goya decidió irse de España para hacerles compañía a sus amigos liberales que vivían en el destierro. Pero nunca dejó de pintar. A los ochenta y un años este gran pintor se murió, lejos de su tierra.

Bordeaux (France)

La pintura neoclásica de Goya

Aunque el arte de Goya es principalmente romántico, hay cuadros muy famosos que pintó durante el período neoclásico de su carrera. Estas obras, expresiones idealizadas de un mundo armónico y lógico, fueron pintadas entre 1770 y 1790. El conocido cuadro del conde de Floridablanca

La familia de Carlos IV *de Goya.*
(Museo del Prado)

es un ejemplo. Floridablanca fue uno de los ministros ilustrados de la corte de Carlos III. En este cuadro, se ve al mismo Goya mostrándole a Floridablanca otro cuadro que había pintado. El traje rojo y dorado que lleva el ministro, y su mirada delicada y sagaz,° dan muestra de su grandeza. El cuadro parece insinuar que la tierra española estaba en buenas manos.

sagacious, astute

Quizás el cuadro más famoso de este período optimista sea *La gallina ciega.*° En él se capta mucho del espíritu de la época. La alta sociedad, en una escena de diversión juvenil e inocente, está en plena armonía con la naturaleza, que aquí es concebida como algo perfecto, una creación de Dios. Son preciosas las formas elegantes, los gestos de los que juegan, todo en armonía con el horizonte que se ve al fondo.

La… Blindman's Bluff

La familia de Carlos IV

El estilo neoclásico pronto desapareció de las obras de Goya. En 1800 pintó un extraordinario retrato de la familia real, *La familia de Carlos IV.* Mucho se parece este cuadro a *Las meninas* de Velázquez. Los temas son parecidos y la posición del propio pintor dentro de la obra es casi la misma. Se ve que Goya se inspiró en Velázquez. Pero en el retrato goyesco se insinúa una crítica social. Los personajes tienen un aire burgués, no aristocrático como su posición social lo exige. La figura central no es el rey sino la reina María Luisa, ridícula y fea como toda la familia. El rey don Carlos parece que ignora lo que está pasando a su alrededor, y en realidad lo ignoraba. Pero además del comentario social, cosa que no captaron° los propios monarcas, hay en este cuadro una variedad de colores brillantes que armonizan y dan unidad a la escena. Al mismo tiempo, estos colores sirven para individualizar a cada personaje. *grasp, see*

Los aguafuertes° y cartones° *etchings / drawings*

El arte de Goya es también sarcástico, como se puede ver en la voluminosa colección de aguafuertes titulada *Caprichos.*° Son sátiras al egoísmo, la ignorancia, la envidia y la hipocresía del ser humano. Los *Caprichos* llevan subtítulos en forma de sentencias° y frases enigmáticas que definen el tema del aguafuerte. En «El sueño de la razón produce monstruos» se ve una figura humana sentada con la cabeza echada sobre un escritorio, en un gesto de desesperación. Alrededor de esta figura hay murciélagos° y formas fantásticas volando sobre su cabeza, como en una pesadilla.° La frase es profundamente enigmática, y su interpretación ha preocupado a muchos. *Whims, Caprices* / *maxims* / *bats* / *nightmare*

Goya también creó una serie de cartones titulada *Desastres de la guerra.* Las pintó casi al mismo tiempo que *El dos* y *El tres de mayo,* y tienen el mismo tema: la miseria y locura de la guerra. Pero estos «desastres» son quizás más marcadamente pesimistas que los cuadros.

«El sueño de la razón produce monstruos» es un aguafuerte de los Caprichos de Goya. En los ochenta aguafuertes de la serie, publicada en 1799, Goya atacó los abusos políticos, sociales y religiosos de su época.
(Courtesy of the Metropolitan Museum of Art, Gift of M. Knoedler & Co., 1918)

«Ni por esas», parte de la serie de cartones titulada **Desastres de la guerra,** *muestra el pesimismo de Goya durante esta época brutal y violenta de la historia de España.*

(Courtesy of the Metropolitan Museum of Art, Rogers Fund, 1922)

Se ve la desolación total y el sufrimiento de las víctimas de las guerras. Los títulos de estos cartones dan una idea de la intención de Goya al crear esta serie tan famosa: «Ya no hay remedio», «No llegan a tiempo», «Nadie sabe por qué», «Maravilloso heroísmo contra los muertos».

La pintura europea del siglo XVIII era en su mayoría convencional e inexpresiva. El vigoroso estilo espontáneo de Goya produjo una revolución en el arte. Goya fue maestro y precursor del impresionismo moderno.

La música

Las zarzuelas

España ha creado un tipo de teatro lírico nacional, parecido a la ópera italiana o a la «operetta» inglesa: la zarzuela. Consiste en una combinación de canto, baile y diálogo. Se cree que su nombre se deriva del palacio llamado Sitio Real de la Zarzuela, que mandó construir Felipe IV cerca de Madrid. Allí se representó este tipo de teatro lírico. En el siglo XVII, Calderón de la Barca escribió la letra de las primeras zarzuelas. Estas obras trataban asuntos mitológicos, como *El laurel de Apolo.* En el siglo XVIII, Ramón de la Cruz escribió zarzuelas de tipo popular. A mediados del siglo XIX empieza la zarzuela moderna. Desde entonces hasta la fecha, se han escrito miles de zarzuelas «grandes», en tres actos. Algunas son de un acto y se llaman «género chico» o «zarzuela chica».

La verbena de la Paloma

La mejor zarzuela de todas, y la más clásica, es sin duda *La verbena de la Paloma* (1893). Escrita con música de Tomás Bretón y letra de Ricardo de la Vega, refleja las costumbres populares de Madrid. Las verbenas se celebran en la víspera° del día de un santo o de una Virgen popular. Tradicionalmente, son como ferias con tiovivos,° bailes en la calle y ventas de churros.° En Madrid, todos los veranos se celebra una verbena en cada barrio. La más famosa de éstas es la verbena de la Paloma, que tiene lugar en los barrios bajos de la ciudad.

> *eve*
> *merry-go-rounds*
> *fritters*

Como en tantas zarzuelas, el argumento consiste en un conflicto amoroso. El dilema se plantea entre Julián, un galán° honrado pero celoso, y Susana, una mujer guapa y también honrada. Pero el personaje de más salero° y gracia es un viejo verde,° el boticario,° don Hilarión. Tiene alrededor de setenta años y todavía le interesan las chicas, o chulapas, de su barrio. Una de ellas es Susana, la novia de Julián. Susana está harta de los celos de su novio. Entonces, para lastimar a Julián, se va con el boticario a la verbena de la Paloma. Don Hilarión canta graciosamente cómo le deleitan° las mozas que se divierten con él mientras que Julián se pone furioso. Al cruzarse con don Hilarión y Susana, Julián le pregunta a su novia: «¿Dónde vas con mantón de Manila°?», lo que da lugar a un dúo,° cantado por Julián y Susana, que se convierte en la canción principal de la obra. Esta melodía sigue emocionando a muchos españoles hasta hoy día por el color, alegría, gracia y salero que tiene. La zarzuela culmina en un baile grandioso después del cual los enamorados, finalmente, se dan cuenta de que se quieren.

> *handsome man, suitor*
> *wit, charm /* viejo… *lecherous old man / pharmacist*
> *delight*
> mantón… *with the bright shawl / duet*

Los grandes compositores modernos

La zarzuela es música popular de teatro lírico, muy querida y admirada por el pueblo español, aunque no tiene grandes aspiraciones musicales. El erudito musicólogo, compositor y maestro catalán Felip Pedrell (1841–1922) hizo una gran campaña para mejorar la calidad de la música española. Trató de conservar su inspiración popular, pero elevó su rango musical para hacerla más universal. Como resultado, en el siglo XX ha habido un resurgimiento de la música española, en parte debido al arte exquisito de tres geniales° compositores: Isaac Albéniz, Enric Granados y Manuel de Falla, tres discípulos de Pedrell.

> *brilliant*

La suite Iberia de Isaac Albéniz evoca el espíritu de España, sobre todo el de Andalucía.
(Institut Amatller d'Art Hispànic)

Isaac Albéniz

Isaac Albéniz (1860–1909) fue un gran compositor de música para piano. A los diez años era ya un gran pianista. Albéniz era un hombre dinámico, aventurero, creador y triunfador. De niño se escapó de su casa para dar conciertos en los cafés y casinos° de los pueblos de España. Se escondió en un barco que iba a Puerto Rico y continuó sus aventuras en Buenos Aires, Cuba, los Estados Unidos y Europa. Algunas veces, ganó aplausos y dinero; otras, vivió en la miseria bohemia. En 1875, regresó cansado a Madrid. ¡Tenía sólo quince años! Entonces recorrió España paso a paso para sentirla, para documentarse. En Budapest conoció a Franz Liszt, con quien viajó por España. Se estableció en el mundo musical de París, donde conoció al impresionista Claude Debussy, quien era muy apasionado por España.

clubs

Compuso una ópera, *Pepita Jiménez,* inspirada en la novela de Juan Valera. Pero la fruta madura de su arte es la suite *Iberia,* comenzada en 1906. *Iberia* es como un mapa de España compuesto de música del más fino españolismo. *Málaga, Triana, El Puerto, Lavapiés, Granada* y *El Albaicín* son trozos de música popular pero de categoría universal. Dijo Debussy: «Pocas obras valen en música lo que [vale] *El Albaicín* de *Iberia* … noches españolas que trascienden a clavel y a aguardiente°… »

trascienden… emit the fragrance of carnation(s) and brandy

Enric Granados

De temperamento opuesto al del dinámico Albéniz, Enric Granados (1867–1916) era soñador,° contemplativo y sedentario. Compuso música de cámara° para piano, como la *Serenata española.* También es autor de una colección de *Danzas españolas,* inspiradas en el folklore de las regiones de España. El Madrid de Goya, con sus majos y majas, es el

a dreamer

de… chamber

Enric Granados (a la derecha) compuso la ópera Goyescas *entre 1911 y 1913; sus obras se caracterizan por su pasión y elegancia.*
(Institut Amatller d'Art Hispànic)

motivo de su gran suite *Goyescas,* convertida después en ópera. Granados murió con su esposa cuando regresaban del estreno de *Goyescas* en el Teatro Metropolitano de Nueva York, durante la Primera Guerra Mundial. El barco inglés en que viajaban fue torpedeado por un submarino alemán.

La ópera *Goyescas* fue la primera obra musical española que se estrenó en el Teatro Metropolitano de Nueva York y tuvo gran éxito. Es una obra que tiene carácter universal y es, al mismo tiempo, muy española. Empieza con una escena que recrea un cartón de Goya titulado *El pelele,* en el cual unas majas se divierten con un bufón al que tiran hacia arriba. Entre los que miran el espectáculo hay una pareja que está coqueteando°: Paquiro, un torero, y Rosario, una hermosa maja madrileña. Paquiro la invita al baile del Candil, un conocido baile popular de Madrid. Los respectivos novios de estos dos personajes se enteran° y juran vengarse. En la escena del baile hay un duelo entre Paquiro y Fernando, el novio de Rosario. Gana Paquiro y muere Fernando. Al ver el cadáver de su novio, Rosario se arrepiente de haber despertado sus celos. Después del estreno de esta obra, los críticos elogiaron° las melodías, los ritmos y el estilo brillante, apasionadamente español.

flirting

se... *find out*

praised

Preguntas

1. ¿Cuáles son las nuevas tendencias culturales del Siglo de las Luces?
2. Describe las diferencias entre el arte de Goya en su período neoclásico y el del período romántico. Compara por lo menos dos obras.

3. ¿Qué tema se repite en los cartones de Goya? Explica por qué es importante este tema.

4. ¿Qué es una zarzuela? Da un ejemplo.

5. Describe la obra musical de Isaac Albéniz y de Enric Granados. ¿Cómo se asemejan? ¿Cómo se diferencian? Explica.

Temas de investigación y conversación

Primero, investiga los siguientes temas de este capítulo. Luego, coméntalos con tus compañeros de clase.

Para investigar los temas de este capítulo, puedes encontrar tanto enlaces a buscadores como palabras clave en la página Web de este libro de texto: **www.mhhe.com/espana6.**

1. **Investigación:** Busca un cuadro de Goya que no esté reproducido en el texto. Descríbelo. ¿De qué época es?
   Conversación: Por medio de este cuadro, ¿qué nos comunica el pintor sobre la sociedad española de aquel entonces?

2. **Investigación:** Busca una obra musical de uno de los famosos compositores españoles modernos: Enric Granados, Isaac Albéniz o Manuel de Falla. Escúchala. ¿Cómo es? ¿Cuáles son los instrumentos que se emplean?
   Conversación: ¿Cómo representa esta obra las tendencias culturales de su época?

3. **Investigación:** Un buen ejemplo de una zarzuela es *La verbena de la Paloma.* Haz una búsqueda sobre dicha zarzuela. ¿Cuál es la sinopsis del argumento?
   Conversación: ¿Crees que don Hilarión representa a un «viejo verde»? ¿Existe el prototipo del «viejo verde» sólo en España o en los Estados Unidos también? ¿Existe en todas las culturas? ¿Qué opinas?

Source and Supplementary Materials

III. Siglos de luces y reformas: XVIII y XIX

Printed Materials

The French Declaration of the Rights of Man and of the Citizen and the American Bill of Rights: A Bicentennial Commemoration, 1789–1989. U.S. Congress Senate Document 101–9. Shows both the original forms of eighteenth-century

European (including Spanish) political ideology and the contemporary manifestations of that ideology. A possible topic for classroom discussion and/or debate.

GARCÍA MÁRQUEZ, GABRIEL. *The General in His Labyrinth*. Trans. Edith Grossman. New York: Knopf, 1990. A novelized biography of the last years of Simón Bolívar. This work shows how eighteenth-century ideology manifested itself in Latin America.

GASSIER, PIERRE and JULIET WILSON. *The Life and Complete Work of Francisco Goya*. New York: William Morrow, 1971.

GÓMEZ DE AVELLANEDA, GERTRUDIS. *Sab*. Havana: Biblioteca Clásica, 1976. A novel about slavery predating *Uncle Tom's Cabin* and written by the Spanish Romantic, who was also an abolitionist.

KIRKPATRICK, SUSAN. *Las Románticas: Women Writers and Subjectivity in Spain, 1835–1850*. Berkeley: University of California Press, 1989. A deeply insightful discussion of the role of women writers in Spain during the Romantic period. A useful bibliography, with appendices of original works.

PARDO BAZÁN, EMILIA. *Torn Lace and Other Stories*. New York: Modern Language Association, 1996. Translated by M. C. Urruela with an introduction by Joyce Tolliver. This collection is also available from MLA in a Spanish edition.

WILLIAMS, GWYN. *Goya and the Impossible Revolution*. New York: Pantheon, 1976. Deals with the politics and historical background of Goya's art.

Audiovisual Materials

Blood and Sand and *Four Horsemen of the Apocalypse*. Both films (available on DVD) are Hollywood versions of novels by Blasco Ibáñez.

Fortunata y Jacinta. Film (available on DVD). Beware of oversimplification in this version of the story.

Goya, an hour-long video on this fascinating artist and his work, was produced by the BBC in Los Angeles at KVC, 1986.

The Mission. Film (available on DVD) about clerical and Church entanglements in the subjugation of an indigenous tribe in Brazil.

La Regenta. Based on Clarín's novel. Available through Tamarelle's International Films, Ltd., 110 Cohasset Stage Rd., Chico, CA 95926 (916) 895-3429.

The Three-Cornered Hat. MCA Classics, MCAC-6265. Music composed by Manuel de Falla for a ballet based on Alarcón's novel *El sombrero de tres picos*.

La verbena de la Paloma. Music by Tomás Bretón, text by Ricardo de la Vega. Madrid: Velasco, 1967.

IV

Siglo XX

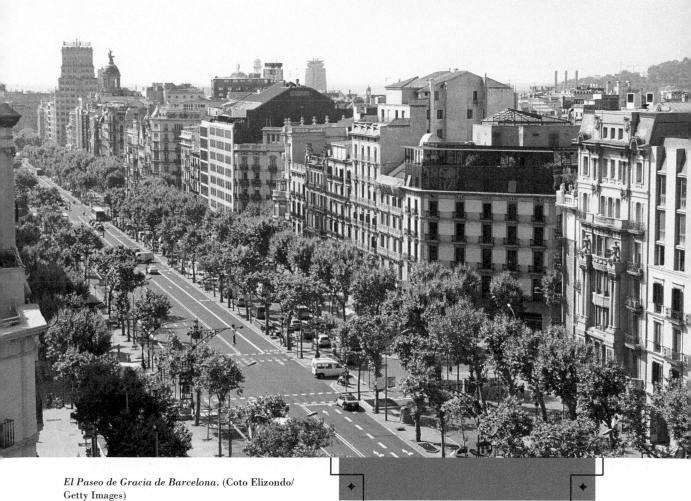

El Paseo de Gracia de Barcelona. (Coto Elizondo/
Getty Images)

Cronología

	1876	Nueva constitución, en vigor hasta 1923
Muerte de Alfonso XII en noviembre y nacimiento de Alfonso XIII en mayo de 1886	1885	
	1885–1902	Regencia de María Cristina, madre de Alfonso XIII
Pérdida de las colonias	1898	
	1902–1931	Reinado de Alfonso XIII
España neutral durante la Primera Guerra Mundial	1914–1918	
	1923–1930	Dictadura del general Primo de Rivera
Proclamación de la Segunda República, nueva constitución	1931	
	1933–1935	Gobiernos de Radicales (republicanos moderados) y católicos
Revolución de Asturias	1934	
	1936	Triunfo del Frente Popular en las elecciones y comienzo de la Guerra Civil
Dictadura de Francisco Franco	1939–1975	
	1940–1945	Años de hambre y represión; Segunda Guerra Mundial; España neutro

11

Desde Alfonso XIII hasta Francisco Franco

El siglo XX en España es una época sumamente° conflictiva. Se *extremely*
caracteriza por la búsqueda agónica de una forma democrática
y moderna de gobierno. Hasta cierto punto esto se ha encontrado hoy día pero no sin luchas sangrientas como la Guerra
Civil, en que murieron más de un millón de españoles.

Alfonso XIII

Alfonso XIII nació pocos meses después de morir su padre,
Alfonso XII. Su madre, la reina María Cristina, fue regente hasta
1902, año en que Alfonso XIII empezó a gobernar. Desde un
principio mostró su deseo de cambiar arbitrariamente los ministros, con poco respeto por las Cortes. De 1902 a 1923 hubo treinta y
tres gobiernos diferentes.

El mayor problema político que confrontó Alfonso XIII fue el Marruecos español. En 1906 se celebró una conferencia internacional en la
ciudad de Algeciras. Allí se decidió que España y Francia compar-
tirían° Marruecos. Pero el sector asignado a España era veinticinco *would share*

Alfonso XIII siguió una política conservadora, cuyo objetivo principal era mantener los privilegios de la monarquía. Murió en el destierro* (exile) *en 1941.

(Retrato de Joaquín Sorolla y Bastida. Courtesy of the Hispanic Society of America, NY)

veces más pequeño que el francés. Era un trozo de tierra árida y montañosa. Además, los marroquíes, bajo la dirección política y militar del viejo luchador Abd-el-Krim, querían su independencia. España tenía que mantener en Marruecos un ejército sumamente costoso, tanto en pesetas como en vidas humanas. Muchos españoles protestaron violentamente contra la guerra marroquí. En 1909, se declaró una huelga° *strike* general en Barcelona que hoy se conoce como la Semana Trágica. Fue un conflicto sangriento en el cual murieron un centenar° de personas. Se *un... about a hundred* luchó en contra de la guerra en Marruecos y en contra de la conscripción de obreros catalanes. Algunos militantes de la huelga eran anarquistas que también luchaban contra los capitalistas y los políticos catalanes. El pueblo español pagó un precio demasiado alto por su «imperio africano», sin ningún resultado práctico.

Sin embargo, el reinado de Alfonso XIII no fue sólo una serie de fracasos.° En 1914, ocurió algo que salvaría al monarca de sus errores: la *failures* Primera Guerra Mundial. España se mantuvo neutral durante toda la guerra. Esta neutralidad fue muy benéfica° para la economía española. *beneficial* Se desarrollaron la agricultura y la industria. Aumentaron las exportaciones de productos. Los ricos ganaron más dinero y los pobres mejoraron sus jornales.° Al final de la guerra, España era la cuarta nación *wages* del mundo en reservas de oro.

Los conflictos sociales

Desde la restauración de la monarquía, en 1874, hasta la Primera Guerra Mundial, España disfrutó de un período de relativa paz social. Pero los conflictos sociales se hicieron cada vez más violentos. España se dividió, una vez más, en dos grupos irreconciliables: burgueses y trabajadores. El conflicto se convirtió en una lucha de clases.

Los trabajadores estaban organizados en dos grandes sindicatos° nacionales: la Unión General de Trabajadores (UGT), afiliada al Partido Socialista, que fundó Pablo Iglesias,* y la Confederación Nacional del Trabajo (CNT), un grupo anarco-sindicalista. España es uno de los pocos países del mundo en que ha habido un poderoso movimiento anarquista nacional, público o clandestino. La lucha social adquirió especial violencia en la ciudad industrial de Barcelona durante la Semana Trágica de 1909. Allí, el 80 por ciento de los obreros pertenecían a la CNT. Las huelgas se multiplicaban. Patronos° y obreros eran intransigentes en sus exigencias° y se odiaban a muerte, pero los patronos eran más poderosos.

Los obreros vivían mal, y los patronos no hacían concesiones. Los obreros pedían la revolución total y la eliminación de la clase burguesa. Los atentados° eran frecuentes en las calles de Barcelona. Morían a tiros° muchos obreros y algunos patronos. El gobierno de Madrid no podía solucionar este problema que afectaba profundamente a todos los españoles.

labor unions

Factory owners
demands

assassination attempts
Morían... Were shot dead

La dictadura del general Primo de Rivera

Además de la lucha de clases, la situación política empeoró. Junto con el problema marroquí, también había conflictos regionales. Muchos catalanes querían autonomía; otros, independencia total. Para poner remedio a estos males, el general Miguel Primo de Rivera se acordó de los clásicos pronunciamientos del siglo pasado y, con el consentimiento del rey, estableció una dictadura militar que duró de 1923 a 1930.

Al principio, la mayoría de los españoles recibieron con aplausos la dictadura. Todos estaban cansados de la incompetencia y corrupción de los gobiernos parlamentarios. Hasta el Partido Socialista colaboró con la dictadura.

Primo de Rivera como dictador suprimió la rebelión de Marruecos, construyó buenas carreteras y su gobierno coincidió con un período de relativa prosperidad mundial. Por otra parte, abolió la libertad de prensa, el derecho de asociación sindical° y otras garantías constitucionales. El Senado y el Congreso también fueron abolidos. Los graves problemas de separatismo regional y la lucha de clases quedaron sin solución.

el... the right to form labor unions

Hacia los últimos años de la dictadura, todos los españoles, hasta el ejército, estaban en contra del dictador. Primo de Rivera, abandonado por todos, dimitió° en 1930. Se retiró a París, donde murió a los pocos meses.°

Después de la dimisión de Primo de Rivera, se celebraron elecciones municipales en toda España. El dilema era escoger entre la

resigned

a... a few months later

---

*Pablo Iglesias (1850–1925) es el padre del Partido Socialista Obrero Español, el partido que ganó las elecciones de 1982.

*El 14 de abril de
1931, el pueblo
español celebró el
comienzo de la
Segunda República.*
(AP/Wide World Photos)

monarquía y la república. El pueblo votó en contra de la monarquía.
Alfonso XIII también se quedó solo y tuvo que irse del país. El 14 de
abril de 1931 se proclamó la Segunda República española. Fue una revolución sin derramamiento de sangre.° El pueblo español lloraba de alegría: ya era políticamente libre. España se transformaría en una nación
democrática moderna; se haría justicia. Era el sueño de la esperanza.

derramamiento…
  bloodshed

La Segunda República

Las Cortes Constituyentes

L a Segunda República española sólo duró de 1931 a 1939.
Fueron años de vida violenta y difícil. Había que transformar
completamente la organización social y política de la nación.
Para empezar, se necesitaba una constitución. Con tal fin se
eligieron las Cortes Constituyentes de 1931. Los diputados° republicanos y los socialistas estaban en mayoría. Niceto Alcalá-Zamora, un
católico rico y moderado, fue el primer presidente republicano. Manuel
Azaña, un demócrata anticlerical, presidió el primer gobierno, compuesto de republicanos y socialistas con espíritu de renovación.

representatives

El 9 de diciembre de 1931 se promulgó la constitución republicana.
Fue una de las más progresistas y liberales de Europa, aunque algo sec-
taria y utópica. El primer artículo de la constitución decía con ciego° optimismo que España era «una república de trabajadores». Era una constitución democrática avanzada, autonomista para las regiones, pacifista y

blind

con un amplio programa social. Por primera vez en España se establecía la separación de la Iglesia y el estado. Se aprobaron leyes° consideradas revolucionarias para España: el divorcio, los contratos de trabajo, la reducción del personal del ejército, el derecho de las mujeres al voto. También se declararon reformas agrarias como los impuestos sobre la renta y el cultivo obligatorio de la tierra, porque había grandes extensiones de terreno sin cultivar. Pero lo más importante que hizo la República fue fundar unas veinte mil escuelas públicas. Esto era lo que más necesitaba España.

Se... Laws were passed

Luchas sociales

Los grupos de la derecha —el ejército, el clero y los ricos, en general— no querían un régimen renovador.° El general José Sanjurjo* hizo un pronunciamiento militar el 10 de agosto de 1932 para derrocar a la República. Esta vez fracasó. El alto clero nunca se había conformado con la separación de la Iglesia y el estado, y prefería un cambio de régimen. Algunos ricos capitalistas inmovilizaban° sus fortunas en los bancos o las exportaban al extranjero para arruinar la economía republicana. Por otra parte, los socialistas revolucionarios consideraban que la República era demasiado burguesa y conservadora. No se conformaban con un programa de evolución sino que querían la revolución total, con la eliminación del sistema de clases sociales. El resultado de esta mutua intolerancia fue una constante tensión política y social: huelgas, quema de iglesias y conventos, manifestaciones° en las calles. No había más que «barro,° sangre y lágrimas», como dijo un político de aquellos tiempos, Diego Martínez Barrio.

progressive

froze

demonstrations
mud

Como protesta contra esta situación violenta, las elecciones de 1933 dieron el triunfo a los republicanos moderados, llamados Radicales, y al partido católico Acción Popular, cuyo jefe era Gil Robles. Se formó entonces un gobierno derechista compartido por Radicales y católicos que duró unos dos años y se caracterizó por una violenta represión contra los izquierdistas.

La revolución de Asturias

En 1934, las organizaciones obreras socialistas y los separatistas catalanes se unieron para hacer una revolución contra el gobierno de Radicales y católicos. Este movimiento es conocido como «la revolución de Asturias» porque los principales protagonistas fueron los mineros de carbón° de Asturias, en el norte de España. Los mineros asturianos lograron ocupar casi toda su región y establecieron allí un régimen socialista revolucionario. Esta revolución duró sólo dos semanas. Hubo feroces luchas entre los mineros y la Legión Extranjera. También lucharon las tropas moras que el gobierno envió desde Marruecos para

coal

---

*Era el general que debía dirigir la rebelión del ejército en 1936. Murió en un accidente de aviación; el ejército nombró entonces a Francisco Franco jefe del movimiento.

aniquilar a los revolucionarios. Miles de prisioneros fueron fusilados y algunos torturados. Las cárceles de España se llenaron de «rojos»° de Asturias. Se calcula que en toda España había unos cuarenta mil presos° políticos, casi todos obreros revolucionarios.

"reds," leftists (pejorative)

prisoners

El Frente Popular y la Guerra Civil

El gobierno se desprestigió° con la represión de la revolución de Asturias. Esto dio lugar a la dimisión del gobierno y a las conocidas elecciones que se celebraron el 16 de febrero de 1936. La tensión política había llegado a su punto culminante a principios de 1936. El destino de España se iba a decidir en esas elecciones. Casi todas las fuerzas políticas de la nación se agruparon en dos bandos irreconciliables. Las izquierdas formaron un Frente Popular que comprendía a socialistas, republicanos y unos pocos comunistas. Las derechas se unieron bajo la dirección de Gil Robles, con el grito de «¡Todo el poder para el Jefe!» En el bando derechista estaba la Falange, un partido que se inspiraba en el dictador italiano Benito Mussolini. Fue fundado en 1933 por José Antonio Primo de Rivera, hijo del dictador Miguel Primo de Rivera.

se... lost prestige

Triunfó el Frente Popular con 4.700.000 votos, un margen escaso, pues las derechas obtuvieron cerca de cuatro millones. Por esta razón los republicanos no pudieron formar un gobierno fuerte.

Después de la elección del Frente Popular, la atmósfera política estaba cargada de pasiones. Se temía una revolución sangrienta. Unos creían que se sublevaría el ejército, como en tantas otras ocasiones. Otros temían a las masas proletarias, que pedían un gobierno revolucionario obrero y campesino.

Una vez más en la historia de España fue el ejército el que tomó la iniciativa. Con un clásico pronunciamiento español, el 17 de julio de 1936, empezó la Guerra Civil. El pronunciamiento fue dirigido por el general Francisco Franco, a quien llamaron después «el Caudillo» y que luego fue el dictador de España durante treinta y seis años. El conflicto se convirtió muy pronto en guerra civil y revolución social al mismo tiempo. Con Franco estaban el ejército, el clero (excepto gran parte de los sacerdotes vascos) y las clases altas. Con la República estaban la clase obrera y campesina pobre y parte de la clase media, especialmente los intelectuales liberales. Quedó una masa neutral vacilando° entre ambos bandos.

vacillating

En las primeras semanas de la guerra, Franco logró ocupar Marruecos, Andalucía, Extremadura, Galicia, Aragón y el norte de Castilla. Pero no tuvo éxito en el resto de España. En las principales ciudades —Madrid, Barcelona y Valencia— el pueblo desorganizado venció. La lucha no era geográfica, una región contra otra, sino ideológica. Derechistas luchaban contra izquierdistas en todos los rincones de España. Madrid y Barcelona eran las capitales de los republicanos; Burgos y Salamanca, de los franquistas,° o «nacionales».

followers of Franco

El gobierno era demasiado débil para mantener el orden social en esos tiempos de guerra. El pueblo hacía una revolución y a veces hubo matanzas impetuosas e incendios de lugares religiosos. Los nacionales asesinaban a los «rojos», como llamaban a los republicanos, de una manera fría y cruel. Muchos republicanos fueron ejecutados por orden de Franco durante la guerra y después de ella. El famoso poeta Federico García Lorca fue uno de las muchas víctimas de los franquistas (ver las págs. 162–164).

Intervención extranjera

La Guerra Civil se convirtió en un ensayo° de la Segunda Guerra Mundial cuando Hitler y Mussolini empezaron a intervenir con armas, «voluntarios»* y aviones a favor de los nacionales en agosto de 1936. Algunas semanas después, Rusia y México, a pesar de sus propios problemas interiores, empezaron a enviar armas a los republicanos pero tenían pocos recursos.° En el curso de la guerra llegaron a España unos cuarenta mil voluntarios antifascistas, especialmente comunistas, que formaron las Brigadas Internacionales. Venían de todos los países del mundo, incluyendo unos tres mil voluntarios norteamericanos de la Brigada Lincoln.

rehearsal

resources

Las potencias° democráticas, como Inglaterra, Francia y los Estados Unidos, adoptaron la política pasiva de la no intervención. Pero los países totalitarios siguieron interviniendo. Alemania envió más y mejores armas y mayor número de técnicos que los demás países intervencionistas. De esta manera, la política de la no intervención fue una farsa hipócrita. Algunos republicanos no eran disciplinados y tenían más interés en hacer la revolución que en ganar la guerra. Cuando al fin se rectificaron, era ya demasiado tarde. Todo lo anterior contribuyó al triunfo de los nacionales.

powers

Las consecuencias de la guerra

La guerra duró casi tres años, hasta el primero de abril de 1939. Nunca se sabrá exactamente cuántos españoles murieron, porque las estadísticas° son sólo aproximadas. Se calcula que en los frentes de batalla hubo cerca de un millón de muertos. Unos doscientos mil españoles fueron asesinados por motivos políticos o sociales, a veces insignificantes. Cerca de un millón de españoles tuvieron que emigrar de España hacia el final de la guerra. La mayoría se fue a Francia, pero muchos se fueron

statistics

---

*Se calcula que Mussolini envió a España unos cien mil soldados italianos que fueron más o menos voluntariamente.

Valencia siguió fiel a la República hasta el final de la Guerra Civil. Aquí se ve una manifestación a favor del gobierno democrático el 19 de febrero de 1937 en Valencia. En el fondo se ve un enorme cartel, hecho por los anarquistas, en que se pide ayuda médica para los heridos.
(AP/Wide World Photos)

Después de la Guerra Civil se construyó un monumento en honor de los que habían perdido la vida en la lucha. El Valle de los Caídos está en la Sierra de Guadarrama, cerca de El Escorial. Fue construido por prisioneros de guerra y presos políticos republicanos. Aquí está enterrado el general Franco.
(Marc Riboud/Magnum)

a la América española, sobre todo a México donde fueron recibidos con generosidad por el gobierno de Lázaro Cárdenas. Medio millón de casas y unas dos mil iglesias fueron destruidas. Trece obispos y siete mil eclesiásticos fueron asesinados por los «rojos». Dieciséis sacerdotes vascos fueron ejecutados por los nacionales.

Después de la épica lucha, los vencedores fusilaron a unos doscientos mil españoles. La destrucción material de España fue enorme. Todos sus recursos económicos y financieros quedaron agotados.° Nadie ayudó a España en este caos. Y, lo que es peor, como siempre suele ocurrir en las guerras civiles, los españoles quedaron divididos en dos bandos: vencedores y vencidos. Así fue la tragedia española más espantosa° de todos los tiempos.

exhausted

horrifying

La época posterior° a la Guerra Civil

following, after

La represión después de la guerra

Después de casi tres años de lucha, de revolución, de hambre y de matanzas,° el pueblo español estaba agotado. Los españoles sólo querían la paz y un gobierno capaz de unirlos después del desastre. Pero en vez de un sistema de reconciliación nacional, se estableció un régimen totalitario bajo Francisco Franco, el «Caudillo de España por la gracia de Dios», como se autotituló.° En vez de unir a los españoles, llevó a cabo una vengativa° represión contra los vencidos. En los primeros diez años posteriores a la guerra, el pueblo español fue abandonado por todo el mundo y quedó aislado.° Sufrió hambre y frustración en una magnitud que no tenía precedentes en su larga historia. A los años cuarenta en España se les llama «los años de hambre».

killings

se… he called himself
vengeful

isolated

Durante la Segunda Guerra Mundial, Franco adoptó una política muy diplomática y bien calculada. Ayudó a Hitler para corresponder a la ayuda que antes había recibido de la Alemania nazi. Pero, al mismo tiempo, no declaró la guerra a las potencias aliadas.°

potencias… Allied Forces

El pueblo antifascista español estaba convencido de que la caída de Hitler significaría el triunfo de los ideales democráticos de España. Sin embargo, Hitler cayó pero el régimen totalitario continuó en España hasta la muerte de Franco en 1975.

Preguntas

1. ¿Cuál fue el mayor problema político que confrontó Alfonso XIII? ¿Qué reacción provocó en algunos españoles? ¿Por qué?

2. Explica la importancia histórica de Miguel Primo de Rivera. Menciona las fechas de su estancia en el poder, las tendencias políticas de su gobierno y los problemas con que se enfrentó.

3. ¿Por qué es importante la fecha 14 de abril de 1931? Explica.

4. ¿Cuáles fueron cuatro de las reformas más importantes de la Constitución de 1931? ¿Por qué fueron importantes?

5. Explica las causas y los sucesos de la Revolución de Asturias. ¿Quiénes participaron y por qué? ¿Cómo terminó la revolución?

6. ¿Cuándo y cómo empezó la Guerra Civil? Explica las intenciones políticas de los dos bandos, republicanos y nacionales, y sus acciones políticas.

7. Explica los hechos y las consecuencias de la intervención extranjera en la Guerra Civil española.

8. ¿Cuáles fueron las consecuencias de la Guerra Civil?

Temas de investigación y conversación

Primero, investiga los siguientes temas de este capítulo. Luego, coméntalos con tus compañeros de clase.

Para investigar los temas de este capítulo, puedes encontrar tanto enlaces a buscadores como palabras clave en la página Web de este libro de texto: **www.mhhe.com/espana6.**

1. **Investigación:** Busca información sobre el reino de Alfonso XIII, el último rey Borbón español antes de la Guerra Civil, y también sobre la dictadura de Miguel Primo de Rivera. ¿Por qué consintió el rey Alfonso XIII el establecimiento de la dictadura militar del general Primo de Rivera?
Conversación: En contraste con una dictadura, ¿es posible una «dictablanda»? ¿Cuáles son algunos ejemplos? ¿Cuál fue el impacto de la dictadura (o «dictablanda») del general Primo de Rivera durante su reino?

2. **Investigación:** Busca información sobre la Guerra Civil española. ¿Cuáles fueron los factores domésticos? ¿Cuáles fueron los factores internacionales?
Conversación: Si hubieras vivido en España en el verano de 1936, ¿qué bando habrías apoyado y por qué?

3. **Investigación:** Haz una búsqueda sobre la Brigada Lincoln y la ALBA. ¿Cómo se formó la Brigada Lincoln? ¿Cuál fue su participación en la Guerra Civil española? ¿Qué es la ALBA? ¿Qué relación tiene con la Brigada Lincoln?

Conversación: Desde tu punto de vista, ¿por qué tenían tanta necesidad de participar en la Guerra Civil española los miembros de la Brigada Lincoln? ¿Qué es lo que les motivaba? ¿Habrías participado tú si hubieras vivido durante aquella época?

4. **Investigación:** Busca y lee el poema de Langston Hughes sobre el soldado afro-americano que lucha a favor de la República, *Letter from Spain*. ¿De qué se trata?

   Conversación: ¿Qué opinas del hecho de que dos soldados de ascendencia africana lucharon en bandos opuestos en la Guerra Civil española, una guerra que no es la suya? ¿Es una situación irónica? ¿Es una situación trágica? Explica tus respuestas.

12

La literatura española del siglo XX

La Generación del 98

En 1898 tuvo lugar la guerra de Cuba. España perdió entonces las últimas colonias de lo que había sido su poderoso imperio. Esta pérdida produjo un gran efecto desmoralizador° y pesimista entre los intelectuales jóvenes que empezaban su carrera literaria. Ese grupo de escritores fue llamado la «Generación del 98». Entre los más representativos de ellos están Miguel de Unamuno, Pío Baroja, Ramón del Valle-Inclán, Azorín y Antonio Machado. Aunque todos coincidieron en Madrid en este año, ninguno nació en Castilla.

Según los historiadores literarios, estos escritores manifestaban una profunda preocupación por el tema de España: querían examinar el presente, el pasado y hasta el porvenir° del país. Todos protestaban contra la política decadente de los gobiernos, y contra la retórica y la superficialidad que, según ellos, reinaban en la literatura del siglo XIX. Así la vida intelectual y literaria recibió un formidable impulso.

demoralizing

futuro

Miguel de Unamuno

Como pensador, novelista y poeta, el vasco Miguel de Unamuno (1864–1936) es el escritor más representativo de la Generación del 98. Fue catedrático y, más tarde, rector de la Universidad de Salamanca. Fue

El quijotesco pensador español Miguel de Unamuno siempre se vestía como en este retrato. Le gustaba hacer pajaritas de papel como las que en este retrato ha pintado Ignacio Zuloaga. Unamuno atacó a los dos bandos que lucharon en la Guerra Civil. Murió desilusionado por la tragedia española, el último día del año 1936, en su casa de Salamanca.

(Retrato por Ignacio Zuloaga y Zamora. Courtesy of the Hispanic Society of America, NY)

toda su vida un espíritu rebelde y batallador. Escribió artículos atacando violentamente al rey, a la dictadura, a la República, al marxismo y al fascismo. El título de una de sus colecciones de ensayos lo muestra: *Contra esto y aquello.* El dictador Primo de Rivera lo exilió a las Islas Canarias en 1924. Después vivió en exilio voluntario en Francia, hasta que España lo recibió triunfalmente a la caída de la dictadura, en 1930.

    La preocupación constante de Unamuno es el hambre de inmortalidad, el anhelo° de no morir. Su obra maestra como pensador es *Del sentimiento trágico de la vida en el hombre y en los pueblos.* Estudia en ella al «hombre de carne y hueso», «el que nace, sufre y muere —sobre todo muere—, el que come y bebe, y juega, y duerme, y piensa, y quiere», como objeto de la filosofía. De la lucha entre la razón y la vida nace una fe que no es dogmática. También surge una duda que no es la duda fría, negativa, racionalista, sino lo que Unamuno llamó «fe dudosa». En otro ensayo, explicó: «Mi religión es buscar la verdad en la vida y la vida en la verdad, aun a sabiendas° de que no he de encontrarlas mientras viva». El sentimiento trágico de la vida es precisamente esa lucha eterna entre el corazón y la razón: el corazón, que cree en la inmortalidad del alma, y la razón, que nos dice que el hombre no es inmortal.

yearning, desire

a… knowing

En vez de plegarse° a la corriente cultural de Europa, Unamuno pre-   *En… Instead of joining*
firió el cultivo de la cultura de Castilla. En 1905 escribió la *Vida de don
Quijote y Sancho,* una interpretación original y subjetiva del *Quijote.*
Para Unamuno, el quijotismo es la filosofía de España.

Las novelas de Unamuno son reflejos de su filosofía. En general, no
hay descripción de paisaje, costumbres ni cosas a la manera realista. Hay
luchas y conflictos de seres humanos atormentados por las pasiones de su
vida interior. Así, *Abel Sánchez* es un profundo estudio de la envidia; *La
tía Tula,* del instinto maternal; *San Manuel Bueno, mártir,* de la falta de
fe de un sacerdote que no puede creer lo que él mismo predica.°   *preaches*

La poesía de Unamuno es un grito desesperado de dolor que emo-
ciona° por su sinceridad. Así es su largo poema *El Cristo de Velázquez,*   *moves (one)*
inspirado en el famoso cuadro de Velázquez, que se encuentra en el
Museo del Prado de Madrid. Otras veces, su poesía es la exaltación del
austero paisaje de Castilla.

Unamuno concluye un lindo poema dirigido a su hija con estas enigmáticas líneas:

> No dicen más los árboles, las nubes,
> los pájaros, los ríos, los luceros...
> ¡No dicen más y nos lo dicen todo!
> ¿Quién sabe de secretos?

Pío Baroja

Pío Baroja (1872–1956) estudió medicina en Madrid, y fue médico
durante algunos años. Con afán° por la verdad científica, observó aten-   *desire, thirst*
tamente la vida de la gente miserable°: mendigos, golfos,° aventureros.   *unfortunate, poor / rogues*
Viajó mucho y repetidamente por las principales capitales de Europa
con el fin de documentarse° para sus novelas. Como la mayoría de los   *inform himself*
escritores españoles, empezó su carrera literaria en Madrid, y allí
residió la mayor parte de su vida.

Baroja era un escéptico nihilista que no creía en casi nada. Atacó a los
políticos, a los militares, a la democracia, a la aristocracia, al socialismo,
a los profesores, a los católicos, a las feministas, a los judíos, a los ricos y
a los pobres. Su autobiografía *Juventud, egolatría*° está llena de juicios   *self-worship*
deprimentes sobre la vida. Pero, al mismo tiempo, revela un espíritu
libre, una gran simpatía por los oprimidos y por los anarquistas. Baroja
creía que este mundo es malo y egoísta, que el mal es inevitable. La única
alternativa es la acción para no morir de aburrimiento. Por eso, sus nove-
las, aunque pesimistas, son muy amenas.° El secreto de su arte reside en   *entertaining, enjoyable*
un estilo sencillo de frases cortas, sin retórica ni adorno innecesario.

Ernest Hemingway, después de recibir el Premio Nóbel de literatura,
visitó a Baroja. Hemingway le dijo modestamente: «A usted debían
haberle dado el Premio Nóbel, porque yo aprendí de usted el arte de
escribir novelas.»

Baroja escribió unas ochenta novelas. Entre las mejores, las de su
juventud, están *Zalacaín el aventurero* (situada en Euskadi, donde nació

**El vasco Pío Baroja
tuvo mucha influencia
en la novela española
de la posguerra. Este
retrato fue pintado por
Joaquín Sorolla y
Bastida.**
(Courtesy of the Hispanic
Society of America, NY)

el autor), *Camino de perfección* y *El árbol de la ciencia*. También escribió una serie de veinticuatro volúmenes bajo el título significativo de *Memorias de un hombre de acción*. Allí cuenta la vida de un antepasado suyo, durante las Guerras carlistas de España.

Ramón María del Valle-Inclán

Todo lo contrario de Baroja, Valle-Inclán (1869–1936) fue un estilista. Su preocupación no fue tanto el contenido como la forma y el lenguaje. Sus novelas son joyas de complicado estilo, en las que el autor trabajó pacientemente: usó palabras cuidadosamente seleccionadas para producir un efecto estético en la prosa.

Escribió varias novelas y teatro fantástico, reproduciendo el ambiente de su tierra, Galicia. Son obras misteriosas, líricas, supersticiosas y sensuales. En 1920 inventó un género° literario nuevo, al que llamó «el esperpento».° Su obra esperpéntica más destacada es *Luces de Bohemia*. Habló del esperpento en estos términos:

genre
something grotesque and deformed, farcical, a caricature

> De este género he publicado *Luces de bohemia*… y *Los cuernos de don Friolera*… Esta modalidad consiste en buscar el lado cómico en lo trágico de la vida misma… Esto es algo que no existe en la literatura española. Sólo Cervantes vislumbró° un poco de esto… En *El Quijote* lo vemos continuamente. Don Quijote no reacciona nunca como un hombre, sino como un muñeco; por eso provoca la hilaridad de los demás, aun cuando él esté en momento de pena.

began to see

En sus últimos años escribió esperpentos, obras teatrales y *El ruedo ibérico,* dos volúmenes de narrativa sobre la inmoralidad política y decadencia de la España de Isabel II.

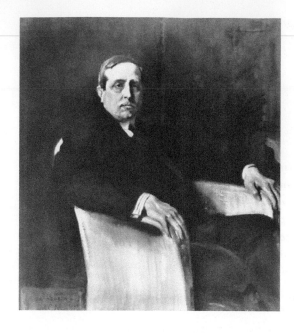

Azorín escribió miles de ensayos literarios. Este cuadro fue pintado por Ignacio Zuloaga, el pintor más característico de la Generación del 98.
(Courtesy of the Hispanic Society of America, NY)

Azorín

Azorín (1873–1967) es el pseudónimo de José Martínez Ruiz, maestro del ensayo. Escribió unos ochenta volúmenes, casi todos colecciones de los ensayos que durante cincuenta años aparecieron en los periódicos y revistas de España y América.

Los ensayos de Azorín son evocaciones emocionantes del pasado de España. El tema más frecuente es el alma de Castilla: los pueblos, el paisaje, la vida campesina, las catedrales, las ciudades antiguas, el escenario de las grandes obras de la literatura española. Pero Azorín no describe lo grandioso ni lo monumental. Concentra la atención en un sólo detalle minúsculo,° pero lleno de vida. Por ese detalle se siente hoy el alma de todo el pasado.

minute, small

Azorín creía que España no cambiaba, que era siempre la misma a través de los siglos, como el sonido de las campanas° de sus catedrales. Por esta repetición de la vida, Azorín vio todo el pasado en las costumbres del presente, y tal vez por eso algunos de sus escritos más bellos son reivindicaciones° de la literatura tradicional como *La Celestina* y el «Licenciado Vidriera» de Cervantes. Entre sus volúmenes se destacan *España, Castilla, Los pueblos, La ruta de don Quijote* y *Al margen de los clásicos,* este último de crítica literaria. También escribió obras de teatro: *Old Spain; Brandy, mucho brandy,* y otras comedias.

bells

a vindication

Antonio Machado

Este gran poeta lírico (1875–1939) nació en Sevilla, pero vivió muchos años en varias ciudades de Castilla. Fue profesor de francés y gran amante de la libertad. Sintió profundamente la tragedia de la Guerra Civil. Murió en Francia.

Fue un poeta que cantó la emoción del paisaje castellano. En estos versos describió la parda tierra de Soria:

> ¡Soria fría! La campana
> de la Audiencia da° la una.
> Soria, ciudad castellana
> ¡tan bella! bajo la luna.

is striking

Pero Machado, igual que los demás escritores de la Generación del 98, a veces gritaba dramáticamente contra el espectáculo de decadencia e indiferencia de su patria empobrecida:

> Castilla miserable, ayer dominadora,
> envuelta en sus andrajos° desprecia cuanto ignora.°
> ¿Espera, duerme o sueña? ¿La sangre derramada
> recuerda, cuando tuvo la fiebre de la espada?

rags / desprecia… *it disdains what it does not know*

También escribió poemas filosóficos como el siguiente:

> Caminante son tus huellas
> el camino, y nada más;
> caminante, no hay camino,
> se hace camino al andar.

Entre 1898 y 1936

Juan Ramón Jiménez

Juan Ramón Jiménez (1881–1958), que se autotituló «el andaluz universal», vivió en Madrid gran parte de su vida. Durante la Guerra Civil se trasladó a Puerto Rico, a Cuba y después a los Estados Unidos, donde enseñó en varias universidades. En 1956, recibió el Premio Nóbel de literatura.

La poesía de Jiménez muestra un anhelo constante de perfección. Quería llegar a la cumbre° de la poesía desnuda y pura. Fue también el poeta de la tristeza profunda —sólo quien sufre vive—, de la soledad y de la dulce melancolía. Tenía una intensa vida interior, tierna, sentimental y culta° al mismo tiempo. Sentía inefable° amor por la naturaleza, como se ve en *Arias tristes*, *Jardines lejanos*, *Estío* y *Eternidades*. Su *Platero y yo* ocupa un lugar prominente en la literatura española; es una evocación en prosa de su pueblo natal y de la inolvidable figura de Platero, un burrito, descrito a continuación:

pinnacle, zenith

refined, learned / indescribable

> PLATERO es pequeño, peludo, suave; tan blando por fuera, que se diría todo de algodón, que no lleva huesos. Sólo los espejos de azabache de sus ojos son duros cual dos escarabajos de cristal negro.

Lo dejo suelto, y se va al prado,° y acaricia tibiamente con su hocico,° rozándolas apenas, las florecillas rosas, celestes y gualdas°… Lo llamo dulcemente: «¿Platero?», y viene a mí con un trotecillo alegre que parece que se ríe en no sé qué cascabeleo ideal°…

meadow

snout

yellow / y… and he comes to me in a merry trot that sounds like he's ringing with laughter…

Come cuanto le doy. Le gustan las naranjas mandarinas, las uvas moscateles, todas de ámbar, los higos morados, con su cristalina gotita de miel…

Es tierno y mimoso igual que un niño, que una niña…; pero fuerte y seco como de piedra. Cuando paso sobre él, los domingos, por las últimas callejas del pueblo, los hombres del campo, vestidos de limpio y despaciosos, se quedan mirándolo:

—Tien' asero…

Tiene acero. Acero y plata de luna,° al mismo tiempo.

plata… quicksilver

Federico García Lorca

El mundo perdió a un artista extraordinario, versátil e inolvidable cuando unos falangistas° asesinaron a Federico García Lorca (1898–1936) a la temprana edad de treinta y ocho años. El crimen fue cometido al empezar la Guerra Civil y se debió a odios personales y políticos—

supporters of Franco

Además de ser poeta, García Lorca hacía dibujos geniales. Aquí se ve uno de ellos.

García Lorca había apoyado la República. El asesinato de García Lorca es una de las grandes injusticias de la historia moderna española.

El poeta nació en la provincia de Granada. Creció rodeado de los ambientes árabe y gitano de su querida ciudad andaluza.

Su obra ha alcanzado inmensa celebridad. Conocido como poeta y dramaturgo, el talento de García Lorca no se limitó a la literatura. También fue compositor, pianista y guitarrista, director y dibujante.° *illustrator*

García Lorca era el poeta de los gitanos y de otros grupos marginados por la sociedad. Su preocupación por los negros de Nueva York, los homosexuales (como él mismo) y las mujeres frustradas bajo el peso de valores tradicionales se ve en muchas de sus obras. Asimiló como nadie la esencia y la gracia castiza° de la poesía popular *genuinely Spanish* española. Al mismo tiempo, le dio un tono personal único. Su mérito se debe a su habilidad para dar una visión poética de las cosas y de la vida, mediante emocionantes imágenes de color y de música llenas de gracia y belleza. Revitalizó la forma de la balada antigua. De su *Romancero gitano,* poemas de tipo tradicional, es el fragmento siguiente:

> La luna vino a la fragua° *forge*
> con su polisón° de nardos.° *bustle (of a dress) / spikenards (fragrant flowers, a type of tuberose)*
> El niño la mira, mira.
> El niño la está mirando.
>
> —Huye° luna, luna, luna. *Flee*
> Si vinieran los gitanos,
> harían con tu corazón
> collares° y anillos blancos. *necklaces*

Federico García Lorca nació en Andalucía. Captó el sonido de la guitarra española con este poema: «Empieza el llanto / de la guitarra. / Se rompen las copas / de la madrugada... / Es inútil callarla, / ¡Oh, guitarra! / corazón malherido / por cinco espadas».
(Institut Amatller d'Art Hispànic)

Como típico andaluz, a García Lorca le entusiasmaba° la corrida de
toros. Compuso su *Llanto por Ignacio Sánchez Mejías* después de la
muerte trágica de este famoso torero, amigo íntimo suyo. Este poema no
tiene igual en la poesía moderna por la trágica visión de la muerte y su
grandiosidad rítmica.

excited

García Lorca viajó a los Estados Unidos en 1929. El barrio de
Harlem de Nueva York fue lo que más le impresionó y le deprimió. Sus
vívidas impresiones inspiraron su libro *Poeta en Nueva York*. Es, sin
duda, el mejor poemario surrealista de la literatura española.

García Lorca llevó su poesía al teatro. Pero el destino no le dio
tiempo de ampliar° su producción teatral. Sin embargo, los dramas que
dejó han ganado el entusiasmo del público teatral de muchos países de
Europa y América. Los más conocidos son *Bodas de sangre, Yerma* y *La
casa de Bernarda Alba*. Los elementos principales de sus dramas son las
pasiones profundas, la frustración del amor pasional, el odio y la liberación de los deseos carnales.

increase, extend

Literatura de la Guerra Civil y la posguerra

La Guerra Civil

Durante la Guerra Civil muchos escritores tuvieron que tomar
una postura política frente a los sucesos. También las dificultades materiales impedían el trabajo intelectual. Sin embargo,
muchos poetas como Rafael Alberti (1902–1999) y Miguel
Hernández (1910–1942) se entregaron a la causa de la República y la
lucha social. Son famosos los poemas y romances de Alberti y Hernández
sobre la importancia de ganar la guerra. La «Canción del esposo soldado», de Hernández, trata de un campesino que tiene que dejar a su
familia para defender la República. El campesino, representado por la
voz del poeta, se dirige a su esposa exclamando:

Nacerá nuestro hijo con el puño° cerrado,
envuelto en un clamor de victoria y guitarras,
y dejaré a tu puerta mi vida de soldado
sin colmillos° ni garras.°

fist

fangs / claws

Hay también varios novelistas de la generación de la guerra que
empezaron su carrera literaria antes de 1936 y siguieron escribiendo
durante y después de la guerra: Max Aub (1903–1971), Francisco Ayala
(n. 1906) y Ramón Sender (1902–1980). Todos tuvieron que irse de
España después de la derrota de los republicanos, pero continuaron
escribiendo en el exilio. La experiencia de la guerra es uno de los temas
principales de toda la literatura española que se escribe fuera de

España después de la Guerra Civil. Hay que pensar en la pérdida de cerebros,° que significaba tanto exilio.

pérdida... *loss of great minds*

La posguerra

Después de 1939 tanto la vida española como la cultura se divide en dos: los vencedores y los vencidos. La mayoría de los intelectuales estuvo con los vencidos, y por lo tanto se percibe una actitud crítica y pesimista en muchos de sus escritos. Un ejemplo es Rosa Chacel (1898–1994). Era la mayor de los intelectuales, ya en plena madurez, que vivieron los años de la guerra. Empezó su carrera escribiendo artículos en varias revistas de cultura y arte. Escribió gran parte de sus numerosas obras (novelas, cuentos, ensayos, poesía, memorias y una autobiografía) en el exilio. En una serie de novelas que empieza con *Barrio de las maravillas* describe la vida intelectual de España en la primera mitad del siglo XX. Tal vez su obra más ambiciosa es *La sinrazón,* que trata de un protagonista intelectual que quiere recobrar la inocencia juvenil. Está escrita como un monólogo interior durante los años 1918 y 1941. Chacel volvió a España, donde siguió escribiendo y gozando de una vigorosa vida intelectual hasta su muerte.

Mercè Rodoreda

Uno de los escritores más importantes del siglo XX en España es la catalana Mercè Rodoreda (1908–1983). Al terminar la guerra se fue con un grupo de intelectuales catalanes a Francia y luego a Ginebra.° Volvió a Cataluña después de la muerte de Franco y allí murió. Aunque también escribió poesía y algunas obras dramáticas es conocida principalmente

Geneva (Switzerland)

Mercè Rodoreda, gran novelista catalana.
(Courtesy of Institut d'Estudis Catalans, Barcelona)

como novelista. Escribió muchas novelas en catalán, la mayoría de las cuales ha sido traducida al castellano y algunas al inglés. Sus cuentos, llenos de fantasía mezclada con toques de realismo social, se podrían comparar con algunas obras del boom* latinoamericano. Muchos de sus protagonistas son mujeres de diferentes edades y clases sociales. Aunque no fue una feminista declarada, su obra maestra, *La plaça del diamant*, trata profundamente de los obstáculos políticos y personales que confronta la mujer, protagonizada en esta novela por una mujer sencilla durante la Guerra Civil. También se ha hecho una película basada en esta gran novela.

En el fragmento a continuación, Rodoreda describe el proceso de crear una novela.

Una novela se hace con una gran cantidad de intuiciones, con cierta cantidad de imponderables, con agonías y con resurrecciones del alma, con exaltaciones, con desengaños, con reservas de memoria involuntaria... toda una alquimia.

Camilo José Cela

Después de la Guerra Civil, la censura oficial impuso limitaciones a la literatura. Pero a pesar de esta supresión, los novelistas españoles de entonces prefirieron tratar los temas más ásperos, turbulentos, deprimentes y violentos de la vida. A esta corriente de crudo realismo algunos lo han llamado *tremendismo*. En el fondo, es un reflejo del sórdido clima de angustia y miseria de los años de la posguerra.

Camilo José Cela (1916–2002) ocupa un lugar prominente entre esos escritores. Sus dos novelas *La familia de Pascual Duarte* y *La colmena*° *beehive* fueron los éxitos literarios más importantes de la España de la posguerra. En 1989 le concedieron el Premio Nóbel de literatura.

La colmena es una composición alternada de fragmentos de la vida de 346 personajes. Todos ellos son hombres y mujeres del deprimente Madrid de la posguerra. Como dijo el propio Cela: «No es otra cosa que un pálido reflejo, una humilde sombra de la cotidiana,° áspera, *everyday* entrañable° y dolorosa realidad». *intimate*

En la otra gran novela de Cela, *La familia de Pascual Duarte*, traducida a varios idiomas, el personaje central es un hombre amoral. Comete toda clase de crímenes. Hace siempre la justicia por su mano porque no puede dominar sus instintos de criminal. Pascual cree que sólo Dios sabe dónde está el bien y dónde está el mal. Cuando es condenado a muerte por sus crímenes, el sacerdote que oye su última confesión dice que Pascual es sólo «un manso cordero,° acorralado° y *manso... weak lamb /* asustado por la vida». *cornered*

Además, Cela fue guionista,° y escribió «El Quijote», la versión ci- *screenwriter* nemática de *Don Quijote* dirigida por Manuel Gutiérrez Aragón.

---

*Movimiento literario latinoamericano que tuvo lugar en la década de los sesenta.

***Aquí se ve a Camilo
José Cela, escritor que
ganó el Premio Nóbel
de literatura en 1989.***
(Raphael Gaillarde/Gamma
Liaison Network)

Carmen Martín Gaite

Especialista en la novela psicológica y el realismo social, Carmen
Martín Gaite (1925–2000) fue una escritora intelectual y meticulosa en
su estilo. Fue profesora, crítica y novelista. Muchos de los protagonistas
de sus novelas son mujeres. *El balneario,* por ejemplo, es un estudio de
una mujer que busca su identidad y razón de ser a través de espacios
exteriores como su vida cotidiana. Mientras tanto se va revelando su
vida interior. Otra obra que ha tenido mucho éxito es *El cuarto de atrás.*
La protagonista, quien se parece mucho a la autora, hace una entrevista
que dura una noche entera a un hombre misterioso vestido de negro.
Resulta que la protagonista está escribiendo el relato de la misma entrevista que le está haciendo al hombre «diabólico». Es una novela, si se
puede llamar así, de fantasía, una memoria de acontecimientos reales y
un magnífico ejemplo de «metaficción».

Juan Goytisolo

Juan Goytisolo (n. 1931), en sus más recientes novelas, adopta algunas de las tendencias estilísticas de la época: experimentación verbal,
variedad de perspectiva narrativa y una fuerte crítica de la España de los
años sesenta. Tanto *Señas de identidad* como *Reivindicación del Conde
don Julián* y *Juan sin tierra* son novelas experimentales. Los personajes son fenómenos culturales, símbolos de un acontecimiento o figuras

«Pinto, pinto, ¿qué pinto?, ¿con qué color y con qué letrita? Con la C. de mi nombre, tres cosas con la C., primero una casa, luego un cuarto y luego una cama». Carmen Martín Gaite ha escrito muchas novelas y obras de crítica literaria. Una de sus novelas más conocidas (de donde proviene la cita anterior) se titula **El cuarto de atrás.**

(1998 © Joan Costa/Cover)

históricas o mitológicas. En *Don Julián*, por ejemplo, Goytisolo recrea la figura histórica del Conde don Julián, que, según la leyenda, dejó a los moros invadir España. Es una novela llena de amor y de odio.

Otros autores que se inclinaron por el estilo de esta «nueva novela» son Luis Martín-Santos en *Tiempo de silencio;* Juan Benet, autor de *Volverás a Región;* y Juan Marsé, sobre todo en la novela *Si te dicen que caí,* aunque en su obra más conocida, *Últimas tardes con Teresa,* el estilo es más tradicional.

Preguntas

1. ¿Qué acontecimiento mundial ocurrió en 1898? ¿Cómo influyó en la producción literaria de los escritores de esa época? Menciona por lo menos tres ejemplos.

2. ¿Quiénes son los escritores más representativos de la Generación del 98? Explica sus tendencias literarias.

3. Haz una comparación entre la vida de Pío Baroja y la de Miguel de Unamuno. ¿Cómo se refleja la vida de ellos en sus obras?

4. ¿Cuáles son las características de la poesía de uno de los escritores de esta época, ganador del Premio Nóbel, Juan Ramón Jiménez?

5. ¿Quién es el poeta contemporáneo cuya fama ha alcanzado nivel internacional? ¿Cuáles son dos de sus obras más conocidas? ¿Cuáles son las características de su obra en general?

6. ¿Quiénes fueron tres de las escritoras importantes de la posguerra? Describe una de las obras más conocidas de una de ellas.

Temas de investigación y conversación

Primero, investiga los siguientes temas de este capítulo. Luego, coméntalos con tus compañeros de clase.

 Para investigar los temas de este capítulo, puedes encontrar tanto enlaces a buscadores como palabras clave en la página Web de este libro de texto: **www.mhhe.com/espana6.**

1. **Investigación:** El año 1898 fue un año importante tanto en la historia de España como en la de los Estados Unidos. Investiga la Guerra de Cuba. ¿Qué países estaban involucrados en dicha guerra? ¿Cuáles fueron las causas y las consecuencias?
   Conversación: ¿Qué impacto tuvo la Guerra de Cuba sobre los escritores de la Generación del 98? En tu opinión, ¿siempre tiene un impacto la historia de un país sobre la literatura que se produce?

2. **Investigación:** Haz una búsqueda sobre el concepto de la «fe dudosa» de Unamuno. ¿Cómo se define? ¿En qué se basa?
   Conversación: Unamuno escribió en un ensayo que su «... religión es buscar la verdad en la vida y la vida en la verdad» (ver la pág. 157). ¿Cómo interpretas esta idea? ¿Es una manera válida de concebir la religión? ¿Por qué sí o por qué no?

3. **Investigación:** Busca y lee un romance del *Romancero gitano* de García Lorca. ¿Cuáles son los acontecimientos del relato?
   Conversación: ¿Qué comunica? Describe algunas imágenes. En tu opinión, ¿cuál fue la intención de García Lorca al escribir este poema?

4. **Investigación:** Mercè Rodoreda escribió exclusivamente en catalán. Sin embargo, se le considera una de las narradoras más ilustres de la Península Ibérica. Busca información sobre ella y sobre otros escritores peninsulares que no escriben en castellano. ¿Hay algo que tienen un común que les motiva a no escribir en castellano?
   Conversación: ¿Cuáles pueden ser las posibles razones por las que escritores españoles optan por no escribir en castellano? ¿Qué dificultades y beneficios podrían tener al escribir en un idioma minoritario?

13

Arte y música del siglo XX

La pintura en el siglo XX

Después de Goya no hubo pintores españoles de primera categoría hasta que apareció el valenciano Joaquín Sorolla (1863–1923). Fue pintor del sol deslumbrante° de España. Los museos de los países donde el sol es escaso pedían cuadros a Sorolla diciéndole: «Mándenos un pedazo de sol de España». Su técnica es fácil, y consiste en pintar las cosas tal como se ven a primera vista. El museo de la Sociedad Hispánica de Nueva York posee la mejor colección de cuadros de Sorolla. Entre otros lienzos° hay un retrato de Juan Ramón Jiménez y trece monumentales cuadros llenos de sol y color que representan las regiones de España. Su antigua casa en Madrid es ahora un precioso museo.

    Ignacio Zuloaga (1870–1946), vasco, es un pintor más intelectual y menos impresionista. Estudió en los museos las obras de los pintores del pasado: El Greco, Velázquez, Goya. Pintó más de cuatrocientos cuadros cargados de los temas de la España dramática, fanática y romántica: curas y toreros, gitanos e inquisidores,° santos y chulas,° mendigos y bailarinas. La Sociedad Hispánica posee el retrato que le hizo a Unamuno.

dazzling

canvases

inquisitors / pretty girls

Las señoritas de Avignon *de Pablo Picasso.*

(The Museum of Modern Art, New York. Acquired through the Lillie P. Bliss Bequest; © 1999 Estate of Pablo Picasso ARS, NY)

Pablo Picasso

Junto con El Greco, Velázquez y Goya, Pablo Picasso (1881–1973) es uno de los grandes pintores españoles que ocupan un puesto importante en la pintura mundial. Con el pintor francés Georges Braque, Picasso es conocido como el padre del cubismo, y tuvo muchísimos discípulos.

Nació en Málaga. Su padre fue un humilde curador° de museos de arte, cosa que sin duda influyó en la formación del pintor. A los quince años Picasso se fue con su familia a Barcelona, y allí empezó a pintar en serio. Sus primeras obras se exhibieron en 1897. El joven Picasso participó en las actividades intelectuales de Barcelona y conoció a Antoni Gaudí, el arquitecto catalán de la catedral de la Sagrada Familia de Barcelona.

Parece que la tierra española inhibía a Picasso. El furor revolucionario e innovador que se manifiesta en la primera década del siglo lo inquietaba; tuvo que buscar otros horizontes. A los diecinueve años se fue al gran centro artístico mundial de entonces: París. Aunque muchos españoles quisieran negarlo, Picasso no habría sido Picasso sin las influencias parisienses. Esta metrópoli de la vanguardia bohemia le dio lo que necesitaba para cumplir su misión artística. En 1907 pintó la obra iniciadora del cubismo: *Las señoritas de Avignon.* (Avinyó es una calle de Barcelona.) En el cuadro se ve un grupo de jóvenes mujeres desnudas que miran serenamente hacia el pintor. Frente a ellas hay un racimo° de uvas y otras frutas dentro de lo que parece ser un sombrero. Pero estas figuras están violentamente distorsionadas; tres parecen caricaturas y las otras dos llevan máscaras. El cuadro está pintado con formas

curator

cluster

El guitarrista viejo
capta el alma
española, pues
aunque Picasso vivió
por muchos años en
Francia, su
inspiración le vino
de España.

(Courtesy of the Art
Institute of Chicago, Helen
Birch Bartlett Collection;
© 1999 Estate of Pablo
Picasso/ARS, NY)

geométricas bien definidas: círculos, triángulos, rectángulos. Esta obra preparó el camino que siguió Picasso en los años posteriores.

La recepción de este cuadro en los medios artísticos parisienses fue muy variada. Al principio, pocos lo comprendían. Pero durante los años que precedieron a la Primera Guerra Mundial, e incluso durante la guerra, la fama de Picasso aumentó enormemente. Desde entonces, fue uno de los pintores más destacados de Europa.

Francia siempre fue para Picasso el lugar de su oficio, pero no se le puede considerar francés. Volvía a menudo a su tierra natal, manteniendo amistades y recorriendo los sitios conocidos de su infancia y adolescencia. Sólo un español podría haber pintado un cuadro tan típico del alma española como *El guitarrista viejo*. Se ve al pobre viejo con la cabeza inclinada hacia abajo, las manos elegantes y finas sobre las cuerdas de la guitarra española y una vaga expresión de éxtasis en el rostro. Parece que la guitarra forma parte de su cuerpo. A fin de cuentas,

La obra* Guernica *representa el bombardeo nazi de la ciudad vasca del mismo nombre.

podría decirse que si París le dio a Picasso la técnica, España le dio la inspiración y el alma.

Una de las mejores muestras de su obra es el famoso cuadro *Guernica* que pintó durante la Guerra Civil. El gobierno republicano de Madrid le comisionó un óleo° para conmemorar la guerra. En un principio, Picasso no sabía cómo crearlo pero después de enterarse de los bombardeos nazis a la pequeña e indefensa ciudad vasca de Guernica, empezó a trabajar frenéticamente. El resultado fue el cuadro que lleva el mismo nombre de esa ciudad.

Es un cuadro asombroso y lleno de horror, que continúa la tradición humanista y antibélica° de Goya. La primera impresión que da la obra es de caos e irracionalidad. Los objetos y los seres humanos están esparcidos a lo largo del cuadro de una manera que desobedece a la lógica. A la izquierda se encuentran un toro bravo mirando en varias direcciones, una mujer con su hijo muerto y un soldado en el suelo, agarrando° una espada. En el medio está el sol, dentro del cual hay una bombilla° eléctrica; también hay un caballo que está a punto de caer. Hacia la derecha, la cabeza de alguien mira por una ventana, con un candil° en la mano para ver mejor el desastre. También se ve una casa ardiendo° y una persona con los brazos en alto, en un gesto de temblor y asombro. Casi todas las figuras humanas miran temerosamente hacia arriba, lo cual sugiere la caída de las bombas. Cada detalle acentúa el horror de la situación. La manera primitiva y simple en que están pintados los ojos, las manos y las llamas° da la impresión de que una fuerza

oil painting

antiwar

clutching
lightbulb

oil lamp
burning

flames

inhumana (quizás la arbitrariedad, quizás la irracionalidad) se encarga de la ordenación.°   *arrangement*

Después de su exposición en París en 1937, *Guernica* fue prestada al Museo de Arte Moderno en Nueva York, y allí quedó durante la época de Franco. Picasso no quiso que su obra estuviera en España mientras Franco permanecía en el poder. Después de la muerte del dictador se hicieron arreglos para llevar el cuadro al país que lo inspiró. En 1981, después de muchos debates y disputas, *Guernica* fue transportada al Museo del Prado en Madrid. Pero algunos españoles protestaron y siguen protestando porque creen que el verdadero hogar de *Guernica* no es Madrid sino la misma ciudad de Guernica, en Euskadi. Se ha propuesto que el famoso cuadro sea trasladado al nuevo Museo Guggenheim en Bilbao.

Después de la Segunda Guerra Mundial, Picasso fue considerado el pintor moderno más importante del mundo. Siguió residiendo en París, sin ir a España. Las relaciones entre el gobierno dictatorial de Franco y Picasso continuaron siendo antagónicas. Picasso no volvió, pero su tierra no dejó de inspirarlo. En 1957, pintó varias versiones de pinturas clásicas españolas: una del *Entierro del conde de Orgaz* y otra de *Las meninas*. No son imitaciones, ni mucho menos. Dan a las obras antiguas un carácter intensamente moderno.

Durante los últimos años de su vida, Picasso siguió pintando y viviendo con un espíritu tan enérgico como el que tenía en su juventud. A los noventa y dos años murió en Francia. Muchos pintores continúan hoy día la revolución artística que inició Picasso.

Pintores surrealistas: Juan Gris, Salvador Dalí, Joan Miró, Remedios Varo

Además de Picasso, hay varios pintores de la misma generación que ocupan un lugar destacado en la pintura española. Juan Gris (1887–1927), pintor cubista, también desarrolló su carrera artística en París. Fue gran amigo de la escritora vanguardista norteamericana Gertrude Stein y, como tantos artistas parisienses de esa época, buscaba nuevos modos de percepción.

El movimiento surrealista empezó en Europa en esta misma época. Entre los surrealistas españoles figuran Salvador Dalí (1904–1989), autor del famoso cuadro titulado *La persistencia de la memoria*. Es una de las pinturas más típicas y famosas del surrealismo. Lo primero que sugiere este cuadro es una atmósfera de sueño e irrealidad. También se ve claramente la obsesión del creador de esta obra por el tiempo: los relojes, elementos artificiales, tienen características extrañas; parecen ser hechos de una sustancia blanda, casi líquida. ¿Qué significarán esos insectos y esa isla en el fondo?

Joan Miró pintó el cuadro Interior holandés *después de un viaje a Holanda en la década de los veinte.*

(The Museum of Modern Art, New York. Mrs. Simon Guggenheim Fund; © 1999 ARS, NY/ADAGP, Paris)

Fenómeno de ingravidez (weightlessness), *un cuadro de Remedios Varo, pintora surrealista. Tuvo que escaparse de España después de la Guerra Civil. Después de vivir dos años en París, se exilió de nuevo a México donde siguió pintando hasta su muerte.*

(Courtesy of Walter Gruen)

La persistencia de la memoria *de Salvador Dalí.*

(Collection, The Museum of Modern Art, New York, given anonymously.)

Joan Miró (1893–1983), pintor catalán de tendencia surrealista, pintaba con símbolos ricos en color que representaban conceptos de la naturaleza primitiva. Es el autor de *Interior holandés,* cuadro representativo de su obra. Las figuras podrían representar cualquier cosa; todo depende del significado que el espectador les quiera dar.

Remedios Varo (1908–1963) nació en Madrid pero se fue al exilio en México después de la Guerra Civil. En sus obras usa imágenes prestadas de la alquimia,° el misticismo, la ciencia y la magia.

alchemy

A los surrealistas les interesaba el mundo de los sueños, de la fantasía y del tiempo como frutos° de la psique humana. Es interesante que todos estos pintores innovadores, incluyendo al gran maestro Picasso, hayan creado sus obras más famosas en tierras no españolas.

products

Arquitectura y escultura

Figura máxima de la arquitectura moderna y de fama mundial es el catalán Antoni Gaudí (1852–1926). Con imaginación fertil y genial, adaptó aspectos de toda la arquitectura tradicional para crear nuevas formas y estilos. Dejó monumentos de valor por todas partes de Barcelona, la ciudad en que vivió la mayor parte de su vida. Se le asocia con los movimientos artísticos más importantes de su época, el modernismo y el «noucentisme».° Su obra más conocida es una catedral neogótica, La Sagrada Familia, que aún está sin acabar.

turn-of-the-century Catalan modernism

Las esculturas macizas de Eduardo Chillida (1924–2002) decoran muchos espacios públicos, sobre todo en su región natal, el País Vasco.

Modulación del espacio I (1963) *por el artista vasco Eduardo Chillida.*
(© ARS, NY. Tate Gallery, London/Art Resource, NY)

La música

El flamenco

La música folklórica española, como la poesía popular de los romances, es una de las más ricas y variadas del mundo. Ha sido transmitida de generación en generación hasta el presente por vía oral. En todas las provincias españolas los cantos y bailes regionales constituyen una expresión artística popular genuina.

El *cante jondo* o *flamenco*, por ejemplo, es la música popular de Andalucía. Es de origen oriental, árabe y gitano. Consiste en una disonancia tan particular de la voz que desconcierta a quien no está acostumbrado a oírlo debido a la ausencia total de una melodía fácil. Hay diversos tipos de cante flamenco. Muchos de ellos varían según el lugar de donde provienen: granadinas de Granada, malagueñas de Málaga, sevillanas de Sevilla. Todos utilizan las manos y los pies como instrumentos de percusión.

Españolas en vestidos típicos sevillanas bailan en la feria de abril en Sevilla.
(DEA/W. BUSS/Contributor)

También el baile flamenco es apasionante; casi siempre va acompañado de la guitarra, las palmas,° los gritos y los «olés» de quienes lo presencian.° Hay más de sesenta formas diferentes de cante y baile flamenco. El cante es difícil de interpretar. El tono es optimista o pesimista, alegre o triste, como la vida. En ciertos aspectos, es muy parecido al jazz de Norteamérica y al tango de Argentina. Esta música andaluza, tan fascinante e inquietante,° ha inspirado a grandes poetas españoles, como Federico García Lorca.

i.e., clapping
attend, listen to, or watch

unsettling

Manuel de Falla

Manuel de Falla (1876–1946) nació en Cádiz y allí hizo sus primeros estudios musicales. Es el primer compositor español del siglo XX. Albéniz y Granados crearon música especialmente para piano; Falla, para orquesta. Se inspiró en la música popular de Andalucía, sobre todo de Granada. Trabajó de una manera concienzuda y disciplinada, sin concesiones a lo fácil y superficial. Siguiendo el consejo de su maestro Pedrell, el ideal de Falla era purificar la esencia de la música andaluza. Al principio compuso un par de zarzuelas que fracasaron, pero en 1904 alcanzó un gran éxito con su ópera *La vida breve,* de fondo° andaluz.

essence

En 1907, se fue a París con intención de pasar allí siete días, pero se quedó siete años, en compañía de Maurice Ravel, Debussy y Albéniz. En París compuso sus «impresiones sinfónicas» *Noches en los jardines de España,* una evocación de la fragancia de Granada y de su arte gitano. En 1915, en España, compuso el ballet gitano *El amor brujo* para

***Esta estatua de la elegante
«Dama de les paraigues» está en
el parque de la Ciutadella en
Barcelona.***
(Institut Amatller d'Art Hispànic)

la cantaora y bailaora° gitana Pastora Imperio. Una de las piezas, *Danza ritual del fuego,* tuvo un éxito extraordinario en todo el mundo.

La *Fantasía bética* para piano está dedicada al pianista Arturo Rubinstein, quien la introdujo en los Estados Unidos. En 1928, Falla empezó su principal esfuerzo creativo con la sinfonía *La Atlántida,* basada en un poema épico del poeta catalán Jacint Verdaguer. Cuando Falla murió en la Argentina en 1946, esta obra estaba casi terminada. En 1962, fue finalmente estrenada en el Gran Teatro del Liceo de Barcelona. Tuvo un éxito tan grande que constituyó un acontecimiento musical en toda Europa.

cantaora... cantante y bailadora *(Andalusian forms)*

Joaquím Rodrigo

El valenciano Joaquím Rodrigo (1902–1999) regresó a España después de la Guerra Civil. Estrenó su famoso *Concierto de Aranjuez* en 1940 con gran éxito. El uso de la guitarra armonizando con los tradicionales instrumentos musicales de orquesta dan a su música un sabor español sin folklorismo. Rodrigo fue ciego, pero esto no le impidió componer música de todos tipos. También escribió canciones populares castellanas y catalanas. En 1996, el maestro Rodrigo fue galardonado° con el prestigioso premio Príncipe de Asturias «por dignificar la guitarra como instrumento».

honored

Los virtuosos españoles

Andrés Segovia (1894–1987) y Carlos Montoya (1903–1993) son los mejores guitarristas de música clásica. La guitarra en sus manos parece una orquesta sinfónica. El catalán Pau Casals (1876–1974) fue el mejor violoncelista del mundo, un verdadero prodigio. Desde que terminó la Guerra Civil española, Casals vivió retirado en un pueblecito de Francia, frente a la frontera española. En 1958, fijó su residencia en Puerto Rico, donde dirigió grandes festivales musicales de carácter internacional. Casals se negó, por motivos políticos, a tocar en público, fuera de su retiro, hasta que cesara el gobierno del general Franco en España. En 1962, como una excepción a su postura política, dio un concierto en la Casa Blanca de Washington en honor del presidente Kennedy. Desgraciadamente, Casals no sobrevivió a Franco; no vio la nueva democracia española.

Andrés Segovia desempeñó un papel muy importante en el restablecimiento de la guitarra como instrumento de concierto en el siglo XX. Hizo 150 transcripciones de obras escritas originalmente para la vihuela (type of early guitar) o el clavicordio, añadiéndolas al repertorio de la guitarra.
(UPI/Corbis)

***Pau Casals,
violoncelista catalán,
vivió en el extranjero
después de la Guerra
Civil.***

(Institut Amatller d'Art
Hispànic)

Preguntas

1. ¿Por qué es tan importante Pablo Picasso en el mundo del arte del siglo XX? Explica.

2. ¿En qué consiste el arte surrealista? ¿Qué temas se representan? Contesta dando ejemplos de obras de arte específicas.

3. ¿Cuáles son los orígenes de la música flamenca?

4. Explica la importancia del compositor Manuel de Falla y describe una de sus composiciones más famosas.

Temas de investigación y conversación

Primero, investiga los siguientes temas de este capítulo. Luego, coméntalos con tus compañeros de clase.

Para investigar los temas de este capítulo, puedes encontrar tanto enlaces a buscadores como palabras clave en la página Web de este libro de texto: **www.mhhe.com/espana6.**

1. **Investigación:** Busca información sobre Picasso. ¿Por qué pintó el famoso cuadro sobre la Guerra Civil, *Guernica* (*Gernika* en euskera)?

   Conversación: Describe en detalle el cuadro *Guernica*. ¿Qué comunica el artista? ¿Cómo lo comunica? ¿Fue Picasso un pintor tanto español como universal?

2. **Investigación:** Busca imágenes de la obra del famoso arquitecto Antoni Gaudí, incluida la famosa catedral, La Sagrada Familia, ubicada en Barcelona. ¿Cómo es la obra de Gaudí en general?

   Conversación: ¿Crees que la estética modernista de La Sagrada Familia es apropiada para crear un ambiente de religiosidad? ¿Por qué sí o por qué no? De los edificios que hayas visto, ¿cuál te gusta más y por qué?

3. **Investigación:** Haz una búsqueda sobre una obra de un músico español del siglo XX —Rodrigo, Falla, Segovia, Casals u otro— o una canción flamenca. Escucha la pieza musical. Descríbela.

   Conversación: ¿Qué comunica? ¿Cómo lo hace? ¿Qué te gusta y no te gusta de la obra? ¿Por qué?

Source and Supplementary Materials

IV. Siglo XX

Printed Materials

ALVAREZ JUNCO, JOSÉ. *La ideología política del anarquismo español 1868–1910.* Madrid, 2nd. ed.: Siglo XXI, 1991.

BAREA, ARTURO. *The Forging of a Rebel.* Trans. Ilsa Barea. New York: Reynal and Hitchcock, 1946. The English version of this novel about the Spanish Civil War and exile was published before the Spanish version.

BOTTI, ALFONSO. *Cielo y dinero: el nacionalcatolicismo en España (1881–1975).* Madrid: Alianza, 1993. A historical-economic appraisal of the connections between nationalism and Catholicism.

BRENAN, GERALD. *The Spanish Labyrinth.* Cambridge: Cambridge University Press, 1962. An insightful discussion, by the famous British hispanophile, of the politics and history that led to the war.

DENT COAD, E. *Spanish Design and Architecture.* New York: Rizzoli, 1990.

GIBSON, IAN. *Federico García Lorca: A Life.* London: Faber, 1989.

The Shameful Life of Salvador Dalí. New York: W.W. Norton, 1998.

JACKSON, GABRIEL. *The Spanish Republic and the Civil War.* Princeton, NJ: Princeton University Press, 1965. A thorough account of the Second Republic and the Spanish Civil War.

JORDAN, B. *Writing and Politics in Franco's Spain.* London: Routledge, 1990.

KAPLAN, JANET. *Unexpected Journeys: The Art and Life of Remedios Varo.* New York: Abbeville, 1988.

KAPLAN, TEMMA. *Red City, Blue Period: Social Movements in Picasso's Barcelona.* Berkeley: University of California Press, 1992. An informative and unique rendition of Barcelona's history in the twentieth century, with interesting discussions of women.

MANTEIGA, ROBERTO, CAROLYN GALERSTEIN, and KATHLEEN MCNERNEY. *Feminine Concerns in Contemporary Spanish Women Writers.* Potomac, MD: Scripta Humanistica, 1988.

MARCO, TOMÁS. *Spanish Music in the Twentieth Century.* Cambridge, MA: Harvard University Press, 1993.

MARTÍN GAITE, CARMEN. *Usos amorosos de la postguerra española.* Barcelona: Anagrama, 1994. Memoirs of Martín Gaite's youth.

MONTEATH, PETER. *The Spanish Civil War in Literature, Film, and Art: An International Bibliography of Secondary Literature.* London: Greenwood, 1994.

O'BRIAN, PATRICK. *Pablo Ruiz Picasso: A Biography.* New York: Putnam, 1976.

ORWELL, GEORGE. *Homage to Catalonia.* New York: Harcourt, Brace and World, 1952. An eyewitness account of the International Brigades and the political complexity of the Civil War, with special attention to Barcelona, where Orwell was sent as a participant in the antifascist battle.

RODOREDA, MERCÈ. *The Time of the Doves.* Trans. David Rosenthal. New York: Taplinger, 1983. English version of *La plaça del diamant*, set against the background of the Spanish Civil War.

SALAÜN, SERGE and CARLOS SERRANO, eds. *1900 en España.* Madrid: Espasa-Calpe, 1990. Essays on the performing arts, publishing, education, and town planning at the turn of the century.

TISA, JOHN. *The Palette and the Flame.* New York: International Publishers, 1979. Posters from the Spanish Civil War.

UGARTE, MICHAEL. *Madrid 1900.* College Station: Penn State University Press, 1996. A discussion of Baroja, Carmen de Burgos, Gómez de la Serna, Valle-Inclán, and Azorín and their relationship to Madrid culture.

WOOLF, VIRGINIA and LEONARD WOOLF. *The Spanish Constitution of 1931.* London: Hogarth, 1933. Virginia Woolf was intensely interested in the political developments in Spain in the 1930s, as were many European intellectuals.

ZAVALA, I. M. *Colonialism and Culture: Hispanic Modernism and the Social Imaginary.* Bloomington, IN: Indiana University Press, 1992.

Audiovisual Materials

El amor brujo. Music by Manuel de Falla. RCA Gold Seal, 1981. There is a film version by Carlos Saura, a Flamenco ballet with Antonio Gades as lead, and a soundtrack of the film.

¡Ay Carmela!, HBO Prestige, 1991, a film by Carlos Saura, represents a traveling theatrical group that falls into the hands of the Fascist Italian Army during the war. Available at the Instituto Cervantes, 122 E. 42nd St., New York, NY 10168; tel. 212-689-4232, fax 212-545-8837.

Bodas de sangre. Ballet version of Lorca's play, on film; directed by Carlos Saura. (Available on DVD.)

Concierto de Aranjuez. Music by Joaquím Rodrigo.

De toda la vida (*All our Lives*). Video interviews of several women leaders of the anarchist movement.

"Música clásica de España, I & II" EMI Classics, CMS 7 64241 2 and CMS 7 64467 2, contain the work of many of the composers mentioned in this chapter.

Nights in the Gardens of Spain. Music by Manuel de Falla. RCA Red Seal, 1960.

La plaza del diamante. Film version of Rodoreda novel. (Available on DVD.)

Viaje a la luna. Film by Federico García Lorca.

V

Presente y futuro

El Palau de les Arts (a la izquierda) y L'Hemisfèric.
Ciudad de las Artes y las Ciencias, Valencia, España.
(Greg Elms/LPI/Getty Images)

Cronología

	1955–presente	El «boom» turístico
Comienzos de la organización ETA	1959	
	1969	El príncipe Juan Carlos de Borbón es nombrado sucesor de Franco
Huelgas y revueltas estudiantiles	1968–1975	
	1973	Asesinato de Luis Carrero Blanco
Muerte de Francisco Franco	1975	
	1977	Elecciones; Adolfo Suárez es elegido primer presidente de la España posfranquista; se escribe la nueva constitución
Referéndum aprobando la nueva constitución	1978	
	1981	El «golpazo» militar
Felipe González y el PSOE ganan las elecciones	1982	
	1986	España entra en la CEE y la OTAN
Barcelona hospeda los Juegos Olímpicos	1992	
	1996	José María Aznar y el PP ganan las elecciones
Olas de inmigración; problemas ecológicos	1996–2004	
	2000	Motines en El Ejido
Los atentados terroristas del 11 de septiembre de 2001 (también conocido como 11-S)	2001	
	2003	Aznar apoya a los Estados Unidos en la guerra contra Irak; la guerra en Irak y Afganistán
Los atentados terroristas del 11 de marzo de 2004 (también conocido como 11-M); José Luis Rodríguez Zapatero y el PSOE ganan las elecciones contra Mariano Rajoy y el PP; olas de inmigración; problemas ecológicos	2004	
	2008	José Luis Rodríguez Zapatero y el PSOE ganan las elecciones de nuevo contra Mariano Rajoy y el PP

Del franquismo a la democracia

El «boom» turístico

Aproximadamente diez años después de la Guerra Civil, el gobierno de Franco se dio cuenta de que la depresión económica causada por el programa fascista de autosuficiencia no podía continuar. Franco vio la necesidad de abrir las puertas a una iniciativa de fomentar relaciones económicas con otros países. No sólo se intentó atraer la inversión de capital extranjero, sino también el turismo. El turismo fue la salvación del país; se le llegó a llamar «el milagro económico». «España es diferente», era el lema comercial de los funcionarios franquistas para atraer a turistas y empresarios. El Opus Dei, una organización católica y derechista, participó activamente en los nuevos programas tecnológicos y económicos.

Sin embargo, aún existían problemas. Muchos obreros españoles se vieron obligados a marcharse de España en busca de empleo y mejores condiciones de trabajo. Estos emigrados (en su mayoría extremeños y andaluces) mandaban parte de su sueldo a sus familias participando así en la recuperación económica del país. A partir de 1955, el nivel de vida española mejoró notablemente. Pero España logró sus avances económicos casi exclusivamente con capital extranjero.

Durante los años cincuenta y sesenta, España no se liberó de leyes ni de medidas autoritarias. De la censura severa de los años cuarenta se pasó a la autocensura° bajo el nuevo Ministerio de Información y Turismo dirigido por Manuel Fraga Iribarne. Este tipo de censura exigía que los directores de periódicos y editoriales y autores de obras creativas publicasen sus respectivas obras con «discreción», sin ofender lo que ellos clasificaban como sensibilidades públicas. Pero en muchos casos la autocensura fue más severa que en los años previos y hubo represalias contra personas e instituciones que habían publicado obras o ideas contra el gobierno, la Iglesia o las fuerzas armadas.

self-censorship

Poco antes de la muerte de Franco, en cambio, la censura y la autocensura casi habían desaparecido. La muerte del dictador se esperaba, y a pesar de la continuación del régimen que se había prescrito,° el cambio hacia la democracia se veía como algo necesario.

se... had been prescribed

Los últimos años de Franco

En los años setenta las protestas contra el régimen de Franco aumentaron y, en consecuencia, a medida que el generalísimo envejecía, también decaía el régimen. Las acciones antifranquistas fueron particularmente severas en Euskadi, donde el deseo de conservar la identidad y la lengua vascas a pesar de la represión dictatorial siguió con el respaldo de la mayoría de la población vasca. Desde los años sesenta la organización ETA (*Euskadi Ta Askatasuna: Tierra y Libertad Vascas*) había luchado violentamente contra Franco por medio de acciones ilegales: secuestros, atracos, asesinatos y asaltos a

Protesta de estudiantes en contra de la violencia de ETA, 1997.

(© Diario *El País*/Charo Valenzuela)

Miles de personas participaron en una manifestación convocada por plataforma (group) proetarra el día 17 de mayo de 2008 en Bilbao. El mensaje de la pancarta (banner), escrito en euskera, se traduce al castellano como: «¡ Basta ya! El País Vasco necesita su libertad». (Rafa Rivas/ AFP/Getty Images)

instalaciones de la Guardia Civil. El gobierno franquista respondió con detenciones, ejecuciones y una fuerte vigilancia policial en todo Euskadi.

En 1973 una facción de ETA asesinó al primer ministro, el almirante Luis Carrero Blanco, conocido por su ideología ultranacionalista. Aunque Franco había nombrado en 1969 al entonces príncipe Juan Carlos de Borbón como sucesor a su régimen, dio a entender que el jefe de estado activo sería el almirante. Los españoles llamaban a Carrero Blanco «el Ogro» por su seriedad y piedad católica. Los etarras° pusieron una bomba en un túnel que habían construido debajo de una calle de Madrid y, cuando pasó el coche de Carrero Blanco, estalló la dinamita. Murieron instantáneamente el primer ministro y el chófer del coche. Este acto fue un desafío a la estabilidad del orden dictatorial; los responsables nunca se encontraron. Faltaba poco para la muerte de Franco y el final de la larga dictadura. Sin embargo, después de la dictadura, ETA siguió cometiendo actos de violencia.

° = militantes de ETA

La transición

Al morir Franco el 20 de noviembre de 1975, después de una prolongada enfermedad, el pueblo español estaba ansioso por la democracia. Como el dictador ya había declarado que España volvería a ser una monarquía, muchos españoles estaban sospechosos de los motivos y preocupados por la posibilidad del retorno de la violencia de la Guerra Civil. Pero el nuevo rey, Juan Carlos I de Borbón, nieto de Alfonso XIII, abrió el camino a la democracia. Nombró a

Adolfo Suárez como primer ministro y éste se dedicó a organizar las primeras elecciones que tendría España desde 1936. Se liberaron muchos presos políticos, se legalizó la bandera vasca y, en septiembre de 1976, el pueblo catalán celebró su fiesta nacional, cosa que se había prohibido durante la época de Franco. Al año siguiente se legalizó el Partido Comunista Español, también prohibido bajo la dictadura. Las elecciones de 1977 representaban un paso a la estabilización de la democracia más perdurable° de toda la historia de España. Fue un momento optimista, una afirmación de la libertad y una denuncia contra la opresión. Votó más del 80 por ciento del electorado.

long-lasting, durable

En estas elecciones se establecieron las tendencias políticas más dominantes entre los españoles. La derecha estaba compuesta de antiguos franquistas y afirmadores de ventajas y logros del régimen dictatorial anterior. El líder de este partido, que entonces se llamaba Alianza Popular (ahora Partido Popular), era Manuel Fraga Iribarne. El candidato del centro político, el entonces UCD (Unión Centro Democrático) era Adolfo Suárez. El UCD ganó las elecciones y Adolfo Suárez llegó a ser el primer presidente del nuevo estado español. El tercer grupo, el PSOE (Partido Socialista Obrero Español), dirigido por Felipe González, ganó entonces el 28 por ciento del voto. Pero en las elecciones que siguieron, celebradas en 1982, el PSOE ganó con una mayoría absoluta. Felipe González fue el primer ministro y presidente de 1982 a 1996.

Después de las elecciones de 1977, los nuevos diputados de las Cortes (el parlamento español) empezaron a discutir los detalles de la nueva Constitución. El resultado fue una Constitución concebida, escrita y aceptada por las Cortes. En 1978 fue aprobada por el pueblo español en un referéndum.

Suárez trató de resolver los problemas de las nacionalidades; negoció con los líderes vascos un plan de autonomía que incluyera la libertad de Euskadi para formar su propio parlamento, policía y sistema jurídico. Este plan se aprobó en otro referéndum, en octubre de 1979. Sin embargo, ETA lo veía como un intento deshonesto del gobierno para colonizar Euskadi. En los años siguientes, Suárez y la UCD fueron atacados por todos los demás partidos políticos hasta que, en el invierno de 1981, Suárez dimitió.°   *resigned*

En 1984 el gobierno aprobó una ley antiterrorista que, según algunos, debilita los mismos principios democráticos que inspiraron la constitución. Por ejemplo, la policía puede detener a un sospechoso de un delito «terrorista» e interrogarlo sin acusarlo de ningún crimen. La ambigüedad y torpeza del gobierno frente a los problemas que siguen sin resolver en las comunidades autónomas, unidas a la continuación de los actos violentos de ETA, amenazan la estabilidad del país.

La Constitución de 1978

L a Constitución que se escribió en 1977 y que se aprobó en un referéndum a finales de 1978, estableció la democracia como una institución permanente. Afirmó que España se basa en un estado de derecho° y que el gobierno es una monarquía parla-   *estado... nation of laws*
mentaria. Se puntualizaron los derechos del rey, los del primer ministro y los de las Cortes. También se estableció la separación de la iglesia y el estado, afirmando que España no tendría una religión oficial. Sí se estableció, en cambio, la unidad de España como «patria común e indivisible de todos los españoles», aunque también se reconocieron las diferencias entre «las nacionalidades y regiones que la integran y la solidaridad° entre todas ellas» (Artículo 2). Según esta constitución que   *solidarity, unity*
sigue en vigencia hoy día, el rey es el «símbolo de... unidad y permanencia» (Artículo 56) y el jefe supremo de las fuerzas armadas, pero fuera de esto, no goza de importante poder administrativo. Sólo puede nombrar al primer ministro después de que éste haya sido confirmado por las Cortes. Las Cortes se componen de dos cámaras: un Congreso de Diputados, cuyos miembros son elegidos por sufragio universal, y un Senado formado por cuatro representantes de cada provincia.

Sin embargo, debido a la situación delicada en que se encontraba España inmediatamente después del régimen de Franco, ciertos problemas políticos e históricos no se pudieron resolver. Los que escribieron la Constitución optaron por el pluralismo e intentaron incorporar las ideologías de todos los partidos e intereses en cuestión. De esta actitud surgió cierta ambigüedad e ineficacia,° particularmente en lo que se relaciona con las regiones y autonomías. Las características propias de las «comunidades», histórica y lingüísticamente distinguibles (Galicia, Euskadi y Cataluña), no se reconocieron de una manera satisfactoria para muchos de los ciudadanos de estas zonas, particularmente para los vascos. El Partido Nacionalista Vasco, por ejemplo, no apoyó la Constitución en las Cortes.

El «golpazo»

*L*a amenaza más severa a la democracia española no fue causada por ETA ni por ningún acto independentista. En febrero de 1981, casi inmediatamente después de la dimisión° de Suárez, se intentó dar un golpe° militar, el llamado «golpazo». Fue una maniobra° bien planeada que tuvo consecuencias en varios lugares del país. Un teniente coronel de la Guardia Civil, Antonio Tejero Molina, entró en el Congreso de Diputados con 150 guardias armados con ametralladoras° y fusiles.° Tomaron preso al Congreso entero. En Valencia, en conjunción con el acto de Tejero, el capitán Jaime Milans del Bosch había entrado en la ciudad con tanques dispuesto° a tomar el poder. Pero estos dos individuos no fueron los únicos responsables del golpe de

resignation
coup
maneuver

machine guns / rifles

prepared

El teniente coronel (lientenant colonel) Antonio Tejero Molina, con 150 hombres, entró en el recinto (area, meeting room) del Congreso de Diputados con la intención de abolir la democracia. Pero al «golpazo» no le faltaron aspectos cómicos. Nadie hizo caso de Tejero y éste tuvo que disparar la pistola dos o tres veces para que los diputados le prestaran atención.
(UPI/Corbis)

estado. Unos treinta jefes oficiales tenían conocimiento del plan. Todos ellos se quedaron en sus respectivas guarniciones militares en espera de una declaración del rey. Pero el rey Juan Carlos I permaneció fiel a la constitución, señalando la deshonra política y moral de los militares. En vista de tal posición del trono, los militares se rindieron y fueron detenidos en nombre del orden legítimo de la democracia.

Después de este episodio se probó que la democracia española era algo seguro y duradero.° La ideología expresada por el golpe era de una época ya terminada en la historia de la Península Ibérica. *lasting*

Las autonomías y el problema de los nacionalismos

Como se explicó en la Introducción de este libro, España es un país con naciones o nacionalidades dentro del estado nacional. En este aspecto España no es diferente a muchos otros países como se ha visto después de la caída de la Unión Soviética. Después de la muerte de Franco las regiones o nacionalidades que más se vieron oprimidas política y culturalmente por el franquismo pidieron que se reconocieran sus diferencias. La resolución fue la división del país en una nueva entidad° geográfica y gubernamental: la comunidad *entity* autónoma (ver la Introducción «Las comunidades autónomas», pág. 9). La transición a la democracia creó un ambiente político en el cual se dio a cada ciudadano la posibilidad de expresar con el voto su nacionalismo local y regional. En casi todas las regiones hay un partido nacionalista cuya plataforma es promover y proteger los intereses de sus respectivas zonas geográficas creando así un sentido de unidad cultural y nacional en tales zonas. Los partidos nacionalistas más poderosos y conflictivos frente al estado nacional español son el Partido Nacionalista Vasco (PNV) y Convergència i Unió de Cataluña (CiU). Por ejemplo, Jordi Pujol, el ex líder de CiU, ha sido uno de los políticos de la segunda mitad del siglo XX más influyentes, no sólo de Cataluña, sino de toda España.

Una minoría de los ciudadanos de estas áreas, particularmente en Euskadi, quiere la independencia total. La violencia nacionalista (o *abertzale*, en euskera) del grupo armado independentista, ETA, tiene difícil resolución sin la cooperación del PNV. Este problema sigue siendo uno de los más graves de España. La violencia independentista vasca siguió después de la transición y ha continuado hasta hoy día. A la mayoría de los vascos le repugna la muerte de gente inocente a manos de ETA, pero tampoco quiere las medidas de represión contra el pueblo vasco, medidas que han tomado todos los gobiernos españoles posteriores a la dictadura, aunque no tan severas como las de Franco.

La presidencia de Felipe González

En 1982, Felipe González, el líder del Partido Socialista Obrero Español (PSOE), ganó las elecciones con el 48 por ciento del voto. Es el porcentaje° más alto que haya ganado cualquier otro partido político desde la muerte de Franco.

percentage

Después del liderazgo de Suárez y el fracaso del golpe derechista, el pueblo español estaba preparado y animado para el «cambio», palabra que se usaba en los medios de comunicación para enfatizar las reformas que se planeaban y la ilusión que tales reformas creaban en mucha gente joven. Para los dirigentes del PSOE, el socialismo no era el socialismo de Karl Marx ni el del propio fundador del partido socialista en el siglo XIX, Pablo Iglesias (ver la pág. 147). Era más bien la socialdemocracia, una versión española de los gobiernos liberales del resto de Europa: los que proveen ayuda financiera para las necesidades básicas como la sanidad, la educación y pensiones para los ciudadanos jubilados, es decir, el «estado de bienestar»° europeo.

«estado... *"Welfare State"*

González llegó a la presidencia con el voto de la juventud y con un plan de crear 800.000 nuevos puestos de trabajo para resolver el grave problema del desempleo. Pero pronto se vio que tal promesa era difícil de cumplir en vista de la debilidad de la economía española en comparación con la de otros países europeos. El nivel de desempleo subió en los años iniciales del gobierno de González, del 16 por ciento en 1982 al 22 por ciento en 1986. En vista de tales problemas, González optó por la modernización y la atracción de inversiones extranjeras.

En 1986 España, encabezada por el PSOE, entró en dos organizaciones internacionales, las cuales no habían formado parte de la política exterior española durante el franquismo: la Comunidad Económica Europea (CEE) y la Organización del Tratado del Atlántico Norte (OTAN), la organización militar establecida para la defensa de los países capitalistas contra los soviéticos. La entrada de España en la CEE resultó en un incremento en los ingresos de la economía debido a nuevos mercados para productos españoles y a la inversión de capital de empresas europeas en la economía española. Pero también hubo problemas para el ciudadano español medio. Los precios de productos de consumo seguían subiendo y el desempleo seguía alto. Un español afirmaba que el paro (o desempleo) era la gran empresa nacional de Felipe González.

También se percibía una gran contradicción en la afirmación de González de que, para modernizarse, España tenía que entrar en la OTAN. Según los altos miembros del PSOE, habría que estar al nivel de los gobiernos europeos. Para muchos de los jóvenes que habían participado en el proceso de «cambio» progresivo —jóvenes con tendencias antinorteamericanas y antimilitaristas— el giro del PSOE hacia la llamada modernización era una traición y causó en ellos un desencanto con el gobierno. En cambio, para otros, los avances económicos que ocurrieron entre 1986 y 1991 ofrecían oportunidades económicas y se convirtieron en *«yuppies»*. Hoy día estos nuevos españoles miran con optimismo la unión político-económica de Europa.

En cierta medida, Felipe González y la recreación del PSOE marcan el final definitivo de la transición y del llamado «cambio». «Ahora somos europeos», decían muchos militantes del PSOE cuando España entró en la CEE. Pero muchos no tomaron en cuenta que la integración definitiva de España en una Europa unida iba a traer problemas.

Preguntas

1. Describe los resultados económicos del «boom» turístico. ¿Por qué no quería Franco ninguna intervención extranjera en el país antes de los años cincuenta?

2. Explica las causas y consecuencias de la censura en los años cuarenta y cincuenta en España.

3. Resume las razones por el establecimiento de la organización ETA y describe algunas de las consecuencias de sus acciones. ¿Cuáles han sido algunos de sus actos más notorios? ¿Cuáles son los problemas que ha causado esta organización? ¿Cómo ha respondido el gobierno?

4. En la Constitución de 1978, ¿cuáles son los principios de gobierno más importantes? ¿Por qué?

5. Describe el «golpazo» del 23 de febrero de 1981.

6. Describe el gobierno de Felipe González y el PSOE de 1982 a 1996. ¿Por qué fue un presidente tan popular en los años 80?

Temas de investigación y conversación

Primero, investiga los siguientes temas de este capítulo. Luego, coméntalos con tus compañeros de clase.

Para investigar los temas de este capítulo, puedes encontrar tanto enlaces a buscadores como palabras clave en la página Web de este libro de texto: **www.mhhe.com/espana6.**

1. **Investigación:** Investiga la transición en España de la dictadura a la democracia. ¿Quiénes fueron los que apoyaban la transición y por qué? ¿Quiénes fueron los que estaban en contra y por qué? **Conversación:** ¿Por qué le hacía tanta ilusión (*hope*) al pueblo español la idea de la democracia? ¿Cómo creían los españoles que mejorarían la vida al vivir en una democracia?

2. **Investigación:** Busca información sobre la Constitución española de 1978. Además, lee el texto de un artículo. Explica de qué se trata.
   Conversación: ¿Cuáles son los artículos más importantes? ¿Y los más interesantes? ¿Crees que tienen algunas similitudes con la Constitución de los Estados Unidos?

3. **Investigación:** Investiga el «golpazo» militar que se dio en España en 1981. ¿Qué ocurrió?
   Conversación: ¿Crees que un «golpazo» es posible en los Estados Unidos? ¿Por qué sí o por qué no?

4. **Investigación:** Haz una búsqueda sobre el llamado «cambio» o transición en el contexto de la política española de la presidencia de Felipe González. En España, ¿qué significó «cambio» en aquella época?
   Conversación: En términos generales, ¿qué significa «cambio» en un contexto político? El «cambio» español resultó en desilusión. ¿Ves algún fenómeno parecido en la reciente o actual historia de los Estados Unidos?

5. **Investigación:** Haz una búsqueda sobre la definición y la etimología de las siguientes palabras: «terrorista» y *«freedom fighter»*. ¿Cómo se definen estas dos palabras? ¿Cuáles son sus raíces etimológicas?
   Conversación: ¿De qué factores históricos y culturales dependen las definiciones? Según tu punto de vista, ¿hay una diferencia entre un «terrorista» y un *«freedom fighter»*? ¿Por qué sí o por qué no? ¿Se les podría llamar «terroristas» a los revolucionarios anticolonialistas norteamericanos de 1776?

La política actual

Espa50ña ha entrado definitivamente en la política y economía europeas. Es un momento crucial en la historia de las dos entidades. Europa es cada día más grande y poderosa en su proceso de unificación del continente incluyendo a los países de la Europa oriental.° Asimismo, España es cada día económicamente más dominante en el mundo, particularmente en Latinoamérica. Al mismo tiempo, la identidad española sigue siendo tan fuerte como en los años anteriores. Y a pesar de la globalización económica y cultural, la identificación con la comunidad local sigue siendo tan intensa como lo era en el pasado.

Europa... *eastern Europe*

El ocaso° del PSOE y la ascendencia del Partido Popular

decline, end

La presidencia de Felipe González de 1982 a 1996 marcó un período de gran entusiasmo y esperanza al principio y un enorme desencanto al final. Ese «cambio» hacia el progreso económico y social no se llevó a cabo sin una serie de graves errores. Los fracasos más significativos del partido socialista no sólo tenían que ver con la economía. Con una marcada mayoría en las Cortes, el PSOE pudo controlar todos los aspectos de la política española, aunque no sin favoritismo a los que apoyaban a su partido. Hubo varios escándalos de corrupción. Informes de algunos casos aparecieron con frecuencia en los periódicos como consecuencia de la nacionalización. Se argüía que algunos altos funcionarios del PSOE se habían beneficiado de los bienes de la empresa. En un caso, el vicepresidente Alfonso Guerra fue acusado de haberse aprovechado de su poder para facilitar los negocios ilegales de su hermano.

Asimismo, enfrentándose con el problema de ETA, el gobierno de González empezó a actuar de manera antidemocrática y clandestina. Hubo atracos,° asesinatos y secuestros° ejecutados por agentes secretos del Ministerio del Interior contra supuestos miembros de ETA. Hasta se organizó un grupo antiterrorista de personas que querían luchar clandestina y violentamente contra ETA. Se llamaba GAL (Grupos Antiterroristas de Liberación). Luego cuando se descubrió que los GAL fueron financiados por el gobierno, varios altos funcionarios —incluyendo el Ministro del Interior, José Barrionuevo— fueron sentenciados a la cárcel. Hacia el final de su presidencia Felipe González había perdido el apoyo del que gozó en los años ochenta.

robberies / kidnappings

Con tantos problemas políticos y económicos, el partido conservador de José María Aznar, el Partido Popular (PP), ganó las elecciones generales de 1996. Y otra vez en 2000 ganó decisivamente con el 44 por ciento de los votos. Una indicación del cambio en la opinión pública hacia la derecha fue la creciente confianza en la política económica neoliberal: la promoción de la privatización de los servicios públicos como la sanidad y el transporte público. Estos servicios que tradicionalmente, como en toda Europa, se han considerado dominio del gobierno, se veían como demasiado costosos. La solución, según esta ideología, es la privatización y la disminución del llamado «estado de bienestar». Hoy día todo ciudadano español puede recibir servicios médicos gratuitos (o casi gratuitos) porque el estado los paga. Las pensiones de los jubilados también son administradas y pagadas por el gobierno y suelen ser más altas que las de los Estados Unidos. Además, según la Constitución de 1978 cada ciudadano español tiene derecho a una vacación pagada y a servicios médicos. La enseñanza universitaria es casi gratuita, en comparación con las matrículas de las universidades norteamericanas.

Por otro lado, preguntan los conservadores del PP, ¿cómo se podrán mantener estos beneficios sin aumentar los impuestos que ya son muy altos? Además, la baja tasa de nacimiento en España en los últimos años dificultará la continuación del «estado de bienestar» debido a la consecuente baja de los ingresos° nacionales. Como en muchas partes de Europa hoy día, hay diferencias en la opinión pública sobre este asunto.

income, revenue

La Unión Europea (EU) y el euro

spaña deseaba formar parte de la Unión Europea (UE) durante mucho tiempo, pero le fue difícil. Sin embargo, después de su entrada en la Comunidad Económica Europea en 1986, la integración de España en la sociedad y política europeas fue cada día más aparente. La idea de unidad entre los muchos países europeos en la Unión Europea se convirtió en realidad con el Tratado° de Maastricht en 1993. Desde entonces los planes económicos y políticos de Maastricht han sido puestos en vigencia. En el año 2000 se estableció una nueva moneda, el euro, en sustitución de la peseta. El euro es la moneda° oficial de la mayoría de los países europeos. Además, todo ciudadano español es ciudadano europeo. Esto le permite viajar por Europa sin pasaporte.

Treaty

currency

Tanto el PSOE como el PP han adoptado una política a favor de tal integración. Formar parte de la UE significa la obligada cooperación en los asuntos de seguridad y economía, particularmente en las restricciones económicas. España ha desempeñado un papel° importante en esa realización.

desempeñado… played a role

Pero las ventajas y las desventajas de formar parte de la UE han sido temas de abundante discusión. Mientras que algunos sectores de la economía española, como la agricultura, han experimentado ciertas mejoras,° también se ha visto una subida en los precios. Pero el cambio quizás más importante es la preocupante disminución de la soberanía de cada uno de los países europeos puesto que muchas de las decisiones políticas y económicas que afectan a tantos españoles se hacen, no en España, sino en el parlamento europeo.

improvements

El 11 de septiembre y la guerra de Irak

urante el liderazgo de José María Aznar y el PP ocurrieron los atentados terroristas° contra las torres gemelas de Nueva York y al Pentágono de Washington el 11 de septiembre de 2001 (también conocido como 11-S). Esta tragedia mundial causó mucha preocupación en los ciudadanos españoles. Con una larga experiencia histórica con las consecuencias del terrorismo, la mayoría de los españoles simpatizó con los trágicos acontecimientos de ese día nefasto en la historia mundial. Sin embargo, después de los primeros bombardeos de Afganistán, y el ataque a Irak en 2003 por el gobierno de los Estados Unidos, la opinión pública española en contra del militarismo estadounidense creció notablemente.

atentados… terrorist attacks

El apoyo del gobierno del PP al ataque, invasión y ocupación de Irak fue muy criticado por la mayoría de los españoles. Por todo el país hubo manifestaciones a veces de cientos de miles de personas en contra de esa guerra. Varios acontecimientos ocurridos durante la invasión reforzaron estas críticas. José Couso, un periodista español, fue víctima de un ataque estadounidense al hotel donde se hospedaba en Bagdad en abril de 2003. Y en octubre de ese mismo año, siete españoles murieron en las afueras de Bagdad a consecuencia de un ataque de iraquíes que resistían la ocupación de su país.

El 11 de marzo de 2004, tres días antes de las elecciones nacionales, ocurrió en Madrid uno de los atentados terroristas más significativos de la historia española reciente (también conocido como 11-M). Diez bombas estallaron en varias estaciones de trenes de las cercanías. Como consecuencia murieron 191 personas y quedaron heridas unas 1.500. El gobierno quiso culpar a la organización ETA por tales atentados, según muchos españoles, por razones oportunistas pensando que un acto terrorista de los independentistas vascos contribuiría a una victoria electoral del PP.

En cambio, la evidencia de la autoría° etarra de tales atentados fue escasa indicando claramente que las explosiones fueron causadas por terroristas islámicos de los que la mayoría era marroquíes residentes en España y conectados con Al Qaeda, la organización responsable de los ataques a Nueva York y a Washington en 2001.   *responsibility*

La esperada victoria electoral de los conservadores del PP liderado por Mariano Rajoy no se llevó a cabo. Las elecciones nacionales del 14 de marzo resultaron en la vuelta del PSOE al poder legislativo español con el nuevo primer ministro José Luis Rodríguez Zapatero. El primer acto político de su gobierno fue la retirada de las tropas españolas de Irak.

Después del 11 de marzo de 2004 España definitivamente no es la misma.

José Luis Rodríguez Zapatero y la vuelta al poder del PSOE

El gobierno de José Luis Rodríguez Zapatero ha marcado una etapa importante en la reciente historia de España, una España hoy plenamente inmersa en la política y economía de la globalización. Una de las primeras medidas de Zapatero fue cumplir con su promesa electoral de retirar las tropas españolas de Irak. Esta medida fue un desafío a la política internacional militarista del presidente de los Estados Unidos, George Bush, y a los neo-conservadores como Paul Wolfowitz (que había declarado que al pueblo español le había faltado «cojones»° cuando votó a favor de Zapatero). Sin embargo, Zapatero sí ha participado en el mantenimiento de la presencia militar de la OTAN en Afganistán con unas 500 tropas españolas. Esta política ha sido criticada por la izquierda española al haber muerto más de diecisiete españoles en el conflicto que sigue en Afganistán.

al… *the Spanish people lacked courage* (colloq.)

Las medidas de la política interior de Zapatero también han tenido un importante impacto. Se ha legalizado el matrimonio homosexual, a pesar de las fuertes críticas de la Iglesia. Hoy día, España es uno de cinco países en el mundo que reconocen el matrimonio entre parejas del mismo sexo.

Además, el parlamento español encabezado por el partido de Zapatero, el PSOE, ha iniciado reformas en los Estatutos de Autonomía, así aumentando y afirmando los derechos autonómicos de Cataluña. Pero el intento de refrenar o acabar con la violencia de ETA y los independentistas vascos violentos no ha tenido éxito. Después de un período de negociación con tales organizaciones armadas y clandestinas, ETA violó su promesa de cesar con sus actos violentos. El 30 de diciembre de 2006 estalló una bomba colocada por ETA en el aeropuerto de Barajas en Madrid. Este acto hizo que el gobierno cesara de negociar y que el partido de oposición, el PP, intensificara sus críticas. El hecho de que los únicos muertos a resultado de la bomba del 30 de diciembre fueran dos inmigrantes ecuatorianos refleja tanto la persistencia del llamado «problema vasco» como la realidad global de la inmigración.

El 9 de marzo de 2008 Zapatero y el PSOE volvieron a ganar las elecciones generales contra Mariano Rajoy y el PP. En su discurso tras su victoria clara, prometió una «nueva etapa sin crispación°».

tension

La inmigración

Una de las realidades más aparentes de España a finales del siglo XX y comienzos del siglo XXI es la fuerte subida en el número de inmigrantes que llegan todos los días a territorio español. Es una realidad relativamente nueva en comparación con otros países europeos como Francia y Alemania. Hace sólo unas décadas eran los españoles los que emigraban a países con mejores condiciones de trabajo. Pero ahora España se enfrenta con una situación sin precedente. En 1995 había unos 500.000 extranjeros residentes en España, y en 2006 cerca de cuatro millones. Aunque esas cifras no son altas comparadas con las del resto de Europa, la novedad° del fenómeno ha causado que muchos españoles vean la inmigración como el problema más grave del país.

novelty

Los inmigrantes llegan a España de muchas partes del mundo. Los países de donde vienen en mayor número son Marruecos, Argelia, Ecuador y China. La mayoría sale de su país para escapar de la miseria. En una encuesta° se calculó que el 82 por ciento de los alumnos de

poll

***Inmigrantes intentan-
do entrar ilegalmente
en España.***
(© Diario *El País*/Rodríguez
Aparicio)

escuelas secundarias de Marruecos proyectaba irse a Europa; se supone
que no pocos de ellos se encontrarán en España.

Muchos de los nuevos inmigrantes llegan a España arriesgando su
vida en «pateras»° intentando cruzar el Estrecho de Gibraltar; algunos
de ellos mueren en el trayecto. Otros llegan milagrosamente, pero sin
documentación. Los que llegan han afectado la vida y la atmósfera
sociales en España. En un sentido, la llegada de los inmigrantes ha contribuido a la mejor economía de algunos españoles al ofrecer mano de
obra barata° por trabajos que pocos españoles quieren ejercer. Y como
no son ciudadanos, tienen pocos derechos para demandar mejores
condiciones y mayor sueldo.

Se han visto reflejadas actitudes racistas en muchos españoles, gente
que se suele creer muy tolerante en cuestiones de igualdad entre las
razas. Pero, como dice Francisco Zamora Loboch, un escritor de Guinea
Ecuatorial, la antigua colonia española africana: «Los españoles han
sabido… hacer creer a varias generaciones que no era racista un país
cuyo santo patrón° es Santiago (alias «matamoros»). Una novela de otro
guineano, Donato Ndongo, titulada *El metro*, se centra en el tema de la
emigración de África a España.

*rafts for illegal
transportation*

mano… *cheap labor*

santo… *patron saint*

El Ejido

Un caso célebre° que revela los problemas y dificultades de la inmigración pasó a comienzos del año 2000 en una localidad de Almería, en
El Ejido. Después de varias muertes de españoles en la zona, alegada-
mente° causadas por marroquíes, la policía detuvo a un marroquí de
unos 20 años como presunto° asesino de una mujer. Esto causó una

caso… *famous case*

allegedly

supposed

serie de motines contra los inmigrantes marroquíes. Algunos de sus locales comerciales fueron destrozados por unos 6.000 españoles residentes en esta zona. Muchos marroquíes resultaron heridos.

Sin embargo, también hubo fuertes declaraciones en contra del racismo. Los incidentes de El Ejido dieron lugar a manifestaciones en contra del racismo, no sólo en Almería, sino en toda España. Este conflicto será uno de los más significativos para España en el futuro. En este sentido se está viendo que España no es tan diferente.

Los problemas ecológicos

Tampoco son muy diferentes los problemas ecológicos españoles que han causado la degradación del medio ambiente y enfermedades. Los ecologistas tienen razones para protestar y mucho que decir. La organización Greenpeace, por ejemplo, tiene una importante rama española. Las preocupaciones por los incendios forestales son intensas, así como la contaminación del Mediterráneo y las playas que atraen a tantos turistas. La desertificación° en las zonas del sur también es un dilema que hasta ahora no ha tenido una resolución. Algunos dicen que en el futuro el agua será tan cara como el petróleo porque las medidas que se están tomando para distribuirla no son sostenibles. Los invernaderos,° por ejemplo, que han creado tanta prosperidad agrícola en Almería, llegarán a acabar con el agua del subsuelo, según críticos ecologistas.

desertification, the process by which an area becomes a desert

greenhouses

Un problema ecológico grave ocurrió en noviembre de 2002. Se trata del vertido° de un barco petrolero,° *El Prestige,* en el Atlántico a unos 250 kilómetros de la costa de Galicia. Por un accidente imprevisto este barco se hundió y se produjo una mancha marítima de combustible de cientos de toneladas de petróleo que daño severamente la vida marítima del Atlántico. Un total de 327 playas de las costas de Galicia, Asturias, Cantabria y Euskadi fueron contaminadas de chapapote.° Hubo acusaciones y contra-acusaciones sobre las causas. Pero más conflictivo fue el debate sobre las medidas que se debían tomar para limpiar las costas. Miles de españoles, soldados, funcionarios y ciudadanos, se lanzaron° a la limpieza.

spill / oil tanker

tar

se... embarked

El cambio climático, la creciente desertificación del sur del país y los incendios forestales siguen preocupando a muchos españoles. Sin embargo, hay discrepancias al intentar formular una política que solucione los problemas ecológicos. Por ejemplo, existe una gran polémica sobre el llamado «Plan Hidrológico Nacional» (PHN) propuesto por el gobierno del PP que pretende transferir agua del Río Ebro a Castellón, Valencia, Alicante y Murcia hasta Almería, que son las zonas más afectadas por la falta de agua, puesto que son áreas agrícolas. Pero cuando entró el gobierno de Zapatero en 2004 se sustituyó el plan del trasvase°

transporting water

Prop del bosc

no juguis amb foc.

Cal que aquells que estan convençuts de tenir-ho tot controlat s'adonin d'una vegada per sempre que tirar un cigarret per la finestra del cotxe, fer foc prop del bosc, o cremar marges i rostolls a ple estiu pot tenir conseqüències irreversibles.

L' experiència demostra que, desgraciadament, aquestes persones cada any s'han equivocat centenars de vegades.

Prop del bosc, no juguis amb foc.

Generalitat de Catalunya
Departament d'Agricultura,
Ramaderia i Pesca
**Direcció General
del Medi Natural**

«Cerca del bosque, no juegues con fuego.» El fuerte movimiento ecologista se evidencia en carteles como éste en catalán. Los carteles y los grafiti son importantes medios de comunicación y propaganda política en toda España.

con otra iniciativa de desalación° del Mediterráneo. La crítica al plan del PSOE señala los altos costes energéticos de la desalación y las emisiones de CO_2 que contaminarían el medio ambiente. Es un problema grave y urgente cuya solución es complicada y conflictiva.

salt removal

Preguntas

1. ¿Por qué perdió el PSOE las elecciones de 1996 y 2000? ¿Por qué gano el PP? ¿Por qué volvió a ganar el PSOE en 2004?

2. Define la Unión Europea y descríbela.

3. ¿Cuál es la diferencia entre inmigración y emigración?

4. ¿Por qué emigran tantas personas del norte de África a España? ¿Cómo emigran y en qué condiciones?

5. Describe los acontecimientos de El Ejido (Almería) en 2000.

6. ¿Cuáles son los problemas ecológicos de España? ¿Qué consecuencias tienen estos problemas en la economía española?

7. ¿Cómo reaccionó la mayoría de los españoles a los ataques del 11 de septiembre de 2001 a Los Estados Unidos?

Temas de investigación y conversación

Primero, investiga los siguientes temas de este capítulo. Luego, coméntalos con tus compañeros de clase.

Para investigar los temas de este capítulo, puedes encontrar tanto enlaces a buscadores como palabras clave en la página Web de este libro de texto: **www.mhhe.com/espana6.**

1. **Investigación:** En marzo de 2008 hubo elecciones nacionales en España. Busca información sobre los resultados. Descríbelos.
   Conversación: En tu opinión, ¿por qué volvieron a ganar Zapatero y el PSOE contra Mariano Rajoy y el PP?

2. **Investigación:** ¿Cuál es la definición del término «estado de bienestar»? ¿Cómo se traduce al inglés? ¿Qué implica con respecto al gobierno?
   Conversación: ¿Crees que hay alguna diferencia entre la concepción del término y sus implicaciones en España versus los Estados Unidos?

3. **Investigación:** Busca un artículo sobre la inmigración y la llegada a España de gente de países latinoamericanos y africanos. ¿De qué se trata? ¿Qué comunica el artículo?
   Conversación: ¿Cómo ves la situación? ¿Cómo se compara la inmigración en España con la inmigración en los Estados Unidos?

4. **Investigación:** El islamismo fundamentalista ha tenido un importante impacto en la vida española del siglo XXI. Investiga esta

variedad de fundamentalismo así como otros tipos de fundamentalismo. ¿Cómo se definen? ¿En qué se basan?

Conversación: ¿Cómo ves el fundamentalismo cristiano en comparación con el musulmán? ¿Hay alguna diferencia significativa entre ellos?

5. **Investigación:** Haz una búsqueda sobre el llamado «Plan Hidrológico Nacional» propuesto por el PP español y la alternativa propuesta por los socialistas (PSOE). Describe las diferencias. ¿Cuáles son las opiniones de Greenpeace?

   Conversación: En tu opinión ¿cuáles son las ventajas y desventajas de cada propuesta (*proposal*)? ¿Cuál de las dos prefieres y por qué?

6. **Investigación:** Investiga la legalización de matrimonios homosexuales en España. ¿Cuáles son las razones principales a favor y en contra de su legalización?

   Conversación: ¿Qué opinas de parejas de hecho? ¿Cuál es tu postura con respecto a matrimonios homosexuales? ¿Qué refleja su legalización en cuanto a las actitudes españolas desde los años del franquismo hasta la actualidad?

16

La cultura del pasado a la actualidad

Como se ha visto en el capítulo anterior, la España de hoy es un país que aspira a ser democrático y moderno. Sin embargo estas aspiraciones se interpretan y realizan de diversas formas. De la rígida época franquista se pasó rápidamente a la modernidad y a algo que algunos han llamado la posmodernidad. Mientras que en los años de Franco, se prohibían muchas películas por su contenido sexual, hoy día se ven mujeres «*topless*» en las playas y hasta en los anuncios en la televisión. En los años 70 y 80, España tuvo que acelerar° el proceso de apertura cultural para llegar a los niveles de permisividad° de Europa occidental. Y en los años 90 lo hizo —no sin problemas. Varios aspectos de la cultura española actual son dignos de comentario.

hasten
permissiveness

La mujer y el feminismo

Los estereotipos que desvaloran a la mujer son muchos, pero también abundan estereotipos acerca del machismo español o hispánico. Hasta cierto punto es verdad que España es el país de don Juan y del caudillo machista. Pero tanto en la actualidad como en otras épocas de la historia española no han faltado mujeres que han luchado en contra de la dominación del hombre sobre la mujer.

Los avances por los derechos de la mujer no sólo fueron frenados con la caída de la Segunda República, sino que hubo un marcado retroceso. Pero con la muerte de Franco y la llegada de la democracia hubo un intento de corregir la desigualdad social entre los sexos. La Constitución de 1977 legalizó el divorcio, y en 1986 se permitió el aborto, pero sólo en ciertas circunstancias. El debate sobre la opción del aborto sigue siendo intenso, como en muchas otras culturas del mundo.

El Artículo 14 de la Constitución protege la igualdad de la mujer frente al hombre. Dice: «Los españoles son iguales ante la ley, sin que pueda prevalecer° discriminación alguna por razón de nacimiento, raza, sexo, religión…». Sin embargo, a pesar de esta afirmación de la igualdad sexual, se declara que la antigua ley sálica° sigue vigente. *prevail* · *ley… Salic law; prohibited women's succession to the throne*

Hoy día hay muchas mujeres en la política y en la vida pública, no sólo en los partidos y las ideologías de izquierdas sino también entre los conservadores. En el Partido Popular ha habido varios importantes cargos° ocupados por mujeres. También existen grupos feministas como el Partido Feminista de Lidia Falcón. Además, no faltan periodistas y comentaristas feministas como Rosa Montero y Maruja Torres que escriben con frecuencia sobre la condición de la mujer española. Son voces críticas en los asuntos relacionados con las jerarquías masculinas. Particularmente en Cataluña hay diversos grupos de escritoras que se enfrentan por medio de sus escritos a los abusos que la sociedad ha cometido contra la mujer. *posts*

La novela contemporánea

La novela y la prensa

El vínculo° entre la narrativa y la prensa ha sido estrecho en el pasado, y hoy día ese vínculo sigue siendo fuerte. Los grandes diarios españoles como *El País, El Mundo, ABC* y *La Vanguardia* tienen mucho poder en la promoción de escritores. Algunos de los novelistas de más fama colaboran en° estos diarios: Manuel Vázquez Montalbán (fallecido en 2003), Antonio Muñoz Molina, Juan José Millás, Rosa Montero, Almudena Grandes y Manuel Vicent, entre otros. *link, tie* · *colaboran… write for*

Quizás por esta conexión con la prensa, y seguramente por la deseada conexión con los lectores, la novela de hoy aspira a ser amena y accesible. Esta tendencia es muy diferente del estilo de los narradores más importantes de los años setenta como Juan Benet y Juan Goytisolo. En 1975, el año en que murió Franco, se publicó la primera novela de uno de los narradores españoles más conocidos de hoy día, Eduardo Mendoza. Escribió en ese año *La verdad sobre el caso Savolta,* una novela de intrigas y de conflictos humanos. Tiene lugar en Barcelona durante las luchas sociales en las primeras décadas del siglo veinte. Hay un crimen cuyas circunstancias y «verdades» no se descubren en su totalidad. Por eso, el estilo y los propósitos son parecidos a los de los reportajes periodísticos.

Una periodista-novelista importante que ha contribuido a la opinión pública de los españoles sobre la política y sociedad españolas después de la muerte de Franco es Rosa Montero. Ha entrevistado a mucha gente famosa e influyente. Es ávidamente leída y conocida por sus comentarios que salen con frecuencia en el diario *El País*. Sus novelas tienen rasgos periodísticos. En *La función delta,* por ejemplo, la protagonista es una mujer de gran éxito en su vida profesional, y a punto de morir a los sesenta años. Recuerda una semana de hace treinta años cuando empezó su carrera con el estreno de una película suya. Simultáneamente reflexiona sobre su vida y otros asuntos filosóficos. Montero utiliza más directamente el periodismo en *Te trataré como a una reina,* novela que empieza con un reportaje periodístico sobre una mujer histérica que entra en el piso de un señor y tira «al desdichado° a la calle desde el cuarto piso». La novela está escrita con mucha ironía y acaba con esta ocurrencia. A pesar de la seriedad de los temas y afán de protesta social de Rosa Montero, en su obra siempre está presente su sentido del humor y sátira.

°*poor unfortunate soul*

La narrativa actual y la historia

En la mente de muchos españoles de la actualidad, la Guerra Civil es un fenómeno remoto que ha perdido su importancia inmediata en la vida diaria. Sin embargo, hay novelistas y artistas que siguen obsesionados por este fenómeno histórico tan definitivo en la sociedad española del siglo veinte y entrando en el veintiuno. Es más, uno de los temas más importantes para los escritores actuales no es sólo la guerra en sí, sino también la memoria de la guerra. Entre los novelistas y cuentistas con esa preocupación por la memoria colectiva se destacan Manuel Vázquez Montalbán (1939–2003), Montserrat Roig (1946–1991), Javier Marías (1951–), Dulce Chacón (1954–2003), Antonio Muñoz Molina (1956–) y Manuel Rivas (1957–)

Vázquez Montalbán escribió novelas como *El pianista* y *La autobiografía de Francisco Franco* en las que la historia española del siglo veinte es el tema crucial. En tales novelas el autor hace una serie de preguntas tanto éticas como políticas sobre la participación del pueblo español en su propia historia. Desde un punto de vista feminista, Montserrat Roig hace las mismas preguntas. Por ejemplo, una trilogía de novelas escritas en catalán tituladas *Ramona adéu* (Ramona adiós), *El temps de les cireres* (El tiempo de las cerezas) y *L'hora violeta* (La hora violeta) forma una crónica de varias generaciones maternas de una familia. En *L'hora violeta* la narradora reconstruye la historia de su madre y de una amiga de su madre durante la guerra.

Pero los autores más jóvenes también destacan la importancia de la memoria colectiva. En *El jinete polaco*, por ejemplo, de Antonio Muñoz Molina, el narrador, un traductor, cuenta las historias de su pueblo natal, Mágina. Es un pueblo ficticio del escritor que se parece mucho a su pueblo natal, Úbeda, en la provincia de Jaén, Andalucía. Uno de los personajes es Pedro, un policía que acabó en un campo de concentración al terminar la guerra. Entonces, a través de las memorias de los personajes, Muñoz Molina cuestiona no sólo lo que pasó durante la guerra sino que también pone de manifiesto la misma recreación de la historia a través de la memoria.

Otro conmovedor° ejemplo de un escritor obsesionado por la Guerra Civil española es Manuel Rivas. En su famoso cuento, «La lengua de las mariposas», escrito originalmente en gallego, somos testigos de una serie de acontecimientos que ocurrieron inmediatamente antes de la guerra. En un pueblo gallego, Moncho, un niño de ocho años se hace gran amigo de su maestro de escuela, don Gregorio, un memorable personaje que, por su humanismo y amor a sus alumnos, nos recuerda a la personalidad y a los versos de Antonio Machado. Don Gregorio también inculca a Moncho el amor a la ciencia, enseñándole, por ejemplo, que las lenguas de las mariposas tienen forma de espiral.° Pero con el comienzo de la toma de poder de los que querían acabar con la República, don Gregorio es encarcelado y así termina el cuento. El resto de la historia de don Gregorio la conocen muchos gallegos que vivieron la experiencia directamente. También la conocen los que la vivieron a través de las historias de sus padres y de sus abuelos. «La lengua de las mariposas» ha tenido un enorme impacto en la mentalidad española tanto en los mayores como en la nueva generación que no vivió directamente la guerra.

moving

spiral

El cine

A los españoles siempre les ha gustado el cine, tanto durante los años de Franco como en la actualidad. Durante los treinta y seis años de censura que impuso el gobierno de Franco, las escenas políticamente peligrosas (desde el punto de vista del gobierno) y las escenas sexualmente sugestivas eran cortadas o cambiadas. En las salas de cine, antes de comenzar las películas de una función, se proyectaban cortos de propaganda en los cuales se alababa al generalísimo° y se señalaban los logros sociales, tecnológicos, económicos —hasta los morales— de la España franquista. A esta parte de la función se le llamaba el *nodo*.° Ahora, en cambio, se permite la proyección de películas españolas que antes habían sido censuradas,

el general Franco

noticiario documental

Carme Riera, otra escritora feminista catalana, es autora de varias novelas importantes que se han traducido del catalán al castellano.
(© Effigie/G. Givannetti/ Cover)

como las obras maestras del gran director español Luis Buñuel (1900–1983): *Viridiana, Los olvidados, Tristana* y tantas más. En los últimos años, a pesar de ciertos problemas financieros, ha surgido un cine dinámico, crítico e innovador. Han aparecido directores españoles cuyos méritos son bien conocidos dentro y fuera de España; Luis Berlanga, Carlos Saura, Pilar Miró, Víctor Erice, Luis Borau y Pedro Almodóvar, director que ha tenido un éxito sorprendente en todo el mundo.

Una de las obras maestras del cine español se creó en 1953 durante el franquismo, *¡Bienvenido, Míster Marshall!* Es una joya fílmica del director Luis Berlanga (1921–) representativa de la atmósfera social y política que existía en España en la posguerra. Es sutilmente crítica y humorística a la vez. Trata de la exclusión de España del Plan Marshall, plan de reconstrucción económica de Europa iniciada y financiada° en gran parte por los Estados Unidos. Un pueblo castellano espera con ilusión la visita de Mr. Marshall y le prepara una gran recepción. Pero lo único que vemos de Mr. Marshall es su coche al pasar a gran velocidad° por el pueblo.

Otra película importante del posfranquismo es *El crimen de Cuenca* de Pilar Miró (1940–1997). Se filmó en 1979 pero no se pudo ver en

iniciada... *initiated and financed*

speed

**Un pensativo Pedro
Almodóvar.**
(© Stephane Cardinale/
People Avenne/Corbis)

España hasta 1981. El film trata del proceso° de un crimen que ocurrió **·trial·**
en 1912 pero las referencias a la vida contemporánea, especialmente a
la brutalidad de la Guardia Civil, son obvias. A dos golfos se les acusa
de haber matado a un pastor° de un pueblo de la provincia de Cuenca. **·shepherd·**
La Guardia Civil, dispuesta a sacarles de cualquier manera la confesión
a los dos sospechosos, les tortura en unas escenas muy dramáticas y
repelentes. Los golfos son condenados injustamente a quince años de
prisión. Seis años después, se descubre que el pastor aún vive.

Pero aun antes de la Constitución de 1978, en que se otorgaron° **·se... were granted·**
todos los derechos democráticos de la libertad de expresión, se habían
filmado y distribuido películas críticas y serias. *Los furtivos* de Luis
Borau, por ejemplo, se rodó en el mismo año en que murió Franco. Al
principio se prohibió, pero después de muchas peticiones se permitió su
proyección. Trata de un militar que pasa los fines de semana en un
chalet de campo. La violencia militar franquista se representa por medio
de las escenas de caza,° un leitmotivo cinematográfico que ya se había **·hunting·**
utilizado en otra película anterior, *La caza* de Carlos Saura (1932–), uno
de los directores españoles más conocidos.

Son también conocidas las películas de Víctor Erice (1940–): *El
espíritu de la colmena* y *El sur*. En *El espíritu de la colmena* se intenta de
nuevo captar la psicología infantil con unos recursos muy sutiles. Se ve,

por ejemplo, un film dentro del film: una película de horror, *Frankenstein,* vista por una niña de un pueblo de Castilla. El miedo que le causa la película de horror está sugestivamente conectado con la trama cuando la niña descubre un soldado herido en una casa abandonada cerca del pueblo. Nada en la película queda lógicamente explicado. Erice nos ofrece un mundo de ambigüedad infantil. Algo parecido es *El sur* que también trata de una niña que no logra comprender el pasado misterioso de su padre con una amante. Erice contrasta cinematográficamente el paisaje del norte frío e inhóspito donde vive la niña con su padre con la sensualidad del soleado° sur donde el padre se acuerda de sus relaciones amorosas.

 Hay otros directores españoles importantes como Luis Berlanga, Juan Antonio Bardem y Mario Camus que hizo *Los santos inocentes.* También hay directores que ruedan películas sobre los problemas de los diversos nacionalismos, como el catalán Antoni Ribas (*La ciutat cremada* [La ciudad quemada]) y el vasco Imanol Uribe que hizo *La fuga de Segovia* basada en un suceso real en el cual treinta miembros de ETA se escaparon de una cárcel de Segovia.

Pedro Almodóvar y la posmodernidad

Quizás el director español más conocido mundialmente es Pedro Almodóvar (1949–). A Almodóvar le fascina lo anticonvencional, el mundo de la gente joven y marginada, las drogas, la homosexualidad, el travestismo. Este mundillo sórdido y escandaloso para la mayoría de la sociedad nunca se trata en las películas de Almodóvar como un asunto sombrío.° En Almodóvar se ve el humor, la frivolidad y el placer junto con el dolor. Los dilemas que crea siempre tienen un toque irónico, como si los mismos personajes estuvieran convencidos de la artificialidad de la vida. Esto hace que Almodóvar sea un creador posmoderno. *Laberinto de pasiones, Matador, Ley del deseo, ¿Qué he hecho yo para merecer esto?, Mujeres al borde de un ataque de nervios, Átame* y *Carne trémula* son títulos de películas que indican los temas y las preocupaciones del director. En *Mujeres al borde,* por ejemplo, la trama es complicada y melodramática. Hay unos líos° amorosos divertidísimos en los cuales las amistades entre las mujeres pesan más° que los amores entre los hombres y las mujeres. En otras películas suyas como *Matador* y *Ley del deseo* las escenas sexuales explícitas (tanto entre homosexuales como entre heterosexuales) podrían ofender la ética convencional. Sin embargo, son sin duda películas inquietantes a pesar de su aparente frivolidad.

 Almodóvar ha recibido muchos elogios° de los críticos. *Todo sobre mi madre* ganó un Oscar en 2000 por la mejor película extranjera. Se trata de una madre soltera cuyo hijo querido muere en un accidente. Ella va a Barcelona en busca del padre de su hijo, que resulta ser un travestí genial,° Lola, que no sabe que tiene un hijo.

sunny

somber

liaisons
pesan… *are more significant*

praise

travestí… *lovable transvestite*

La siguiente película de Almodóvar, *Hable con ella* (2002), también ganó un Oscar, esta vez por el guión más original. La trama es laberíntica, pero el tema, la comunicación, está elaborado coherentemente desde muchas perspectivas, incluyendo la de una mujer torera. El tema de la confusión debida al género sexual se articula en esta película, como en tantas obras de este famoso cineasta° español.

filmmaker

Aunque Almodóvar ha podido conectar con los espectadores extranjeros más sofisticados, él mismo afirma que se siente muy español y que sus temas son españoles. En entrevistas ha expresado cierto afecto por su provincia natal Ciudad Real, y en sus películas a menudo se percibe la sociedad de la gran urbe de Madrid con todos sus problemas, extravagancias y perversiones. Muchos de sus personajes urbanos quieren volver «al pueblo». Se dice que Almodóvar es una figura fundamental de la llamada «movida madrileña», el Madrid de la gente joven, los «punquis»,° los roqueros° y la gente cuya propia manera de ser es una protesta contra la hipocresía. En su película *Volver* (2006), protagonizada por Penélope Cruz, se ve una vez más el impacto del pueblo natal tanto en el director como en sus personajes.

punks / rockers

La música popular

A la gente joven española, le encanta la música popular contemporánea. Tanto en España como en Inglaterra y en los Estados Unidos, la música popular de la juventud es algo plenamente enérgico y revelador de los valores e inquietudes de la nueva generación. El rock norteamericano y europeo (británico, alemán, francés) se oye a menudo en la radio española. También se nota mucha influencia latinoamericana. Hay muchas bandas españolas de rock como La Oreja de Van Gogh, Jarabe de Palo y El Canto del Loco. Hasta la música flamenca ha sido influida (según algunos, contaminada) por la música de la juventud norteamericana y europea. Algunos grupos han tenido mucho éxito fuera de España. Utilizando la guitarra electrónica, el grupo Pata Negra, en uno de sus discos compactos que se llama *Rock Gitano,* mezcla ritmos gitanos con los ritmos familiares de la música inglesa y norteamericana.

Uno de los cantautores° más famosos hoy día es Manu Chao (José-Manuel Thomas Arthur Chao), nacido y criado en Francia, pero de padres españoles que emigraron a Francia durante el franquismo. Su grupo Mano Negra ganó inmensa popularidad en los años noventa por su crítica al sistema y su afán de mezclar distintos tipos de música de todo el mundo como la música africana, flamenco, salsa y reggae. Se disolvió la banda en 1994 y Chao empezó su carrera musical en solitario bajo su propio nombre, y sigue mezclando distintos tipos de música de todo el mundo. Canta en español, inglés y francés, e incluso mezcla idiomas en una misma canción. Su primer disco, *Clandestino,* tuvo mucho éxito, y fue visto como algo revolucionario en el mundo de la música. Manu

singer–songwriters

Chao encarniza el impulso entre la juventud de hoy de cruzar fronteras nacionales para absorber la cultura no sólo de varios países europeos sino también de África y Latinoamérica.

En los años setenta y ochenta hubo músicos populares que, acompañándose de instrumentos electrónicos, cantaban (y algunos siguen cantando) sobre los problemas sociales. Algunos de ellos son Carlos Cano; Ana Belén, la famosa actriz y cantante; su esposo gallego Víctor Manuel; Joan Manuel Serrat, Lluís Llach y María del Mar Bonet, que cantan canciones folklóricas y políticas catalanas.

En 2001 murió el gran cantautor, Carlos Cano, conocido por su compromiso° contra el racismo.

commitment

Manu Chao, cantautor.
(Tim Mosenfelder/
Getty Images)

La televisión

Algunos dicen que cada día demasiados españoles están pegados a «la tele» o «la caja tonta». A veces, en España, como en los hogares de muchos países, la tele está puesta aun cuando no hay nadie mirándola. Radio Televisión Española (RTVE) ha sido una poderosa empresa

***Un horario de televisión del diario* El País.** (© Diario *El País*)

dirigida por el estado en los años de Franco que sigue transmitiendo hoy día.

Hacia los comienzos de los años ochenta se establecieron programas locales transmitidos y controlados desde las comunidades autónomas. En las comunidades donde se habla otro idioma, como Cataluña, Valencia, Euskadi y Galicia, se transmiten programas en las respectivas lenguas. Es extraño y divertido ver programas en euskera, catalán o gallego importados de los Estados Unidos como *Nip/Tuck*. Los debates y polémicas sobre la conexión entre la televisión y el estado han sido intensos. En un país que ha sufrido una larga dictadura el control de los medios de comunicación es problemático. Y aunque en 1977 se garantizó la objetividad política de la RTVE, no han faltado casos en que algunos ciudadanos españoles, tanto derechistas como izquierdistas, han protestado porque esta objetividad no se ha cumplido.

La privatización de algunos canales se inició en 1989. Es de notar que con la privatización ha habido intentos desde fuera de España de apoderarse de la televisión por parte de varios empresarios multimillonarios de los medios de comunicación como el australiano Rupert Murdoch y el actual presidente de Italia Silvio Berlusconi.

Después de la privatización, muchos españoles no veían una notable mejora en la calidad de la televisión española. Sin embargo, en la actualidad, aunque hay muchos programas de televisión españoles de baja calidad, como en cualquier otro país, en general la calidad de la televisión española ha mejorado mucho y sigue mejorando.

Las series norteamericanas como *Los Simpson, Mujeres desesperadas* y *CSI: Miami* son muy populares y están dobladas° en español, aunque ciertas series están disponibles en V.O. (versión original) también. Además, a los españoles les siguen gustando las telenovelas o los famosos «culebrones» latinoamericanos. El culebrón significa literalmente serpiente, y a estos programas se les llaman así como metáfora porque nunca acaban. Algunos catalanes también han inventado culebrones en su idioma.

dubbed

Los toros

Aunque a la corrida de toros se le sigue llamando «la fiesta nacional», muchos españoles afirman que el espectáculo ha decaído, especialmente por la falta de toros de calidad. En las grandes dehesas° de Andalucía y Castilla se crían los toros bravos, pero sus propietarios han sido criticados severamente por no ofrecer buenos toros al público. Otras de las

ranches, pastureland

El fútbol es el primer deporte de España. En junio de 2008, España ganó la Eurocopa (campeonato europeo de fútbol). Aquí se ve a David Villa, delantero (forward) de la selección (team) española. (Diego Tuson/AFP/Getty Images)

razones por las cuales los españoles no van a los toros como antes es porque las entradas son caras. Además, para muchos españoles la corrida de toros es un espectáculo arcaico que sólo les interesa a los turistas. El llamado «espectáculo nacional» es visto por algunos como algo caricaturesco que no tiene mucho que ver con la realidad cultural actual. Claro, no es así entre los aficionados a los toros. Incluso en los periódicos más leídos como *El País* hay una sección «taurina» que casi siempre se escribe con mucho entusiasmo y lenguaje florido. Sin embargo, en cuanto a la juventud española, el interés en los toros es casi nulo. Es más, algunos lo critican por ser un «rito sádico y repugnante».

La tertulia

Una costumbre española que no ha cambiado y que tiene raíces hondas en la población es la tertulia, la conversación entre amigos, colegas o simplemente familiares. La tertulia es una reunión habitual de gente

En la Plaza Mayor de Madrid, la gente suele sentarse en una terraza (café al aire libre) para charlar, comer o tomar algo.
(Armand/Getty Images)

que se junta para distraerse y charlar. Se pueden reunir en un bar, en un café o en la casa de uno de los contertulianos. En las tertulias las tapas acompañadas de un buen vino o cerveza son imprescindibles. Hay conversaciones sobre cualquier cosa: los deportes, el cine, la literatura, la economía, las universidades, los toros, la música, los hijos. No se puede olvidar el tema de que más se habla animada y frecuentemente: la política, por ejemplo, en la tertulia feminista de Barcelona. Hay tertulias a las que asiste gente de importancia política o cultural. Grandes escritores españoles como Unamuno y otros miembros de la Generación del 98 asistían a muchas tertulias donde expresaban sus ideas. En algunos de sus libros hasta describen no sólo estas ideas sino también experiencias vividas personalmente en las tertulias. Un lugar famoso por sus tertulias era el Bar Gijón, en Madrid, que sigue siendo un sitio popular por estas reuniones.

La tertulia es una muestra del valor que concede el español a la amistad, a la expresión oral y al buen comer. La conversación entre amigos, el intercambio de ideas y el diálogo son vitales para muchos españoles. Es más, algunos españoles que viajan o viven en otros países a veces se sienten incompletos al no poder participar en una tertulia. Quizás hasta pueda considerarse una institución casi tan importante como la familia.

En los años ochenta había mucha discusión sobre la nueva europeización de España. Sin embargo, con la cultura popular, la música, el cine, la televisión y el Internet, hoy día la europeización ya no es polémica sino una realidad aceptada. Es más, como en muchos países, tanto los del oeste como los del este, los del hemisferio del norte y los del sur, España está directamente conectada a culturas del mundo entero y participa en los asuntos de países muy dispares. Por otro lado, no deja de afirmar todos los elementos culturales e históricos que le dan su propia identidad o identidades. Las Españas del siglo XXI no dejarán de ser españolas.

Preguntas

1. ¿Cuál es la relación entre la literatura y el periodismo en la cultura española actual? ¿Quiénes son algunos de los escritores-periodistas y por qué son importantes?

2. ¿Cómo afectó la censura la industria cinematográfica española durante el régimen de Franco? ¿Cómo ha cambiado esta situación después de su muerte?

3. Describe la película, *¡Bienvenido Míster Marshall!*

4. ¿Por qué tuvo tanta dificultad Pilar Miró en estrenar la película *El crimen de Cuenca*?

5. Describe la televisión española de hoy día.

6. Describe la música española popular de hoy día.

Temas de investigación y conversación

Primero, investiga los siguientes temas de este capítulo. Luego, coméntalos con tus compañeros de clase.

Para investigar los temas de este capítulo, puedes encontrar tanto enlaces a buscadores como palabras clave en la página Web de este libro de texto: **www.mhhe.com/espana6.**

1. **Investigación:** La película *La lengua de las mariposas* tiene mucho que ver con la memoria histórica. Haz una búsqueda sobre la memoria histórica. ¿Qué es? Luego, busca información sobre la película y el cuento sobre el cual se basa. ¿De qué se trata? ¿Quiénes son los protagonistas? ¿Dónde tiene lugar? ¿En qué período histórico está ambientado (*is it set*)?

   Conversación: ¿Por qué es de suma importancia la historia en esta obra? ¿Crees que la creación de obras como ésta es una manera de conservar la memoria histórica para que no se olvide la historia? ¿Por qué sí o por qué no?

2. **Investigación:** Se ha dicho que las películas de Pedro Almodóvar son «posmodernas». Busca una definición del posmodernismo. ¿Qué significa? Luego, haz una búsqueda sobre una de las películas de Almodóvar. ¿Cuál es la trama?

   Conversación: Descríbela: los colores, las imágenes, los sonidos, etcétera. ¿Qué cualidades o rasgos tiene que la hacen posmoderna?

3. **Investigación:** Investiga las corridas de toros. ¿Qué es una corrida de toros? ¿Qué papel desempeña en la cultura española?

   Conversación: ¿Cuáles son los distintos puntos de vista por parte de los españoles con respecto a los toros? ¿Qué opinas tú?

4. **Investigación:** Busca información sobre las tertulias. ¿Qué es una tertulia? ¿Qué importancia literaria y cultural tiene en España? ¿Se ha mantenido esta costumbre?

   Conversación: ¿Participas en alguna actividad social que podrías llamar «tertulia»? Describe esa actividad y explica cómo se podría comparar con la tertulia española.

Source and Supplementary Materials

V. Presente y futuro

Printed Materials

BESAS, PETER. *Behind the Spanish Lens.* Denver: Arden Press, 1985. Informative and perceptive account of Spanish films produced both before and after the death of Franco.

CARR, RAYMOND and JUAN CARLOS FUSSI. *Spain: Dictatorship to Democracy.* London: George Allen, 1979. Interesting discussion of cultural issues: art, literature, film. Raymond Carr is a prominent British historian who has written many books on Spain.

CLARK, ROBERT. *Negotiating with ETA: Obstacles to Peace in the Basque Country.* Reno: University of Nevada Press, 1990. Covers the conflict since the death of Franco.

COLMEIRO, JOSÉ, CHRISTINA DUPLÁA, PATRICIA GREENE, and JOANA SABADELL, eds. *Spain Today: Essays on Literature, Culture, and Society.* Hanover, NH: Dartmouth College, 1995. The essays address "contemporary cultural forces and critical currents that have completely redefined Spain in the last two decades."

D'LUGO, MARVIN. *The Films of Carlos Saura: The Practice of Seeing.* Princeton, NJ: Princeton University Press, 1991.

EC COMMISSION. *Linguistic Minorities in the European Economic Community: Spain, Portugal, Greece.* Ed. Miguel Siguán. Luxemburg: Official Publications of the EC, 1990.

FERRÁN, OFELIA and KATHLEEN M. GLENN, eds. *Women's Narrative and Film in Twentieth Century Spain.* New York and London: Routledge, 2002.

GALERSTEIN, CAROLYN and KATHLEEN MCNERNEY. *Women Writers of Spain.* Westport, Conn.: Greenwood Press, 1986. A biobibliographical guide, with annotations, describing works by Spanish women.

GIES, DAVID T., ed. *Modern Spanish Culture.* Cambridge: Cambridge University Press, 1999.

GRAHAM, HELEN and JO LABANYI, eds. *Spanish Cultural Studies: An Introduction.* Oxford: Oxford University Press, 1995.

HIGGINBOTHAM, VIRGINIA. *Spanish Film Under Franco.* Austin: University of Texas Press, 1988. Insightful discussion of the pressures of censorship and the difficulties of making films during the dictatorship.

HOOPER, JOHN. *The Spaniards: A Portrait of New Spain.* London: Penguin, 1987. A British journalist's rendition of recent political and cultural happenings in Spain. Updated in 1995.

———. *The New Spaniards.* New York: Penguin, 1995. A lively, insightful discussion of a variety of cultural developments in Spain since the death of Franco.

JUARISTI, JON. *La tribu atribulada: El nacionalismo vasco explicado a mi padre.* Madrid: Espasa Calpe, 2002.

KINDER, MARSHA. *Blood Cinema: The Reconstruction of National Identity in Spain.* Berkeley: University of California Press, 1993. A discussion of the politics and aesthetics of Spanish films by the well-known film critic.

——————, ed. *Refiguring Spain: Cinema/Media/Representation.* Durham and London: Duke University Press, 1997. A collection of essays on the same topic.

MAXWELL, RICHARD. *The Spectacle of Democracy: Spanish Television, Nationalism and Political Transition.* Minneapolis: University of Minnesota Press, 1995.

MCNERNEY, KATHLEEN, ed. *On Our Own Behalf.* Lincoln: University of Nebraska Press, 1988. Short stories in English translation by contemporary women writers of Catalonia.

MCNERNEY, KATHLEEN and CRISTINA ENRÍQUEZ. *Double Minorities of Spain: A Bio-bibliographical Guide to Women Writers of the Catalan, Galician, and Basque Countries.* New York: Modern Language Association, 1994.

PÉREZ, JANET. *Contemporary Women Writers of Spain.* Boston: Twayne, 1988. Another very useful guide to women novelists and short-story writers.

PRESTON, PAUL. *The Triumph of Democracy in Spain.* New York: Routledge, Chapman & Hall, 1986. Deals with the transition from the Franco dictatorship to democracy.

——————. *The Politics of Revenge.* London: Routledge, 1995.

PUELLES BENÍTEZ, M. *Educación e ideología en la España contemporánea: cuestiones históricas.* Madrid: Sociedad Española de Pedagogía, 1985.

RICHARDSON, BILL. *Spanish Studies: An Introduction.* London: Oxford University Press, 2001.

ROMÁN, MANUEL. *Memoria de la copla: la canción española de Conchita Piquer a Isabel Pantoja.* Madrid: Alianza, 1993.

ROSS, CHRISTOPHER J. *Contemporary Spain: A Handbook.* London: Oxford University Press, 2002.

SHUBERT, ADRIAN. *A Social History of Modern Spain.* London: Routledge, 1992.

VERNON, KATHLEEN and BARBARA MORRIS, eds. *Post-Franco, Postmodern: The Films of Pedro Almodóvar.* London: Greenwood, 1995. An insightful collection of essays on the famous director and his society.

VILANOVA RIBAS, MERCEDES. *Atlas de la evolución del analfabetismo en España, de 1887 a 1981.* Madrid: Ministerio de Educación y Ciencia, 1992.

WIARDA, HOWARD J. *Politics in Iberia.* New York: Harper Collins, 1993.

ZALLO, RAMÓN. *El mercado de la cultura.* Donostia: Tercera Prensa, 1992.

ZULAIKA, JOSEBA. *Crónica de una seducción: El museo Guggenheim Bilbao.* Madrid: NEREA, 1997. A fascinating account of the conception and implementation of the plan to build this post-modern museum.

Newspapers and Magazines: El País, Cambio 16, Diario 16, El Independiente, ABC

Audiovisual Materials

DVDs of Almodóvar films and others by Spanish filmmakers are available at the Instituto Cervantes, 211 E. 49th St., New York, NY 10017; tel. 212-308-7720; fax 212-308-7721; **www.nuevayork.cervantes.es.**

Vocabulario

This vocabulary contains all Spanish words used in this text except: very close or exact cognates, proper names and other easily recognized vocabulary (such as articles and pronouns), and numbers. Gender of nouns is listed except for masculine nouns that end in **-o** and feminine nouns that end in **-a.** Adjectives are given only in masculine singular. Stem changes and spelling changes for the present tense are indicated in parentheses following the appropriate verbs. Only contextual definitions are provided.

The following abbreviations are used.

adj. adjective   *m.* masculine
adv. adverb   *n.* noun
colloq. colloquial   *pl.* plural
f. feminine   *p.p.* past participle
irreg. irregular   *pron.* pronoun

A

a.C. before Christ, B.C., B.C.E.
abajo below, down
abandonar to abandon, leave
abandono abandonment
abarcar to encompass
abastecer (zc) to supply
abdicar to abdicate
abiertamente openly
abierto *p.p. of* **abrir**
abolicionista *m., f.* abolitionist
abolir to abolish
aborrecer (zc) to hate
aborto abortion
abovedado arched
abrazo embrace
abril April
abrir to open
absolutista *m., f.* absolutist
absorber to absorb
absorto *p.p. of* **absorber**
abuelo grandfather; **abuela** grandmother; *pl.* grandparents
abúlico lacking willpower or energy
abundar to abound, be plentiful
aburrido boring
aburrimiento boredom
abuso abuse, injustice; **abuso del vino** drunkenness

acabar to finish; **acabar (con)** to finish (off); **acabar de +** *infinitive* to have just (*done something*)
academia academy
acariciador, -ora caressing
acaso perhaps
accesibilidad *f.* accesibility
accidente *m.* accident
aceite *m.* oil
acelerar to hasten
acentuar (ú) to accentuate
aceptar to accept
acercar(se) to come close
acertar (ie) to guess correctly
aclarar to make clear
acompañado accompanied
acompañar to accompany
acontecer (zc) to happen
acontecimiento event
acordar(se) (ue) to remember
acorralado cornered
acostumbrar(se) (a) to become accustomed (to)
actitud *f.* attitude
actividad *f.* activity
actriz *f.* (*pl.* **actrices**) actress
actual present, current
actualidad *f.* present time
actuar (ú) to act, behave

acueducto aqueduct
acuerdo agreement; **de acuerdo** in agreement, agreed
acusado, acusada accused (person), defendant
acusar to accuse
adecuado adequate; correct
adelante forward; **en adelante** from then on
adelanto advance, progress
además besides; **además de** in addition to
adicional additional
adjetivo adjective
admirador, admiradora admirer
admitir to admit; to allow
adolecer (zc) to suffer, be in pain
adolescencia adolescence
adolescente *m., f.* adolescent
adónde (to) where; **¿adónde iremos a parar?** where will it all end?
adorar to love, adore
adorno adornment, ornament
adquirir (ie) to acquire
Adriano Hadrian (*Roman emperor*)
adulterio adultery
advertir (ie) to advise
afán *m.* desire
afecto affection, love

afectuoso affectionate, loving

aficionado fan, enthusiast

afilado sharpened, sharp

afiliado affiliated; member (of)

afirmar to affirm

afrancesado, afrancesada supporter of French rule in Spain during the Napoleonic War (War of Independence), 1808–1814

afuera outside

agarrar to hold, grab

agonía death-agony, moment of death

agónico pertaining to death or agony

agosto August

agotado exhausted, used up

agotamiento exhaustion

agrario agrarian

agravio wrong, injury

agrícola *adj. m., f.* agricultural

agricultura agriculture

agrónomo, agrónoma agronomist

agrupar(se) to divide up into groups

agua (*f. but* **el agua**) water

aguafuerte *m.* etching

aguardiente *m.* brandy

aguja needle; spire

agustino pertaining to the Augustinian religious order

ahogado strangled, suffocated

ahora now

ahorcar to hang (a person)

aire *m.* air

aislado isolated

aislamiento isolation

ajo garlic

alabanza praise

alabar to praise

álamo poplar tree

alardear to boast

alargado long, lengthened

alborear to dawn

alcahueta go-between; bawd

alcalde *m.* mayor

alcanzar to reach, achieve

aldea village

alegadamente allegedly

alegre happy; **moza alegre** prostitute

alegría happiness

alejar(se) to move away, distance oneself

alemán, alemana German

Alemania Germany

alentado daring

alfabeto alphabet

algo *pron.* something; *adv.* somewhat

algodón *m.* cotton

alguacil *m.* bailiff

alguno some, any

aliado allied

alianza alliance

aliarse to ally oneself

alimentar to feed

allá there; **más allá** beyond, further

allí there

alma (*f. but* **el alma**) soul

alminar *m.* minaret

almirante *m.* admiral

almorzar (ue) to eat a light snack around 11:00 A.M.

alquilado rented

alquimista *m., f.* alchemist

alrededor around; *m. pl.* outskirts

alterar to alter

alternado alternate

alternarse to take turns

alternativa alternative; bullfighter's test

alto tall, high

altruista *m., f.* altruist

altura height

alumno, alumna student, pupil

alzar to raise, elevate

ama (*f. but* **el ama**) **de casa** housekeeper

amalgamar to amalgamate, mix

amanecer (zc) to dawn; to get up early

amante *m., f.* lover; *f.* mistress

amar to love

amarillo yellow

ambicioso ambitious

ambiental environmental

ambientar to be set (in a time period or place)

ambiente *m.* atmosphere; environment

ambigüedad *f.* ambiguity

ambos (ambas) *pl.* both

amenaza threat

amenazador, -ora threatening

amenazar to threaten

ameno pleasant, enjoyable

americano American

ametralladora machine gun

amigo, amiga friend

amistad *f.* friendship

amistoso friendly

amo master

amor *m.* love

amoroso amorous; loving

amparar to protect

ampliar (í) to enlarge

amplio extensive

amurallado walled

analfabetismo illiteracy

analfabeto illiterate

analítico analytical

analizar to analyze

anarco-sindicalista *m., f.* anarcho-syndicalist

anarquía anarchy

anárquico anarchical

anarquista *m., f.* anarchist

ancho wide

andaluz, andaluza (*pl.* **andaluces, andaluzas**) Andalusian

andante *adj.* walking; **caballero andante** knight-errant

andar to walk

andrajo rag

anecdótico anecdotal

anfiteatro amphitheater

anglosajón, anglosajona Anglo-Saxon

angustia anguish

anhelar to yearn for, long for

anhelo yearning

Aníbal Hannibal

anillo ring (*jewelry*)

animado lively

animar to encourage

animoso courageous

aniquilar to annihilate

anónimo anonymous

ansia (*f. but* **el ansia**) anxiety

ansiosamente anxiously

antagónico contrary, opposed

antagonismo antagonism

antaño *adv.* long ago; *n.* the past

ante before, in the presence of; **ante todo** above all

antecedentes *m. pl.* background

antecesor, antecesora predecessor

antemano: de antemano beforehand

antepasado ancestor

anterior previous

antes before (*in time*)

antibélico antiwar

anticuado outdated

antifranquista *m., f.* anti-Franco

antiguamente formerly; in other times

antigüedad *f.* antiquity, great age

antiguo old, ancient; former

antropólogo, antropóloga anthropologist

anular to annul

anunciar to announce

anuncio advertisement

añadir to add

año year

añorar to yearn for; to miss

apaciguar to calm (someone) down; to pacify

aparecer (zc) to appear

aparente apparent

aparición *f.* appearance, apparition

apariencia appearance, aspect, look

apartarse to move away

aparte apart

apasionado passionate

apasionante exhilarating, exciting

apatía apathy

apático apathetic

apellido surname

apertura opening

aplaudir to applaud

aplauso applause

aplicar to apply

apoderarse (de) to take over

aportación *f.* contribution

apóstol *m.* apostle

apostólico apostolic

apoyar to support

apoyo support

apreciado appreciated

aprender to learn

apresar to take prisoner

aprobado approved

aprobar (ue) to approve

apropiado appropriate

aprovechar to take advantage of

aproximadamente approximately

apto capable

apuntar to point; to take notes

aquel, aquello, aquella that

aquí here

árabe *adj. m., f.* Arabic; *n. m., f.* Arab

arar to plow

arbitrariedad *f.* arbitrariness

arbitrario arbitrary

árbitro judge, arbiter

árbol *m.* tree

arcaico archaic

archiduque *m.* archduke

arcipreste *m.* archpriest

arco arch; (violin) bow

arder to burn

arena sand

argamasa mortar (*construction*)

Argel Algiers

argüir (y) to argue

argumento storyline, plot

árido arid

aristocracia aristocracy

aristócrata *m., f.* aristocrat

aristocrático aristocratic

arma (*f. but* **el arma**) weapon

armada navy, fleet

armamentos *m. pl.* armaments, weapons

armar to arm; **armar caballero** to knight

armario closet

armonía harmony

armónico harmonized, harmonious

armonioso harmonious

armonizar to harmonize

arpa (*f. but* **el arpa**) harp

arquetípico archetypal

arquitectónico architectural

arrayán *m.* myrtle

arreglado arranged

arreglo arrangement

arreo ornament

arrepentirse (ie) to repent

arriba up, above

arriero muledriver; swineherd

arrodillado kneeling

arrodillarse to kneel

arrogante haughty, arrogant

arruinar to ruin

arte (*f. but* **el arte**) art

arteria artery

artesano artisan

asalto assault

ascender (ie) to ascend

asceta *m., f.* ascetic

asegurar to assure

asemejar to resemble

asesinar to murder

asesinato murder

asesino, asesina murderer

así thus; like this; this way

asignado assigned

asignatura class, course

asimilar to assimilate

asistencia attendance

asistir to attend

asno donkey

asociar to associate

asombro astonishment

asombroso astonishing, amazing

aspa (*f. but* **el aspa**) arm, vane (of a windmill)

áspero harsh

áspide *m.* asp

aspirante *adj.* aspiring; *n. m., f.* one who aspires, pretender (*to the throne*)

aspirar to aspire

asturiano Asturian, from Asturias

astuto astute, clever

asumir to assume

asunto affair

asustar to frighten

atacar to attack

atado tied

ataque *m.* attack

atender (ie) to attend to; to care for

atentado assault; assassination attempt; **atentado terrorista** terrorist attack

atentamente attentively

Atlántida Atlantis
atmosférico atmospheric
atormentado tormented
atraco robbery
atraer (*like* **traer**) to attract
atrás back(wards); behind
atrasado behind, backward
atravesar (ie) to cross
atreverse to dare
atrevido daring
atribuir (y) to attribute
audacia audacity, daring
audaz (*pl.* **audaces**) audacious,
    daring
Audiencia court building
aumentar to grow; to become larger
aumento enlargement; **aumento**
    de sueldo pay raise
aún yet, still
aunque although
ausencia absence
ausentar to be absent
austero austere
autenticidad *f.* authenticity
auto religious play
autocensura self-censorship
autocráticamente autocratically
autodeterminación *f.* self-determi-
    nation
autodidacta *m., f.* self-taught person
autonomía autonomy, self-government
autonomista *m., f.* autonomist
autónomo autonomous
autor, autora author
autoría responsibility
autoridad *f.* authority
autosuficiencia self-sufficiency
autotitularse to call oneself; to
    style oneself
avance *m.* advance
avanzar to advance
aventura adventure
aventurero *adj.* adventurous; *n. m.*
    adventurer
avergonzar (üe) to shame; **aver-**
    gonzarse to be ashamed
averiguar to ascertain; to find out
ávidamente avidly
avivar to awaken; to sharpen (*intellect*)
ayer yesterday

ayuda aid
ayudante *m., f.* helper
ayudar to help
azotar to beat, whip
azote *m.* whip, scourge
azteca *m., f.* Aztec
azul blue
azulejo tile

B

bable *m.* Asturian dialect
bachiller *m.* bachelor (holder of a
    bachelor's degree)
bachillerato bachelor's degree pro-
    gram
Baco Bacchus, Roman god of wine
bailaor, bailaora flamenco dancer
bailar to dance
bailarín, bailarina dancer
baile *m.* dance
bajar to get down
bajo *adj.* lower; short; *adv.* under;
    bajo la perspectiva from the
    point of view
balanza balance; scale
bancario *adj.* banking
bancarrota bankruptcy
bandera flag
banderilla barbed dart with which a
    bull is stabbed
banderillero the member of the
    bullfighting team who places the
    banderilla
bando faction, side
bañar to bathe
baño bath
barato inexpensive
barba beard
bárbaro barbarian
barbero barber
barcelonés, -esa pertaining to
    Barcelona
barco ship
barraca cabin, hut
barril *m.* barrel
barrio neighborhood, district
barroco baroque
basar to base

base *f.*: **base militar** military base;
    a base de based upon
bastante enough; a good deal
bastardo illegitimate
batalla battle
batallador, -ora fighting
batallón *m.* battalion
bautizar to baptize
bayoneta bayonet
beatífico beatific, blessed
beber to drink
bélico pertaining to war
belicoso bellicose, warlike
belleza beauty
bello beautiful
benedictino of the Benedictine
    religious order
beneficiar to benefit
beneficio benefit
benéfico beneficial
benévolo benevolent
benigno mild
bereber *m., f.* of the Berber tribes
    of North Africa
beso kiss
bestia animal, beast of burden
bético pertaining to Andalusia
    (*formerly called* **Bética**)
bíblico biblical
biblioteca library
bien *m.* possession; *m. pl.* worldly
    goods; **más bien** *adv.* rather
bienestar *m.* well-beinging; **estado**
    de bienestar Welfare State
bienintencionado well-meaning
bisonte *m.* bison, buffalo
bizantino Byzantine
blanco white
blando soft
bloque *m.* block
boca mouth
boda *also pl.* wedding
bodega wine vault or cellar
bohemio Bohemian, unconventional
boicotear to boycott
bolero Spanish dance
bombardeo bombardment
bombilla bulb
bondad *f.* goodness
bondadoso kind

borbónico of the royal House of Bourbon

borde *m.* border; verge

borracho drunk

bosque *m.* forest

bostezar to yawn

botánica botany

botella bottle

boticario druggist

bóveda vault, dome

bravo fierce; brave

bravura ferocity

brazo arm

Bretaña Brittany; **Gran Bretaña** Great Britain

breve brief

brigada brigade

brillar to shine

brindar to salute (*in a bullfight*)

británico British

bruja witch

brujería witchcraft

brujo sorcerer; *El amor brujo Love the Bewitched*

brusco brusque, sharp

buen (bueno) good

buenandanza gaiety, good humor

buey *m.* ox

bufón *m.* buffoon, clown

bula Papal bull

Burdeos Bordeaux

burgués, -esa bourgeois, middle-class

burguesía bourgeoisie, middle class

burla joke, trick

burlador, burladora trickster

burlar to fool; **burlarse de** to make fun of

burlón, -ona fun-loving, waggish

busca search

buscar to look for

buscón, buscona cheat, petty thief

búsqueda search

busto bust

C

caballeresco knightly

caballería chivalry

caballero gentleman

caballo horse

caber (*irreg.*) to fit (in); **no cabe duda** there is no doubt

cabestro ox leading a herd of bulls

cabeza head

cabo cape (*headland*); end; **llevar a cabo** to carry out; **al cabo** at the end; **al fin y al cabo** after all

cacique *m.* political boss

cada *invariable adj.* each

cadena chain

caer(se) (*irreg.*) to fall (down)

caída fall

cajón *m.* box; drawer

calculador, -ora calculating

calcular to calculate

cálculo calculation

calderoniano of the Spanish playwright Pedro Calderón de la Barca (1600–1681)

calibre *m.* caliber

calidad *f.* quality

califa *m.* caliph

califato Caliphate

callado quiet

callar to be quiet

calle *f.* street

calma tranquility

calor *m.* heat

cama bed

cámara chamber

cambiar to change

cambio change

caminante *n. m.* traveler; *adj.* moving

camino way, road

campana bell

campaña campaign

campeonato championship

campesino of the countryside; peasant

campestre rural, pertaining to the countryside

campo country; field; camp; side

canal *m.* channel

canario of the Canary Islands

canción *f.* song

candidato, candidata candidate

candil *m.* oil lamp

cansado tired

cansancio tiredness

cantante *m., f.* singer

cantaor, cantaora flamenco singer

cantar to sing

cantautor, cantautora singer-songwriter

cante *m.* flamenco singing

cántico canticle; (religious) song

cantidad *f.* quantity

cantiga poem, song

canto song; chant

caos *m.* chaos

capa layer

capacidad *f.* capacity, ability

capaz (*pl.* **capaces**) capable

capellán *m.* chaplain

capitalista *m., f.* capitalist

capitán *m.* captain

capítulo chapter

capricho caprice, fancy

captar to capture, captivate

capturar to capture, apprehend

cara face

carabela caravel, a light, fast sailing ship

carácter *m.* (*pl.* **caracteres**) character, nature

característico characteristic

caracterizar to characterize

carbón *m.* coal

cárcel *f.* jail

cardenal *m.* cardinal (*Catholic Church dignitary*)

carga charge (*military*)

cargado loaded

cargo charge (*law*); post, position; **tomar a cargo** to take charge of

caricaturesco caricatural

caridad *f.* charity

carismático charismatic

caritativo charitable

carlista *m., f.* Carlist, supporter of the pretension of Carlos María Isidro de Borbón (1788–1855) to the throne of Spain

carne *f.* flesh, meat

caro dear, expensive

carrera career

carreta cart

carretera highway

cartaginés, -esa Carthaginian, of Carthage

Cartago Carthage

cartel *m.* poster

cartón *m.* cartoon, design that serves as a model for transferring or copying

casa house

casamiento marriage

casar(se) to get married

cascabeleo the sound of bells jingling

cascada waterfall

casi almost

caso case; incident

castellano Castilian

castigar to punish

castigo punishment

castillo castle

castizo typical of Spain

castrar to castrate

casualidad *f.* coincidence, chance

cata small portion; **dar cata** to notice

catalán, catalana Catalan, Catalonian

catalogar to catalogue

catastrófico catastrophic

catedral *f.* cathedral

catedrático university professor

categorizar to categorize

catolicismo Catholicism

católico Catholic; **los Reyes** (*m. pl.*) **Católicos** the Catholic monarchs (Ferdinand and Isabella)

caudillismo rule by a chief

caudillo chief, leader

causa cause; **a causa de** because of

causar to cause

cavar to dig

caverna cave

caza hunting

cazar to hunt

cebolla onion

ceder to hand over; to yield; **ceder el paso** to give way

cegar (ie) to blind

celebrar to celebrate

célebre famous

celo zeal; earnestness; *pl.* jealousy

celta *n. m., f.* Celt; *adj. m., f.* Celtic

celtíbero Celtiberian

cementerio cemetery, burial place

cenar to have supper

censura censorship

censurado censored

centenar *m.* about one hundred

centenario centenary

centralista *adj. m., f.* centralist

centralizado centralized

centrista *adj. m., f.* centrist, of the center

centro center

ceñir (i) to fasten, encircle

cerca near

Cerdeña Sardinia

cerebro brain; **pérdida de cerebros** brain drain

cerrado fenced-in garden or property

cerveza beer

cesar to end

César Caesar

chapapote tar

charanga brass band; fanfare

charlar to chat

chico *n.* boy, young man; *adj.* small; **género chico** farce, broad comedy of manners and customs; **patria chica** region, province

chocante shocking

chófer *m.* chauffeur

chula attractive woman of the Madrid lower class

chulapo, chulapa swaggering young man (woman) of the Madrid lower or middle classes

churro cruller, strip of fried dough

ciclista *m., f.* biciclist

ciego blind; **gallina ciega** blind man's bluff

cielo sky; heaven

ciencia science

científico scientific

ciento: por ciento percent

cierto certain

ciervo stag

cifra figure, cipher, number

cincel *m.* chisel

cine *m.* cinema, movies

cineasta *m., f.* filmmaker

cinematográfico cinematographic, having to do with the movies

cinismo cynicism

ciprés *m.* cypress tree

círculo circle

circunstancia circumstance

cirujano surgeon

citado mentioned

ciudad *f.* city; **ciudad-palacio** *f.* city-palace

ciudadano, ciudadana citizen

cívico civic

civilizado civilized

clamar to cry out; to clamor

clandestino clandestine, forbidden

claramente clearly

claro clear; of course

claroscuro chiaroscuro, contrast of light and shadow in painting

clase *f.* class

clásico classical, classic

clavar to stab, to pierce

clave *invariable adj.* key

clavel *m.* carnation

clérigo cleric, priest

clero clergy

clima *m.* climate

cobarde *n. m.* coward; *adj.* cowardly

coche *m.* car

código civil civil code

coexistir to coexist

cognado cognate

coincidir to coincide

cojones *m. pl. colloq.* courage

cola line, queue

colaborar to collaborate

colectivo collective

colega *m., f.* colleague

colegio secondary school

coliseo coliseum

collar *m.* necklace

colmena beehive

colmillo eyetooth

colonia colony

colonizar to colonize

colono settler

colorido coloring

comandante *m., f.* commander

comandar to command (*military*)

combatir to combat; to fight

comedia play; comedy

comendador *m.* commander (*of a military order*)

comentar to comment upon

comentario commentary

comentarista *m., f.* commentator

comenzar (ie) to begin

comer to eat; to have lunch

comercial commercial, having to do with business

comerciante *m., f.* merchant, businessperson

comercio commerce, business

comestible *m.* food

cometer to commit

comienzo beginning

comisionar to commission

cómodo comfortable

compañero companion, comrade; **compañero de clase** classmate

compañía company

comparación *f.* comparison

comparar to compare

compartir to share

compasivo compassionate

compatriota *m., f.* compatriot, fellow citizen

compensar to compensate for

competir (i) to compete

complejidad *f.* complexity

completo complete; **por completo** completely

complicar to complicate

componer (*like* **poner**) to compose, make up

comportamiento behavior

compositor, compositora composer

comprar to buy

comprender to understand; to comprise, include

comprensivo extensive; comprehensive

compromiso commitment

compuesto *p.p. of* **componer**

común common

comunicar to communicate

comunidad *f.* community

comunista *adj. m., f.* communist

concebir (i) to conceive

concentrar to concentrate

conciencia conscience; consciousness

concienzudo conscientious

concierto concert

conciliación *f.* reconciliation

concluir (y) to conclude

condado county, originally the dominion of a count

conde *m.* count

condenado condemned

condesa countess

conducir (zc) to conduct

conejo rabbit

conexión *f.* connection, link

conferencia lecture; conference

confesar (ie) to confess

confianza confidence

conformar(se) to resign oneself

conforme (a) in accordance (with)

confundir to confuse

conglomerado conglomeration

conjunto group, set

conjurado averted, conjured

conmemoración *f.* commemoration

conmemorar to commemorate

conmigo with me

conmovedor, -ora moving, emotional

conmover (ue) to move (emotionally)

conocer (zc) to be acquainted with; to know; **dar a conocer** to bring to light

conocido well-known

conquista conquest

conquistador, conquistadora conqueror

conquistar to conquer

conscripción *f.* draft, conscription

consecuencia consequence

conseguir (i) to obtain

consejero, consejera councillor

consejo advice; council; **consejo de estado** council of ministers

consentimiento consent

conservador, -ora *adj.* conservative; *n. m.* curator

conservar to keep; to conserve

consistir (en) to consist (of), be composed of

consolar (ue) to console

constituido constituted, made up

constituir (y) to constitute

constituyente *m., f.* constituent

construir (y) to construct

consuelo consolation

consulta: libro de consulta reference book

consultar to consult

consumo consumption

contaminar to contaminate

contar (ue) to tell; to count; **contar con** to count on

contemplar to contemplate

contemporáneo contemporary

contener (*like* **tener**) to contain

contenido content

contertuliano fellow member of a group of friends (**tertulia**)

contestar to answer

continuador, continuadora follower

continuamente continually

continuar (ú) to continue

contra against

contradictorio contradictory

contrafuerte *m.* buttress

contraproducente self-defeating

contrario opposite; **al contrario** on the contrary; **todo lo contrario** the exact opposite

Contrarreforma Counterreformation

contrato contract

contribuir (y) to contribute

convencido convinced

convenir (*like* **venir**) to be good for

convergencia convergence, concurrence

conversar to converse

converso convert to the Christian faith

convertir (ie) to convert

convincente convincing

convivencia coexistence, living together

convocar to convene, to summon

cooperar to cooperate

copa mundial World Cup

copla popular Spanish song, ballad

coquetear to flirt

Corán *m.* Koran

corazón *m.* heart
cordero lamb
cordillera mountain range
cordobés, -esa pertaining to Córdoba
coreado sung in chorus
corear to echo
coro choir
corona crown
coronel *m.* colonel
correcto correct, proper
corregidor, corregidora Spanish magistrate
corregir (i) to correct
correr to run
corrida bullfight
corriente *f.* current
cortar to cut
corte *f.* court; *f. pl.* **Cortes** Spanish parliament
cortesía courtesy
corto short (*length, duration*)
cosa thing
costa coast
costoso costly, expensive
costumbre *f.* custom
cotidiano everyday
creador, creadora *n.*creator; *adj.* creative
crear to create
creativo creative
creciente growing
creencia belief
creer to believe
creyente *m., f.* believer
criado servant
criar (í) to raise, bring up, rear
crimen *m.* crime
criminalidad *f.* criminal behavior
criollo Creole, child born in the New World of Peninsular parents
crisol *m.* crucible; melting pot
crispación *f.* tension
cristiandad *f.* Christendom
cristianismo Christianity
cristiano Christian
Cristo Christ
criterio judgment, opinion
crítica criticism
criticar to criticize

crítico critical
criticón, -ona fault-finding, carping
crónica chronicle
cronología chronology
crucificado crucified
crudo raw, stark
cruelmente cruelly
cruz *f.* (*pl.* **cruces**) cross
cruzada crusade
cruzar to cross; **cruzarse con** to encounter, run across
cuaderno notebook
cuadrado *adj.* square
cuadrilla crew (*bullfighting*)
cuadro painting, picture
cual which; **cada cual** each one (person)
cualidad *f.* quality
cualquier(a) any
cuando when
cuánto how much; *pl.* how many
cuarenta: los años cuarenta the forties
cuarto *adj.* fourth; *n.* quarter
cubierto covered; *p.p. of* **cubrir**
cubismo cubism, twentieth-century style of painting
cubrir to cover
cuchillo knife
cuello neck
cuenta bill; **darse cuenta de** to realize; **tomar en cuenta** to take into account; **a fin de cuentas** after all
cuento story
cuerda string, cord
cuerno horn
cuerpo body
cuervo crow
cuestión *f.* matter, issue
cuestionable questionable
cuestionar to question
cueva cave
cuidado care
cuidadosamente carefully
cuidadoso cautious
culminante culminating, highest
culminar to culminate, to end
culpa blame, fault; **tener la culpa** to be at fault

cultivar to cultivate
cultivo cultivation
culto *n.* cult; *adj.* cultured
cumbre *f.* peak, tip
cumplir to fulfill
cuna cradle, birthplace
cuñado brother-in-law
cura *m.* priest
curador, curadora curator (*of a museum*)
curar to cure
curiosidad *f.* curiosity
curioso curious, strange
curso course; year of study
curvo curved
cuyo whose

D

d.C. after Christ, A.D., A.C.E.
dama lady
danza dance
dañar to damage; to harm
dar *irreg.* to give
dato fact, piece of information
debajo (de) underneath
debatir to debate; to argue
deber to owe; ought, should (*expressing obligation*)
debido owing; **debido a** because of
débil weak
debilidad *f.* weakness
debilitar to weaken
década decade
decadencia decadence, decay
decaer (*like* **caer**) to decay
decir *irreg.* to say
declarar to declare
decreto decree
dedicar to dedicate
defender (ie) to defend
defensor, defensora defender, protector
dehesa pasture land; vast estates of grazing land owned by one person
dejar to leave; to allow; **dejar de** to stop; to keep from
delante before, in front of; **por delante** from the front

delantero forward (*soccer*)

deleitar to delight

delgado slender

delicado delicate

delicia delight, pleasure of the senses

delinear to delineate

delito crime, offense

demás other, remaining, rest (of the); **los (las) demás** the others

demasiado too; too much

demócrata *m., f.* democrat

demoledor, -ora destructive, demolishing

demostrar (ue) to demonstrate

denominación *f.* denomination, calling

densidad *f.* density

dentro within; **por dentro** on the inside

denuncia denunciation

depender (de) to depend (on)

deporte *m.* sport

depositar to deposit; to place

deprimente depressing

deprimir to depress

derecha right (*direction*)

derechista *adj. m., f.* rightist, right-wing

derecho right, privilege (*law*)

derramado spilled

derramamiento spilling, spillage

derribar to overthrow

derrocar to bring down

derrota defeat

derrotar to defeat

desacostumbrado unaccustomed

desacuerdo disagreement; disconformity

desafiar (í) to challenge

desafío challenge

desafortunado unlucky

desalación *f.* salt removal

desangrar(se) to bleed to death

desaparecer (zc) to disappear

desaparición *f.* disappearance

desarrollar to develop

desarrollo development

desastre *m.* disaster

desastroso disastrous

descalzo barefoot; **Descalzas Reales** nuns of the "Royal Barefoot" Carmelite Order

descansar to rest

descanso rest

descargado without a load

descenso descent, decline

descifrar to decipher; to figure out

desconcertante disconcerting

desconcertar (ie) to disconcert; to surprise

desconfiado distrustful; **condenado por desconfiado** condemned because of distrustfulness

desconocer (zc) to not know; to disregard

descubierto *p.p. of* **descubrir**

descubrimiento discovery

descubrir to discover

desde since; from

desdén *m.* disdain, scorn

desdichado poor unfortunate soul

desear to desire

desembarcar to disembark

desembocar to flow; to empty

desempeñar to carry out; to fill (*an office or function*)

desempleo unemployment

desencantado disenchanted, disillusioned

desencanto disenchantment, disillusionment

desenfrenado unfettered, unrestrained

deseo desire

desertificación *f.* the process by which an area becomes a desert

desesperado hopeless; desperate

desfilar to parade

desgraciado unfortunate

deshacer (like hacer) to undo

deshonesto dishonest

deshonra dishonor, disgrace

desierto desert

desigual unequal

desilusión *f.* disillusion, disillusionment

deslumbrante brilliant, dazzling

desmoralizador, -ora demoralizing

desnudo nude, naked

desobedecer (zc) to disobey

desorganizado disorganized, disorderly

despacio slow

desperdigado scattered

despertar (ie) to awaken

déspota *m., f.* despot, tyrant

despotismo ilustrado enlightened despotism

despreciar to scorn

desprecio scorn, disdain

desprestigiar to lose prestige

después later; **después de** after

destacado outstanding

destacar to be outstanding; to excel

desterrar (ie) to exile

destierro exile

destino destiny, fate

destruir (y) to destroy

desunido disunited

desvalorar to discredit

desventaja disadvantage

detalle *m.* detail

detención *f.* arrest, detention

detener (like tener) to arrest

detenido arrested

determinación *f.* determination; decision, resolution

determinar to determine

detrás (de) behind

devolver (like volver) to return (something)

devoto devout; devoted to

devuelto *p.p. of* **devolver**

día *m.* day; **hoy día, hoy en día** nowadays

diablo devil

dialogado in dialogue form

diario *n.* newspaper; *adj.* daily

dibujante *m., f.* sketcher

dibujar to draw, sketch

dibujo drawing, sketch

diciembre December

dictador, dictadora dictator

dictadura dictatorship

dictar to dictate

dicho *p.p. of* **decir**

didáctico didactic

diferencia difference

diferente different

diferir (ie) to differ
difícil difficult
dificultad *f.* difficulty
difusión *f.* propagation, spreading
dignamente with dignity
dignidad *f.* dignity
dignificar to dignify
digno worthy; dignified
dilema *m.* dilemma
diligencia diligence, industriousness
dimisión *f.* resignation (*of office*)
dimitir to resign, relinquish
dinero money
Dios God
diplomático *n.* diplomat; *adj.* diplomatic
diputado deputy; *congressman*
dirigente *m., f.* leader, director
dirigir (j) to direct
disciplinado disciplined
discípulo, discípula pupil; follower, disciple
discordia discord, disagreement
discrepancia disagreement
discreto wise, prudent
discurso speech, address
discutir to discuss, debate
diseño design
disfrutar to enjoy
disgustado displeased, annoyed
disidencia dissidence, opposition
disminución *f.* decrease, decline
disminuir (y) to diminish
dispar *m., f.* different, disparate
disperso *adj.* dispersed, scattered
disponer (*like* **poner**) to dispose; to give instructions for
disposición *f.* disposal
dispuesto *p.p. of* **disponer**; *adj.* disposed, ready
distinción *f.* distinction, elegance
distintivo distinctive
distinto different
distorsionado distorted
distraer (*like* **traer**) to distract; to amuse
diversidad *f.* diversity
diverso various, different
divertir (ie) to divert; to amuse; **divertirse** to have a good time

doblado dubbed
doblar to dub (*a film*)
doble double
doblón *m.* doubloon (*coin*)
dócilmente docilely, obediently
doctorado doctorate
documental *m.* documentary
dolor *m.* pain, suffering
doloroso painful; **la Dolorosa** the Virgin Mary
dominador, -ora dominating
dominar to dominate
don (doña) title of respect used with first names
doncella maiden
donde where
dorado gold-colored
dormir (ue) to sleep; *n. m.* sleep
dramaturgo playwright
drásticamente drastically
droga drug
duda doubt
dudar to doubt
dudoso doubtful
duelo duel
dueña mistress
dueño owner; master
dulce sweet
dulzura sweetness
dúo duet
duque *m.* duke
duquesa duchess
duradero long-lasting
durante during
durar to last
duro hard

E

e and (*before words beginning with* **i** *or* **hi**)
echado *adj.* resting
eclesiástico priest
ecologismo pertaining to ecology
edad *f.* age; **Edad Media** Middle Ages; **tercera edad** retired age group
edificación *f.* construction
edificar to build
edificio building

editorial pertaining to publishing
educativo educational
efímero ephemeral, short-lived
egoísmo selfishness
egoísta *adj. m., f.* selfish
egolatría self-worship
ejecución *f.* execution
ejecutar to execute
ejemplar *n. m.* specimen; *adj.* exemplary
ejemplo example
ejercer (z) to exercise (power)
ejercicio exercise
ejército army
elaborado elaborate
elaborar to elaborate
electorado electorate
elegía elegy, composition written as a lament for the dead
elegir (i) to elect, to choose
elepé *m.* LP, long-playing record
elevar to raise; **elevarse** to rise
elogiar to praise
elogio praise
embargo: sin embargo nevertheless, however
embellecer (zc) to beautify
embestida charge (*of the bull*)
embestir (i) to charge upon, attack
emboscada ambush
emitir to emit; to broadcast
emocionado *p.p. of* **emocionar**
emocionante moving
emocionar(se) to be emotionally moving (moved)
empeorar to become worse
emperador *m.* emperor
empezar (ie) to begin
emplear to employ; to use
empleo job
empobrecer (zc) to become poor
empobrecido impoverished
emprender to undertake
empresa enterprise; **empresa bancaria** holding company
empresario businessman
enamorarse to fall in love
enano, enana dwarf
encabezado led, headed
encantar to delight, charm, enchant

encanto charm
encarcelado imprisoned, jailed
encarcelamiento imprisonment
encargado (de) charged (with)
encargar to commission; **encargarse (de)** to be in charge (of)
encarnar to embody; to incarnate
encerrar (ie) to lock up
enciclopédico vast, encyclopedic
encierro enclosure
encima on top; **por encima de** above
encontrar (ue) to find; **encontrarse con** to meet up with
encuentro meeting
encuesta poll
enderezar to straighten out; to put right
enemigo enemy
enérgico energetic
enfático emphatic
enfatizar to emphasize
enfermedad *f.* illness
enfermo ill
enflaquecido grown thin
enfrentarse to face
enfrente in front
engañar to deceive
engaño deception
engendrar to engender, beget; to produce
enigma *m.* enigma, puzzle
enigmático enigmatic, puzzling
enmienda amendment
enorme enormous
enriquecimiento enrichment
ensayo essay; rehearsal
enseñanza *n.* teaching
enseñar to teach
entender (ie) to understand
entendimiento comprehension, understanding
enterarse to find out
entero entire, whole
enterrar (ie) to bury
entidad *f.* entity
entierro burial
entonces then
entrada entrance, ticket
entrañable intimate, affectionate
entrar to enter

entre among; between
entregarse to give oneself up; to devote oneself; to surrender
entremés *m.* one-act farce performed between acts of a longer play
entretener (ie) to entertain
entretenimiento entertainment
entuerto wrong, injustice
entusiasmar to make enthusiastic
envejecer (zc) to age
enviar (í) to send
envidia envy
envidioso envious
envolver (*like* **volver**) to involve; to wrap
envuelto wrapped; *p.p. of* **envolver**
épico epic
episodio episode
epíteto epithet
época era, age, time
epopeya epic poem; adventure
equilibrio balance
equitativo equitable
erguido erect
erotismo eroticism
erudito erudite, learned
escala scale
escandalizar to scandalize
escándalo scandal
escandaloso scandalous
escaparse to escape; **escaparse de su casa** to run away from home
escasez *f.* (*pl.* **escaseces**) scarcity
escaso scarce
escena scene
escenario setting
escéptico skeptical
Escipión Scipio (*Roman general in the war against Numancia*)
esclavo slave
Escocia Scotland
escoger (j) to choose
esconder to hide
escribir to write
escrito *p.p. of* **escribir**
escritor, escritora writer
escritorio desk
escrúpulo scruple
escuadra squadron
escuchar to listen

escudero squire
escuela school
esculpir to sculpt
escultor, escultora sculptor
escultura sculpture
esencia essence
esfera sphere
esfuerzo effort
eso: por eso for that reason
espacioso spacious
espada sword
espantoso frightful
español, española *adj.* Spanish; *n.* Spaniard
esparcido scattered, spread out
especializado specialized
espectáculo spectacle, show
espectador, espectadora spectator
espectro spectrum
espejo mirror
espera waiting, expectation
esperanza hope
esperar to wait; to hope; to expect
espesor *m.* thickness
espinazo spine, backbone
espiral *f.* spiral
espíritu *m.* spirit
espiritualidad *f.* spirituality
espontáneo spontaneous
esposa spouse; wife
esposo spouse; husband
esqueleto skeleton
esquila small bell
esquina corner
esquivo aloof
estabilidad *f.* stability
establecer (zc) to establish
establecimiento establishment
estadística study of statistics; *pl.* statistics
estado state; **estado de bienestar** welfare state; **estado de derecho** nation of laws; **golpe** (*m.*) **de estado** coup d'état
estadounidense of the United States
estallar to blow up, to explode; to break out (*war*)
estancia stay, sojourn
estanque *m.* pool
estar *irreg.* to be

estatal pertaining to the state
estatua statue
este *m.* east
estilista *m., f.* stylist
estilístico stylistic
estilo style
estío summer
estoico stoic
estoque *m.* rapier, sword
estrecho *n.* strait; *adj.* narrow
estrenar to present for the first time
estreno premiere
estribillo refrain
estrofa stanza
estructura structure
estudiante *m., f.* student
estudiantil pertaining to students
estudiar to study
estudio study
etarra *m., f.* member of the Basque armed group ETA
eterno eternal
Eucaristía Eucharist; communion
eunuco eunuch
europeización *f.* Europeanization
europeizado Europeanized
europeo European
euskera Basque language
evitar to avoid
evocar to evoke
exactitud *f.* exactness
exagerado exaggerated
exaltado excited
examen *m.* examination
excelencia excellence; **por excelencia** par excellence
exclamar to exclaim
exhibir to exhibit
exigir to demand
exiliado exiled
exilio exile
éxito success
exitoso successful
explicación *f.* explanation
explicado explained
explicar to explain
explicativo explanatory
explorador, exploradora explorer
explotación *f.* exploitation
explotar to exploit

expulsar to expel
exquisitez *f.* exquisiteness
exquisito exquisite; delicious
éxtasis *m.* ecstasy
extender (ie) to extend
extensivo extensive, widespread
extenso extensive, vast
extranjero abroad; *n.* foreigner; *adj.* foreign
extraño strange
extremadamente extremely
extremado extreme, carried to the limit

F

fábula fable
fácil easy
facilidad *f.* ease, facility
factible feasible
facultad *f.* school (of a university)
faena series of passes in the third part of the bullfight
Falange *f.* Spanish fascist party
falangista *m., f.* Falangist, member of the Falange Party
fallecer (zc) to die
falsedad *f.* falsity; falsehood
falta lack
faltar to be lacking
fama fame; reputation
familiar *m., f.* member of a family; *adj.* familial
fantasía fantasy, imagination
farmacia pharmacy
farsa farce
fascinador, -ora fascinating
fascinante fascinating
fatiga tiredness
favor *m.* favor; **a favor** in favor
favorecer (zc) to favor
fe *f.* faith
febrero February
fecha date
felicitar to congratulate
feliz happy; lucky
feminista *m., f.* feminist
fenicio Phoenician
fenómeno phenomenon
feo ugly

feria fair
feroz (*pl.* **feroces**) ferocious
ferrocarril *m.* railroad
fervorosamente fervently
ficticio fictitious
fidelidad *f.* fidelity, faithfulness
fiebre *f.* fever
fiel faithful
fiesta festival; party
figurar to figure; to appear
fijar to fix; to establish
fila line
filiación *f.* connection; relationship
filigrana filigree
filólogo, filóloga philologist
filosofía philosophy
filosófico philosophical
filósofo, filósofa philosopher
fin *m.* end; **a fin de cuentas** after all; **en fin** in short
final *m.* end
finalmente finally, ultimately
financiación *f.* financing
financiar to finance
financiero financial
fingir (j) to pretend
fino fine, refined
firmar to sign
firme firm
firmeza firmness
físico physical
flaco skinny
flamenco Flemish; flamenco (song or dance)
Flandes Flanders
flebitis *f.* phlebitis
flecha arrow
flexibilidad *f.* flexibility
flor *f.* flower
florecer (zc) to flower
florecimiento flowering
florido flowery
flota fleet
folklórico folkloric
fomentar to promote, encourage
fondo bottom; rear, background; subject matter
forastero outsider
forestal pertaining to a forest
forjar to forge, build

formado formed, made up
formar to form
formidable formidable; tremendous
formular to formulate
fortaleza fortress
fortuna fortune; luck
foto *f.* (*from* **fotografía**) photo-
graph
fracasar to fail
fracaso failure
fragancia fragrance
fragua forge, metalsmith shop
fraile *m.* friar, monk
francés, -esa French
Franco-Condado Franche-Comté,
county near Burgundy in eastern
France
franquista *m., f.* pertaining to the
era of General Francisco Franco's
rule
frase *f.* sentence
fraternidad *f.* brotherhood
frecuencia frequency
frecuente frequent
frenar to slow down; to brake
frenesí *m.* frenzy
frente (a) regarding; in front of,
before, facing
frente *m.* front; *f.* forehead
frescura freshness
frialdad *f.* coldness
frío cold
frivolidad *f.* frivolity
frívolo frivolous
frontera border
fronterizo pertaining to the border
frustrador, -ora frustrating
fruta fruit
fruto product, result
fuego fire
fuente *f.* source; fountain
fuera outside
fuero law
fuerte strong
fuerza force
funcionamiento working, operation
funcionar to function
funcionario official
fundación *f.* founding
fundador, fundadora founder

fundar to found
fundir to fuse together
furia fury
furioso furious
furtivo *adj.* furtive; *n. m.* poacher
fusil *m.* rifle
fusilar to shoot

G

gabinete *m.* cabinet
gaita bagpipe
galán *m.* gallant; youthful male lead
in a play
galardonar to honor, reward
galera galley (*nautical*)
gallego Galician, pertaining to Galicia
gallina hen; **gallina ciega** blind
man's bluff
gana desire; **darle (a uno) la
gana** to feel like; **de mala gana**
unwillingly
ganadería cattle-raising; livestock
ganadero owner of cattle
ganado cattle; livestock
ganador, ganadora winner, earner
ganar to win; **ganarse la vida** to
earn a living
garantía guarantee
garantizar to guarantee
garganta throat
garra claw
garza heron
gastar to spend
gaviota seagull
gemelo twin
género genre, type; **género chico**
farce, broad comedy of manners
and customs
genial inspired; ingenious; lovable
genio genius
gente *f.* people
gesto gesture
gigante *n. m.* giant
giro turn
gitano gypsy
gloria glory
gobernador, gobernadora governor

gobernar (ie) to govern
gobierno government
godo Gothic, pertaining to the Goths
golfo gulf; rogue
«golpazo» attempted coup that took
place in Spain in February of
1981
golpe *m.* blow; **golpe de estado**
coup d'état; **golpe militar** military coup
golpear to beat, to hit
gongorismo poetic style of Luis de
Góngora and his imitators
gordo fat
gótico Gothic (*art and architecture*)
goyesco pertaining to or characteristic of Goya
gozar to employ
gracia grace; charm; wittiness; *pl.*
thanks, thank you
gracioso amusing, witty
grado degree
graduado graduate
gramática grammar
gran (grande) great; big
granadino pertaining to Granada
grandeza greatness
grandiosidad *f.* grandeur, greatness
grandioso splendid; magnificent;
grandiose
granito granite
gratitud *f.* gratitude
gratuitamente freely, without cost
gratuito free
grave serious, grave
griego Greek
gris gray
gritar to scream; to yell; to protest
grito cry
grueso thick; fat
grupo group
gualdo yellow
guapo handsome
guardar to keep
guardia *f.* (*military*) guard; *m.*
guardsman; **guardia civil** *f.*
national police force
guarnición *f.* garrison
gubernamental governmental
guerra war

guerrear to make war; to fight
guerrero *n.* warrior; *adj.* warlike
guerrilla guerrilla warfare
guía *m., f.* guide
guión script, screenplay
guionista *m., f.* screenwriter
guitarra guitar
guitarrista *m., f.* guitar player
gustar to be pleasing
gusto taste

H

haber *irreg.* to have **por haber** to
 come
habilidad *f.* skill
habitante *m., f.* inhabitant
habitar to inhabit
hábito custom, habit
hablar to speak
hacer *irreg.* to do; to make; **hace +**
 time + past tense ago; **hacer com-**
 pañía to accompany; **hacer frío**
 to be cold (*weather*); **hacer un**
 viaje to take a trip
hacha (*f. but* **el hacha**) ax, hatchet
hacia toward; around
hacienda property, fortune; **Minis-**
 tro de Hacienda Minister of
 Finance
hallar to find
hambre (*f. but* **el hambre**) hunger
hambriento desirous, spiritually
 hungry
harén *m.* harem
harto sick and tired
hasta until; even
hazaña exploit, heroic feat
hebreo Hebrew
hechizado bewitched
hechizo magical spell
hecho *p.p. of* **hacer;** *adj.* made;
 n. m. fact; action, deed
hemisferio hemisphere
heredar to inherit
heredero heir
hereje *m., f.* heretic
herencia inheritance

herida *n.* wound, injury
herido *adj.* wounded, injured
hermana sister
hermano sibling; brother
hermoso beautiful, fair
hermosura beauty
héroe *m.* hero
hervir (ie) to boil
hidalgo noble
hija daughter
hijo child; son; *pl.* children
himno hymn
hipocresía hypocrisy
hipócrita *n. m., f.* hypocrite; *adj.*
 m., f. hypocritical
hispánico Hispanic
hispanoamericano Latin American
hispanorromano Hispano-Roman
historia history; story
historiador, historiadora historian
histórico historical
hogaño nowadays; in our time (*col-*
 loq.)
hogar *m.* home
hoguera bonfire; burning at the stake
holandés, -esa Dutch
hombre *m.* man
homenaje *m.* tribute
homogeneidad *f.* homogeneity
hondo deep
honestidad *f.* honesty
honra honor
honrado honorable
hora hour; time
horizonte *m.* horizon
horno oven
horrendo dreadful, horrible
horroroso frightful, horrifying
hospedar to host
hostia (Sacred) Host
hoy today; nowadays
huelga strike
huella footprint; track; mark
huérfano orphan
huerta irrigated, cultivated land
hueso bone; **carne y hueso** flesh
 and blood
huesudo bony
huir (y) to flee; to run away
humanidad *f.* humanity

humilde humble
humillante humiliating
humillar to humble
humorista *m., f.* humorist, comic
hundir(se) to sink; to disappear

I

ibérico Iberian
ibero Iberian
identidad *f.* identity; **señas** (*f. pl.*)
 de identidad identifying marks
idioma *m.* language
ido *p.p. of* **ir**
ídolo idol
iglesia church
ignorar to be ignorant of
igual equal
igualdad *f.* equality
ilegítimo illegitimate
iluminado illuminated
ilusión *f.* hope
ilustrado enlightened
ilustre illustrious
imagen *f.* image
imaginería carving or painting of
 sacred images
impedir (i) to prevent; to hinder
imperio empire
ímpetu *m.* impetus, drive
imponente grandiose, imposing
imponer (*like* **poner**) to impose
importar to be important; to import
imposibilidad *f.* impossibility
imprescindible indispensable
impresionante impressive
impresionar to impress
imprimir to print
improvisador, -ora improvising
improvisar to improvise
impuesto *p.p. of* **imponer;** *n.* tax
impulsar to impel; to drive
impulso drive, push
impunemente with impunity, without punishment
inagotable inexhaustible
inaguantable unbearable
inapreciable inestimable
inaugurado inaugurated, begun

incapacidad *f.* inability
incauto incautious, unwary
incendiar to set fire to
incendio fire
incertidumbre *f.* uncertainty
inclinar(se) to be inclined
incluir (y) to include
incluso including; even
incomprensible incomprehensible
incorporar to include; **incorporarse** to join
increíble incredible
indefenso defenseless
independentista *m., f.* proponent of independence
indeterminado indefinite
Indias *f. pl.* Indies
indicar to indicate
indicio indication; sign
indígena *adj. m., f.* indigenous; *n. m., f.* native
indignarse to become indignant
indio Indian
indirectamente indirectly
indisoluble undissolvable
individuo individual
indoeuropeo Indo-European
índole *f.* type, nature
inefable unutterable, indescribable
ineficacia inefficiency
inestabilidad *f.* instability
infalible never-failing
infancia childhood, infancy
infanta princess
infante *m.* prince
infantería infantry
infantil infantile, pertaining to children
infatigable untiring
inferior lower; inferior
infierno hell
infinidad *f.* infinite number
influir (y) to influence
informe *m.* report
ingeniero engineer
ingenio wit
ingenioso ingenious, clever
ingenuo ingenuous, naive
inglés, -esa English
ingratitud *f.* ingratitude

ingrato ungrateful
ingreso entrance
ingresos *pl.* income, revenue
inhibir to inhibit
inhóspito inhospitable
iniciador, iniciadora *n.* founder, initiator; *adj.* first
inicial initial, first
iniciar to begin
inigualado unequalled
injusto unfair
inmenso immense
inmoralidad *f.* immorality
inmortalidad *f.* immortality
inmortalizado immortalized
inmovilizar to immobilize
innecesario unnecessary
innovador, -ora innovative
inolvidable unforgettable
inquietante disquieting, disturbing
inquietar to make nervous
inquieto restless
inquietud *f.* uneasiness, concern
inquisidor *m.* inquisitor
insatisfecho dissatisfied
inseguridad *f.* insecurity
insidiosamente insidiously
insinuarse (ú) (en) to slip (in)
insólito unusual
insoportable intolerable, unbearable
inspeccionar to inspect
inspirador, inspiradora one who inspires
inspirar to inspire
instalación *f.* post, station
instalar to install
instinto instinct
ínsula (*archaic*) isle, island
integral whole, inclusive
íntegramente thoroughly
integrante constituent, integral
intensamente intensely
intensificar to intensify
intentar to try
intento attempt
intercambio exchange
interés *m.* interest
interesante interesting
interesar to interest; **interesarse** to be interested in

intermedio intermediate
interno internal
intérprete *m., f.* interpreter
interrumpir to interrupt
intervención *f.*: **no intervención** nonintervention
intervenir (ie) to intervene
intimista *adj. m., f.* intimate
íntimo intimate
intransigencia intransigence; intolerance
intransigente intransigent; uncompromising
intriga intrigue
introducción *f.* introduction, first appearance
introducir (zc) to introduce
intruso intruder
inundar to flood
inútil useless
invasor, invasora invader
invencible invincible, unbeatable
invento invention
invernadero nursery
inversión *f.* investment
invertebrado invertebrate; lacking values and structures in common
investigación *f.* research
invierno winter
invitar to invite
involucrar to jumble; **involucrarse** to involve oneself
ir to go; **ir más allá (de)** to go beyond; **irse** to go away
irlandés, -esa Irish
irracionalidad *f.* irrationality
irreal unreal
irreconocible unrecognizable
irritante irritating
isla island
islámico Islamic
italiano Italian
itálico italic
itinerario itinerary; route
izquierda the left (*politics*)
izquierdista *m., f.* leftist
izquierdo left

J

jamás never

jarcha Hispano-Arabic song

jardín *m.* garden

jarra jar

jaula cage

jefatura command; leadership

jefe, jefa chief, leader

jerarquía hierarchy

jerez *m.* sherry

jeroglífico hieroglyph, hieroglyphic

jesuita *m., f.* Jesuit

jinete *m.* horse-rider

jondo (*colloq.*) deep

joven *n. m., f.* young person; *adj. m., f.* young

joya jewel

jubilarse to retire

judío *n.* Jew; *adj.* Jewish

Juegos Olímpicos Olympic Games

juerga spree; **de juerga** on the town

juez *m.* (*pl.* **jueces**) judge

jugar (ue) to play

juglar *m.* epic singer

juicio judgment; sanity

julio July

junta council

juntar to join; **juntarse** to get together

junto together

jurar to swear; to vow

justiciero fair, just

justificable justifiable

justo fair

juvenil youthful, young

juventud *f.* youth

juzgar to judge

K

kiosco kiosk, newspaper and book stand

L

laberinto labyrinth, maze

labio lip

labor *f.* task

labrador, labradora farm worker, peasant

lacayo lackey

ladino language spoken by the Sephardic Jews, based on Old Castilian and written with Hebrew letters

lado side; **del lado** on the side, in favor; **por otro lado** on the other hand

ladrón, ladrona thief

lágrima tear (drop)

lamentablemente lamentably

lana wool

lanza lance

lanzar to launch; **lanzarse** to embark

largo long

lascivo lewd

latinizado Latinized

laúd *m.* lute

lavar to wash

lazo link, tie

leal loyal

lealtad *f.* loyalty

lección *f.* lesson

lecho bed

lector, lectora reader

lectura *n.* reading

leer to read

legítimo legitimate

legua league (*measure of distance*)

leído *p.p. of* **leer**

lejano faraway

lejos far

lengua tongue; language

lenguaje *m.* language

lento slow

león, leona lion

letra letter (*of the alphabet*); writing; lyrics; *pl.* literature

levantamiento uprising

levantar to raise; **levantarse** to get up; to rise up

ley *f.* law; **ley sálica** Salic law

leyenda legend

liberar to free

libertad *f.* liberty

libertador, libertadora liberator

libertino licentious

libre free; **aire** (*m.*) **libre** open air

libro book

licenciado person possessing a higher degree; graduate

liceo lyceum, literary or recreational society; **Teatro del Liceo** famous theater in Barcelona

líder *m., f.* leader

liderazgo leadership; rule

lidia fight, struggle (*usually referring to a bullfight*)

lienzo canvas; (*by extension*) painting

ligado linked

ligero slight

limonero lemon tree

limosna alms, charity

limpio clean

línea line

lírica *n.* lyric poetry

lírico *adj.* lyrical

listo ready

literato *adj.* writer; literary person

llama flame; **en llamas** in flames

llamar to call

llano flat

llanto lament

llanura plain, flatland

llave *f.* key

llegada arrival

llegar to arrive

llenar to fill

lleno full

llevar to wear; to take; to carry; to bring; to take away; **llevar a cabo** to carry out

llorar to cry

llover (ue) to rain

lluvia rain

localidad *f.* locality

loco insane, mad; **volverse loco** to go mad

locomotora locomotive

locura madness, insanity

lógica *n.* logic

lógico *adj.* logical

lograr to manage (to); to achieve

logro achievement; success

lozano beautiful; vigorous, healthy

lucha fight, battle

luchador, luchadora fighter

luchar to fight
luego later; then
luengo (*archaic*) long
lugar *m.* place; **dar lugar** to cause;
  tener lugar to take place
lujo luxury
lujosamente luxuriously
luna moon
luz *f.* (*pl.* **luces**) light

M

macabro macabre
machista *adj. m., f.* sexist
macilento emaciated
macizo solid; strong
madera wood
madre *f.* mother
madrileño of or pertaining to Madrid
madrugada early morning
madrugador, madrugadora early
  riser
madrugar to get up early
madurar to mature
madurez *f.* maturity
maduro mature
maestro teacher; master; **obra**
  maestra masterpiece
magia magic
magistralmente masterfully
magnitud *f.* magnitude, scale
mago sage, magician
mahometano Mohammedan
maja young woman of the working
  class
majada sheepfold
majestuoso majestic
majo dandy of the working class
mal *adv.* ill, badly; *n. m.* evil, mis-
  fortune
malagueño of or pertaining to
  Málaga
maldad *f.* evil
maleante *m.* hoodlum, evil person
malo bad, evil **mala educación** *f.*
  bad manners
maltratar to abuse, treat poorly
mallorquino of or pertaining to
  Mallorca (Majorca)

manada herd
manchego of or pertaining to La
  Mancha
manco crippled by the loss of one
  hand
mandar to send; to command
mandato command
mando command, leadership
manejar *m.* to manage; to conduct
manera manner, way
manifestación *f.* demonstration;
  manifestation
manifestar (ie) to show; to manifest
maniobra maneuver
manipular to manipulate
mano *f.* hand; **mano de obra**
  labor
manso tame, docile, gentle
mantener (*like* **tener**) to maintain;
  to support; **mantenerse** to remain
manuscrito manuscript
mañana *adv.* tomorrow; *n. f.* morning; *n. m.* future
mapa *m.* map
mar *m.* sea
maravilla marvel
maravillarse (de) to marvel (at)
maravilloso marvelous
marcadamente markedly
marcado marked; significant
marcar to mark
marcha journey; **en marcha** in
  motion
marco frame
marearse to get seasick
margen *m.* margin; **al margen de**
  at the edge of
marginado marginalized, downtrod-
  den
marido husband
marinero seagoing
marino sailor
mármol *m.* marble; sculpture
marqués *m.* marquis
marroquí, marroquina Moroccan
Marruecos Morocco
mártir *m., f.* martyr
martirio martyrdom
mas but
más more; most

masa mass (*physics*)
máscara mask
matador, matadora bullfighter
matanza slaughter; massacre
matar to kill
materia material; matter
maternidad *f.* maternity
matiz *f.* (*pl.* **matices**) shade of
  color; tint
matrícula registration; tuition cost
matrimonio marriage
máximo highest; greatest
mayo May
mayor older; oldest; greater; greatest
mayoría majority
mayoritario pertaining to the
  majority
maza mallet
mediado half-full; **a mediados de**
  halfway through
mediante through, by means of
médico physician
medida: a medida que as, at the
  same time as
medio middle; half; *pl.* milieu;
  means; **las diez y media** ten-
  thirty
medio ambiente *m.* environment;
  atmosphere
medios (*m. pl.*) **de comunicación**
  media
mejor better; best
mejora improvement
mejorar to better, to improve
melodioso melodious
memoria memory; *pl.* memoirs
mendigo beggar
menestral, menestrala artisan
menina waiting-woman, servant
menor less; minor
menos less; except; fewer; **por lo**
  menos at least
mentalidad *f.* mentality
mente *f.* mind
mentira untruth, lie
menudo small; **a menudo** often
mercader *m.* merchant
mercado market
merced *f.* grace, favor; mercy;
  vuesa merced your grace

merecer (zc) to deserve
meridional southern
mérito merit, value
mero pure, mere
mes *m.* month
mesa table
meseta plateau
meta goal, object
metafórico metaphorical
metro meter
metrópoli *f.* metropolis, capital
mezcla mixture
mezclar to mix
mezquita mosque
miedo fear
miembro member
mientras while
milagro miracle
milagroso miraculous
milicia militance, warfare
militante *m., f.* militant
militar military
milla mile
millar one thousand; *pl.* thousands
millonario millionaire
mina mine
minero miner
ministerio ministry
ministro minister; **primer ministro** prime minister
minoría minority
minoritario pertaining to minority
minúsculo small, minute
mirada look, gaze
mirar to look; to gaze
misa (Catholic) mass
miserable wretched, unfortunate
miseria poverty
misionero missionary
mismo same; **sí misma** herself; **sí mismo** himself
mitad *f.* half; middle
mítico mythical
mito myth
mitológico mythological
moda fashion, style
modalidad *f.* manner, way
modelo *m., f.* model
moderado moderate

modo way; **de todos modos** anyway, in any case
molinera miller's wife
molino mill
mollera head
monarca *m., f.* monarch
monárquico monarchical
moneda coin; currency
monja nun
monolingüismo utilization of one language
monótono monotonous
monstruo monster; **monstruo de la naturaleza** force of nature
monstruoso monstrous
montaña mountain
montañoso mountainous
montar to mount
morada dwelling
moraleja moral
moralizador, -ora moralizing
moreno dark-skinned, dark-haired
moribundo dying
morir (ue) to die
morisco Moorish, pertaining to Spanish Moors only
moro Moorish, pertaining to Moors or Mohammedans
mortificado shamed
mostrar (ue) to show
moverse (ue) to move (*oneself*)
movimiento movement
moza young woman
mozárabe pertaining to Christians living under Moslem domination in Spain
muchacha girl
muchacho boy
mucho a lot, much; *pl.* many; **muchas veces** *f. pl.* often
mudéjar pertaining to Moslems living under Christian domination in Spain
muerte *f.* death
muerto dead; *p.p. of* **morir**
muestra example, demonstration
mujer *f.* woman
muleta cane bearing bullfighter's small cape
multiplicar to multiply

mundial pertaining to the world
mundo world; **todo el mundo** everyone
muralla wall
murciano pertaining to the province of Murcia
murciélago bat (*animal*)
muro wall
museo museum
músico *m., f.* musician
musicólogo musicologist
musulmán, -ana Muslim
mutuo mutual

N

nacer (zc) to be born
nacimiento birth
nacional national; reference to Franco's side in the Civil War
nacionalidad *f.* nationality
nada nothing; **más que nada** more than anything else
nadie nobody
napoleónico pertaining to Napoleon
naranja orange
naranjo orange tree
nardo spikenard (*flower*)
nariz *f.* nose; **el narizotas** Big Nose (Carlos IV)
narración *f.* narration, story
narrador, narradora narrator
narrar to narrate; to tell a story
natal native, pertaining to birth
natalidad *f.* birthrate
naturaleza nature; **naturaleza muerta** still life
naturalidad *f.* naturalness
navaja knife, blade, dagger
nave *f.* ship
necesidad *f.* necessity, need
necesitar to need
necio stupid, silly
negación *f.* negation, denial
negar (ie) to deny; **negarse (a)** to refuse (to)
negociar to negotiate
negocio business

negro black
negruzco-verdoso blackish-greenish
neofranquista *m., f.* neo-Franquist; pertaining to a renovation of Franco's beliefs and doctrines
nerviosidad *f.* nervousness
neutralidad *f.* neutrality
ni nor; not even
nido nest
nieta granddaughter
nieto grandson; grandchild
nieve *f.* snow
nihilista *m., f.* nihilist
niña child, girl
niño child, boy
nivel *m.* level
nobleza nobility
noche *f.* night
nocturno nocturnal, by night
nómada *m., f.* nomadic
nombrar to name
nombre *m.* name
nórdico Nordic, northern
norma norm, rule
noroeste *m.* northwest
norte *m.* north
norteño northern, of the north
nota note
notar to notice
noticias *f. pl.* news
notorio well-known
novedad *f.* novelty
novela negra detective novel
novelado in the form of a novel
novelesco novelesque, fantastic
novelista *m., f.* novelist
novia bride, fiancée
noviazgo engagement
noviembre November
novillero bullfighter who fights young bulls (*one stage prior to becoming a matador*)
novillo young bull
novio bridegroom; fiancé; **ponerse de novios** to become engaged
nube *f.* cloud
nuevo new
numantino pertaining to Numancia
numéricamente numerically

número number
numeroso numerous, many
nunca never

O

obedecer (zc) to obey
obispo bishop
objetividad *f.* objectivity
objetivo *n. m.* goal; *adj.* objective
objeto object
obligar to oblige; to force
obra work; **obra maestra** masterpiece
obrero *n.* worker; *adj.* pertaining to workers and working
observador, observadora *n.* observer; *adj.* observing
obstinado obstinate, stubborn
obtener (*like* **tener**) to obtain
obvio obvious
ocaso decline, end
occidental Western
Occidente *m.* Occident, the West
ocioso idle
octubre October
ocultar to hide
ocupante *m., f.* occupant
ocupar to occupy
ocurrir to occur, to happen
odiar to hate
odio hate
odisea odyssey
oeste *m.* west
oficina office
oficio work, career
ofrecer (zc) to offer
ogro ogre
oído ear
oír (y) to hear
ojival pertaining to a pointed arch
ojo eye
ola wave
óleo oil-painting
olivo olive
olvidar to forget
opinar to give an opinion
oponerse (*like* **poner**) to be opposed

oprimido oppressed
optar to opt
opuesto *p.p. of* **oponer**; *adj.* opposite
oración *f.* sentence
orar to pray
orden *m.* order, regularity, religious community; *f.* order, command
ordenación *f.* ordering, arrangement
ordenar to command; to arrange; **ordenarse sacerdote** to become ordained as a priest
orgía orgy
orgullo pride
orgulloso proud
oriental *adj.* eastern
Oriente *m.* the East, Orient
origen *m.* origin
originalidad *f.* originality
originar to originate
orilla shore
oro gold; **Siglo de Oro** Golden Age
orquesta orchestra
oscuro dark
ostentar to flaunt
ostentoso ostentatious
otero hill
otorgar to grant, bestow
oveja sheep
oyente *m., f.* listener

P

paciencia patience
pacífico pacific, peaceful
padre *m.* father; Father (*priest*); *pl.* parents
pagar to pay
página page
pago payment
país *m.* country
paisaje *m.* landscape; countryside
paisano peasant
paja straw
pájaro bird
paje *m.* pageboy
palabra word

palco reviewing stand

pálido pale

palmear to clap

palmo span, measure of length (*8 inches*)

palo club, stick

paloma dove

pamplonés, -esa pertaining or referring to Pamplona

panameño pertaining or referring to Panama

pancarta banner

pandereta tambourine

pandilla group of friends, gang

pantera raft for illegal transportation

pañuelo handkerchief

papa *m.* Pope

papel *m.* paper; role; **desempeñar un papel** to play a role

par *m.* pair; **sin par** unequaled, without equal

para in order to; for

paradoja paradox

paradójicamente paradoxically

parador *m.* inn

paraíso paradise

parar to stop; **¿adónde iremos a parar?** where will it all end?

pardo gray; brown; drab

parecer (zc) to seem; **parecerse a** to resemble, be similar to

parecido similar

pared *f.* wall

pareja pair, couple

parisiense pertaining or referring to Paris

parlamento parliament

Parnaso Parnassus, the mountain where the Muses live

paro unemployment

paródico parodistic

párrafo paragraph

parte *f.* part; **por otra parte** on the other hand; **todas partes** everywhere

particular private; particular; peculiar

particularidad *f.* peculiarity

particularismo particularism; individualism

partido political party

partir to leave; **a partir de** as of, from (then) on

pasado *n. m.* past; *adj.* past

pasaje *m.* passage

pasajero fleeting

pasar to pass; to happen; to spend (time)

pase *m.* pass (*bullfighting*)

pasear to stroll; **pasear la mirada** to extend one's gaze

paseo stroll, walk; **dar un paseo** to take a stroll

pasillo hall, passageway

pasional passionate

pasmado stunned

paso one-act play

pasota *m., f.* (*colloq.*) apathetic person

pasto grass; pastureland

pastor, pastora shepherd, shepherdess

pastoril pastoral

patria homeland; **patria chica** region, province

patrimonio patrimony; heritage

patriota *m., f.* patriot

patrón, patrona patron saint

patrono employer

paz *f.* peace

pazo Galician manor house

pecador, pecadora sinner

pecho chest; breast

pedagogía pedagogy, teaching

pedagógico pedagogical, pertaining to teaching

pedazo piece

pedir (i) to request

pegar to stick; to hit

pelear to fight

pelele *m.* stuffed dummy

película movie

peligro danger

peligroso dangerous

pelo hair

pena punishment; **pena de muerte** death penalty

penar suffer

penitente *m., f.* penitent

pensador, pensadora thinker

pensamiento thought

pensar (ie) to think

peña crag

peñón *m.* steep, rugged hill of rocks; **Peñón de Gibraltar** Rock of Gibraltar

peor *adj.* worse; worst

pequeño small

percibir to perceive

perder (ie) to lose

perdición *f.* downfall, loss

pérdida loss; **pérdida de cerebros** loss of great minds

perdurable lasting

peregrinación *f.* pilgrimage

perezoso lazy

periférico peripheral

periódico newspaper

periodismo journalism

periodista *m., f.* reporter, writer for a newspaper

periodístico pertaining to a newspaper

perjudicar to harm, to injure

perla pearl

permanecer (zc) to remain

permisividad *f.* permissiveness

permiso permission

perpetuo perpetual

perro dog

perseguido followed; persecuted

personaje *m.* (literary) character

personalidad *f.* personality

perspectiva perspective, point of view

pertenecer (zc) to belong

pesadilla nightmare

pesar to weigh; **a pesar de** in spite of

peseta former monetary unit of Spain

peso weight

petición *f.* request

peto cotton blanket worn by horses in the bullfight

pianista *m., f.* pianist

picar to stab; to prick

picardía roguishness; *pl.* mischief, tricks

picaresco picaresque, roguish

pícaro rogue

pico peak; tip, corner
pictórico pictorial
pie *m.* foot; **a pie** on foot
piedad *f.* piety
piedra stone
pieza piece; theatrical or musical work
pináculo pinnacle
pincel *m.* paintbrush
pino pine (tree)
pintar to paint
pintor, pintora painter; artist
pintoresco picturesque
pintura painting
pionero pioneer
pirata *m.* pirate
piratería piracy
pisar to step on
placer *m.* pleasure
plácido calm
planear to plan
plano flat
planteamiento statement, exposition
plantear to lay out; to set forth
plata silver; **plata de luna** quicksilver
plataforma platform; group (of people)
plateresco plateresque, pertaining to an ornate sixteenth-century style
platero silversmith
playa beach
plegarse (ie) to bow down; to bend
pleno full
plomo lead
pluma feather; pen
poblador, pobladora settler
pobre poor
pobreza poverty
poco little; few; **poco a poco** little by little
poder (ue) to be able; *n. m.* power
poderío power, might, authority
poderoso powerful
poema *m.* poem
poesía poetry
poeta *m., f.* poet
poetizar to make into poetry
polémica controversy
policía police force
policial pertaining to the police

polisón *m.* bustle (*article of women's clothing in the nineteenth century*)
política politics
político *n.* politician; *adj.* political
politización *f.* growing political awareness
polvo dust
polvoriento dusty
poner *irreg.* to put
por for; by; through; per; along; **por ciento** percent; **por dentro** on the inside; **por eso** for that reason; **por fuera** on the outside; **por igual** equally; **por lo tanto** therefore; **por mucho que** no matter how much; **por otro lado** on the other hand; **por una parte** on the one hand; **por qué** why; **por ventura** luckily
porcentaje *m.* percentage
porque because
portarse to behave
portavoz *m., f.* (*pl.* **portavoces**) spokesperson
portugués, -esa Portuguese
porvenir *m.* future
posada inn; lodging; boardinghouse
poseer to possess
posfranquista *adj. m., f.* pertaining to post-Franco years
posguerra postwar years
posibilidad *f.* possibility
postergado postponed
posterior later; after
póstumo posthumous
postura posture; attitude
pote *m.* pot; **pote gallego** Galician stew
potencia power, force
prado meadow
precepto precept, rule
precio price
precioso beautiful
precisamente precisely, exactly
precisar to specify
precoz (*pl.* **precoces**) precocious
predeterminado predetermined
predicar to preach
predominio predominance

preferir (ie) to prefer; to choose
pregonero street vendor; town crier
pregunta question; **hacer preguntas** to ask questions
preguntar to ask
premio prize
prenda personal belonging; jewel
prensa press
preocupación *f.* worry
preocupante worrisome
preocuparse to worry
preparar to prepare
prepotencia prepotency, haughtiness
prescrito *p.p. of* **prescribir;** prescribed
presencia presence
presenciar to behold
presentar to present
presidente, presidenta president
presidir to preside (over)
preso prisoner
prestado lent; borrowed
presunto supposed
pretender to attempt
prevalecer (zc) to dominate; to prevail
prevenido ready, prepared
prevenir to prevent
previamente previously
primavera spring
primer (primero) first
primitivo primitive; primal
primogénito first-born
primordial fundamental
princesa princess
principado princedom; the rank of prince
principalmente principally
príncipe *m.* prince
principio beginning; principle; **a principios** at the beginning
privado private
privilegiado privileged
probablemente probably
probar (ue) to test; to try; to prove
problema *m.* problem
procedente originating
proceder to originate

proceso trail; process
proclamar to proclaim
prodemocrático in favor of democracy
prodigio prodigy, marvel
producir (zc) to produce
profeta *m., f.* prophet
profundo deep, profound
programa *m.* program
progresista *adj. m., f.* progressive; *n. m., f.* person of progressive politics, leftist
prohibir to prohibit; to forbid
proletario proletarian, working-class
prolongado prolonged
promesa promise
prometer to promise
promover (ue) to promote; to foster
promulgar to promulgate
pronosticar to predict
pronto soon, quickly
pronunciamiento (military) uprising; coup
propiamente truly; thoroughly
propietario property owner
propio own; very, exact; **el propio Franco** Franco himself
proponerse (*like* **poner**) to plan
propósito aim, purpose
propuesta proposal
propuesto *p.p. of* **proponer**
prosa prose
proseguir (i) to continue
prosista *m., f.* prose writer
próspero prosperous
prostituido corrupt, prostituted
protagonistar to play the lead role
proteger (j) to protect
protegido *n.* favorite; *adj.* protected
proveer to supply
provenir (*like* **venir**) to come; to originate; to arise
proverbial commonplace
provocar to provide
próximo nearby
proyectar to show

proyecto project
prueba proof
psique *f.* psyche, soul
publicar to publish
público *n.* audience; *adj.* public
pueblo town; populace
puente *m.* bridge
puerta door, gate
puerto port
pues well; then; because
puesto *p.p. of* **poner;** *n.* post, job
púnico Punic, pertaining to the wars between Carthage and Rome
punto point; **en punto** exactly
puntualidad *f.* punctuality
puntualizar to describe in detail
puñado handful
puñal *m.* knife, dagger
puñalada stab wound; **matar a puñaladas** to stab to death
puño fist
pupila pupil (eyeball)
purificar to purify
puro pure

Q

quedar to be left; **quedarse** to stay
quejarse to complain
quema *n.* burning
quemar to burn
querer (ie) to want; to love
quieto still, unmoving
quijotesco quixotic
quintaesencia quintessence
quinto fifth
quitar to take away
quizás perhaps

R

rabia anger, fury
racimo bunch of grapes
raíz *f.* (*pl.* **raíces**) root
rama branch
rango rank, category
rápidamente quickly

rapidez *f.* speed
raptar to kidnap
rasgo trace
raya line
raza race
razón *f.* reason
reaccionar to react
real real; royal
realeza royalty
realizar to bring about
rebajado lowered
rebelarse to rebel
rebelde rebellious
rebeldía rebelliousness
recargado loaded
recibir to receive
recién recently, newly
reciente recent
recinto area, enclosure
recitar to recite
reclamar to demand
recobrar to recover
recoger (j) to pick up
reconciliar to reconcile
reconocer (zc) to recognize
reconocimiento recognition
reconquista reconquest
reconstruir (y) to reconstruct
recopilar to compile
recordar (ue) to remember
recorrer to go through; to traverse
recorrido trip, journey
recrear to recreate
recreo recreation
rectificar to rectify; to put right
recuperar to recover
recurso resource; resort
rechazar to reject
redentor, redentora *n.* redeemer; *adj.* redeeming
redondo round
reemplazar to replace
reescritura rewriting
referirse (ie) to refer
refinado refined
reflejar to reflect
reflejo reflection
refrán *m.* proverb, saying
regencia regency
regente *m., f.* regent

régimen *m.* (*pl.* **regímenes**) regime

regla rule

reglamento list of regulations

regresar to return; to go (come) back

reina queen

reinado reign

reinar to reign

reino kingdom, realm

reírse (i) (de) to laugh (at)

reivindicación *f.* vindication; justification

rejoneador *m.* bullfighter who breaks lance in bull's neck

relacionar to relate

relatar to tell; to relate

relato relation, report

religiosidad *f.* religiousness

reliquia relic

reloj *m.* clock; watch

remedio remedy, solution

renacentista pertaining to the Renaissance

Renacimiento Renaissance

rendición *f.* surrender

rendir (i) to surrender

renombre *m.* renown, fame

renovación *f.* renovation, renewal

renovador, -ora renewing, restoring

renovar (ue) to renew

renta revenue

repartir to divide up

repaso review

repetidamente repeatedly

repetir (i) to repeat

reportaje *m.* report; article

reposado peaceful

reposar to rest

reposo rest

represalia reprisal

representación *f.* representation, performance

represor, -ora repressing, repressive

reprimir to repress

reproducir (zc) to reproduce

requerir (ie) to require

rescatar to rescue; to ransom

resentimiento resentment

reservado reserved

residir to reside; to lie

resignado resigned

resolver (ue) to resolve

respaldar to endorse

respaldo support, backing

respecto respect, relation; **con respecto a** with respect to

respeto respect, consideration

respirar to breathe

restauración *f.* restoration

restaurado restored

restituido restored

resto rest, remainder; *pl.* traces

resucitar to resurrect

resuelto *p.p. of* **resolver**

resultado result

resultar to turn out

resumir to sum up

resurgir (j) to resurge; to reappear

retirarse to retire; to go away

retiro withdrawal, retreat

retórica *n.* rhetoric

retórico *adj.* rhetorical

retrasar to retard; to hold back

retratista *m., f.* portrait painter

retrato portrait

retroceso retrocession, backward movement

reunión *f.* meeting

reunir (ú) to gather together, to assemble

revalorar to revalue

revelador, -ora revealing

revelar to reveal

revista magazine

rey *m.* king; **Reyes Católicos** the Catholic Monarchs (Ferdinand and Isabella)

rezar to pray

rico rich

riego irrigation, watering

rienda rein

rigidez *f.* rigidity

rima rhyme; poem

rincón *m.* corner

riña quarrel

río river

riqueza wealth

rítmico rhythmic

ritmo rhythm

rivalidad *f.* rivalry

rizo curl

robar to steal

robledal *m.* oak grove

robo theft

roca rock

rodar (ue) to film (*a movie*)

rodear to surround

rojo red

romance *m.* ballad

romancero collection of ballads

románico romanesque

romanizarse to become Romanized

romper to break

ropa clothing

rostro face

rotundo clear, sonorous

rozar to brush against

rubio blond

rudo coarse

ruedo bullring

ruidoso noisy

ruina ruin

ruptura break, rupture

ruta route

rutinario governed by routine

S

sábado Saturday

saber to know; **a sabiendas de** knowing

sabio wise

sabor *m.* taste

Saboya Savoy

sacar to take out; to get

sacerdote *m.* priest

saeta arrow; a type of folk song improvised during Easter Week

sagaz (*pl.* **sagaces**) sagacious, astute

sagrado holy

sainete *m.* one-act farce

sala living room; room

salero charm, wit

sálico: leyes (*f. pl.*) **sálicas** laws against women becoming monarchs

salida outlet

salir to leave; to go out
salud *f.* health
saludo greeting
salvaje savage; uncivilized
salvar to save
San (Santo) Saint
sangre *f.* blood
sangriento bloody
sanidad *f.* health
santo *n.* saint; *adj.* holy; **santo patrón** patron saint
saquear to sack
satisfacer *irreg.* to satisfy
seco dry
secretamente secretly
sectario sectarian, partisan
secuela sequel
secuestro kidnapping
seda silk
sefardita *m., f.* Sephardic (Jewish)
segador, segadora reaper
seguir (i) to continue; to follow
según according to
segundo second
seguro sure
selección *f.* team
seleccionado chosen
selva jungle
selvático junglelike
semana week; **Semana Santa** Easter week
semejante similar
semejanza similarity
seminarista *m.* seminarian, student of theology
semita *adj. m., f.* Semitic
senado senate
senador, senadora senator
sencillo simple
sensibilidad *f.* sensitivity
sentarse (ie) to sit down
sentencia (prison) sentence
sentido sense
sentimiento sentiment, feeling; sense
sentir (ie) to feel
seña signal; sign; **señas de identidad** identifying marks
señal *f.* sign
señalar to point out
señor *m.* lord

señora lady
separar to separate
septiembre September
séptimo seventh
ser *irreg.* to be; *n. m.* being
serenata serenade
serie *f.* series
seriedad *f.* seriousness
serio serious
serpiente *f.* serpent, snake
servir (i) to serve; **servirse de** to use
seso brain
sevillano pertaining to Seville
siempre always
sierra mountain range, mountains
sigla initial; abbreviation
siglo century; **Siglo de Oro** Golden Age
significado meaning
significar to mean, to signify
significativo significant
siguiente following
sílaba syllable
silenciosamente silently
similitud *f.* similarity
simpatía sympathy
simpático agreeable, pleasant
simpatizar to sympathize; to get along well
simplemente simply
sin without; **sin embargo** nevertheless
sincero sincere, truthful
sindical of a trade or labor union
sindicalista *m., f.* member of a trade or labor union
sindicato labor union
sinfonía symphony
sinfónico symphonic
sino but, rather; only; *n.* fate, destiny
síntesis *f.* synthesis
sintetizar to synthesize
síntoma *m.* symptom
siquiera at least, even; **ni siquiera** not even
sirviente, sirvienta servant
sistema *m.* system
sitio place
situado situated, located

soberanía sovereignty
soberano sovereign
sobre over, above; on, about
sobrehumano superhuman
sobrenatural supernatural
sobresaliente outstanding
sobresalir (*like* **salir**) to stand out
sobrevivir to survive
sobrina niece
sobrino nephew
sociedad *f.* society
sol *m.* sun
solamente only
soldado soldier
soleado sunny
soledad *f.* solitude
solemne serious, solemn
soler (ue) to be accustomed to
solidaridad *f.* solidarity, unity
solidez *f.* solidity
solidificar to solidify
solitario solitary, lonely
solo alone; **a solas** by oneself
sólo *adv.* only, solely
soltar (ue) to release
soltero unmarried
solucionar to solve
sombra shadow, shade; ghost
sombrero hat; **sombrero de tres picos** three-cornered hat
sombrío dark, somber
someter to subject; to subdue; **someterse** to submit
soneto sonnet
sonido sound
sonoro sonorous
sonriente *adj.* smiling
sonrisa smile
soñador, soñadora dreamer
soñar (ue) to dream
soportar to put up with
sórdido squalid, sordid
sordo deaf
sorprendente surprising
sorprender to surprise
sorpresa surprise
sospecha suspicion
sospechar to suspect
sostener (*like* **tener**) to support, hold up

sotileza leader (*fine fiber at the end of a fishing line*)
soviético Soviet
subir to rise; to ascend; to get on
subjetivo subjective
sublevarse to rebel
subsiguiente subsequent
subtítulo subtitle
subyugación subjugation
suceder to happen
sucesivamente successively
suceso event
sucesor, sucesora successor
sucumbir to succumb
sudamericano South American
sudoeste *m.* southwest
sudor *m.* sweat
suegra mother-in-law
suegro father-in-law
sueldo salary
sueño sleep; dream
suficiente enough, sufficient
sufragio suffrage, the right to vote
sufrimiento suffering
sufrir to suffer
sugerir (ie) to suggest
suicidarse to commit suicide
sujeto subject; person
sumamente extremely
sumiso docile
sumo *adj.* much, great
superar to surpass
superficie *f.* surface
superior upper, superior
suponer (*like* **poner**) to suppose
suposición *f.* assumption
suprimir to suppress; to get rid of
supuesto *p.p. of* **suponer**
sur *m.* south
sureño southerner
surgir (j) to spring; to arise
sustantivo noun
sustituir (y) to substitute
susto fright
sutil subtle

T

tácito tacit, unspoken
tahur, tahura gambler

taifa Moorish kingdom
tal such a(n)
talla size
tallado carved
tamaño size
también also
tampoco neither, nor
tan so, as
tanque *m.* tank
tanto so much, as much; **por lo tanto** for this reason; *pl.* so many, as many
tapa appetizer
tardar to take (*time*); to delay
tarde *n. f.* afternoon; *adj.* late
tasa rate; **tasa de nacimiento** birth rate
taurino pertaining to bulls and/or bullfighting
teatral theatrical
teatro theater; drama
técnico technician
tedio tedium, boredom
teja roof-tile
tejado roof
telenovela soap opera
telespectador, telespectadora television viewer
televisivo pertaining to television
televisor *m.* television set
tema *m.* theme
temblor *m.* trembling
temer to be afraid
temeridad *f.* daring, boldness
temerosamente fearfully
temor *m.* fear
tempestad *f.* tempest, storm
tempestuoso stormy
templo temple, church
temporada period of time
temporariamente temporarily
temprano early
tenacidad *f.* tenacity, stubbornness
tender *irreg.* **a** to tend to
tener *irreg.* to have; **tener... años** to be . . . years old; **tener en cuenta** to take into account; **tener que** to have to; **tener que ver con** to have to do with

teniente *m.* lieutenant; **teniente coronel** lieutenant colonel
tentación *f.* temptation
teología theology
teológico theological
teoría theory
teorizar to theorize
tercer (tercero) third
tercio third (part)
terminar to end, to finish
término term
terraza terrace
terreno parcel of land
terrestre earthly, terrestrial
tertulia group of friends who get together periodically to talk
tesis *f.* thesis
tesorero treasurer
tesoro treasure
testigo *m., f.* witness
tía aunt
tibio warm
tiempo time; **a tiempo** on time; **hace mucho tiempo** a long time ago
tierno tender
tierra earth, land
tío uncle; *pl.* uncles; aunt(s) and uncle(s)
tiovivo merry-go-round
típico typical
tirar to throw
tiranía tyranny
tirano tyrant
tiro shot; **a tiros** by gunfire
titularse to be called
título title
tocar to touch; to play (music)
todavía still, yet
todo all; **todo el mundo** everyone; **todo lo contrario** on the contrary; *pl.* everyone; all; **todas partes** *f. pl.* everywhere
tolerar to tolerate
tomar to take; **tomar el sol** to sunbathe
tonto foolish
topónimo toponym, place name
toque *m.* touch
torear to fight a bull
toreo bullfighting

torero bullfighter

toril *m.* bull pen adjoining the bull-ring

toro bull

torpedeado torpedoed

torpeza awkwardness

torre *f.* tower

torturado tortured

totalidad *f.* totality

totalmente totally

trabajador, trabajadora worker

trabajar to work

trabajo work

traducción *f.* translation

traducir (zc) to translate

traer *irreg.* to bring

traición *f.* treason; backstabbing

traicionado betrayed

traidor, traidora traitor

traje *m.* suit (*clothes*); **traje de luces** bullfighter's outfit

trama structure; plot

trampa trick

tranquilo calm

transmitir to transmit (TV)

transporte *m.* transportation

tras behind; after

trascender (ie) to transcend

trascendente penetrating

trasladar to move

trasvase *m.* transporting water

tratado treaty; treatise

tratar to try; to be about; to treat; **tratarse de** to be a question of

través *m.* slant; **a través de** through

travestí transvestite

travesura prank, mischief

travieso mischievous

tremendamente tremendously

tremendismo literary term referring to devices that shock and horrify

trémulo *adj. m., f.* trembling

tribu *f.* tribe

trigo wheat

tripulado crewed, manned

triste sad

tristeza sorrow

triunfador, -ora triumphant

triunfante in triumph

triunfar to triumph

triunfo triumph

trono throne

tropa troops

trovador *m.* troubador

trozo piece

truco trick

tubería plumbing

tuerto one-eyed

tuétano marrow

tumba tomb

túnel *m.* tunnel

turco Turkish, pertaining to Turkey

turismo tourism

turista *m., f.* tourist

turístico tourist

U

últimamente lately, recently

último last, most recent

ultraderechista ultrarightist

ultraizquierdista ultraleftist

único only; unique

unidad *f.* unity

unificar to unify

unir to unite

unitario unitary

universalmente universally

universitario pertaining to the university

usar to use

utilizar to use; to utilize

utópico Utopian

uva grape

V

vaca cow

vacilar to vacilate

vacío empty

vagabundear to wander; to roam

vagabundo wanderer

vago idle, lazy person

valenciano pertaining or referring to Valencia

valer *irreg.* to be worth

valeroso courageous, valiant

válido valid

valiente valiant, brave

valioso valuable

valor *m.* courage; value

vanguardia vanguard, avant-garde

vanguardista *m., f.* pertaining to the avant-garde

vano vain, empty

variar (í) to vary

variedad *f.* variety

varios (varias) various

varón *m.* male

varonil manly

vasallo vassel

vasco Basque

vasto vast

vecindad *f.* neighborhood

vecino *n.* neighbor; *adj.* neighboring

vela candle

velar to keep vigil

velazqueño pertaining or referring to Diego Velázquez (1599–1660)

velocidad *f.* speed

vencedor, vencedora winner

vencer (z) to win

vencido defeated

vendedor, vendedora seller

venerado venerated, respected

vengador, -ora avenging

venganza revenge

vengar to avenge

vengativo vengeful

venir *irreg.* to come

venta inn

ventaja advantage

ventajoso advantageous

ventana window

ventero innkeeper

ventura fortune; chance

ver *irreg.* to see

veracidad *f.* truthfulness

verano summer

verbena nighttime festival on the eve of a saint's day

verbo verb

verdad *f.* truth

verdadero true

verde green

verdoso greenish

verónica a bullfighter's pass made by sweeping his cape over the face of the bull

versión *f.* version

verso verse, line of poetry; *pl.* poetry

vertido dumping, pouring; spill

vestido dressed

veterano seasoned, tried, experienced

vez *f.* (*pl.* **veces**) time; **a veces** sometimes

vía way; means

viajar to travel

viaje *m.* trip, journey

vibrante vibrant, exciting

vicio vice

víctima victim

victoria victory

victorioso victorious

vida life

vidriera stained-glass window

viejo old; **viejo verde** lecherous old man

viento wind; **molino de viento** windmill

vigencia: en vigencia in effect

vigente effective, in force

vigilancia watchfulness; spying

vigilar to watch, to be vigilant

vihuela ancient type of guitar

villano peasant, villager

vinculado linked

vínculo link, tie

vino wine

violoncelista *m., f.* cellist

virgen *f.* virgin

viril virile

virreinato viceroyalty

virrey *m.* viceroy

virtud *f.* virtue

virtuoso virtuous

visigodo Visigoth

visigótico Visigothic

vislumbrar to begin to see; to make out

vista view

visto *p.p. of* **ver**

viuda widow

vivir to live

volante *m., f.* flying

volar (ue) to fly

volumen *m.* volume, bulk

voluntad *f.* will

voluntario *n.* volunteer; *adj.* voluntary

voluptuosidad *f.* voluptuousness; luxury

volver (ue) to return

votación *f.* voting

votante *m., f.* voter

votar to vote

voz *f.* (*pl.* **voces**) voice

vuelta return; **dar la vuelta** to take a walk

vuelta *p.p. of* **volver**

vuesa (*old form of* **vuestra**) your; **vuesa merced** your grace

vulgar ordinary

Y

y and

ya already

yacer (zc) to lie; to be stretched out

Z

zaragatero rowdy

zarzuela comic light opera

Grateful acknowledgment is made for use of the following:

PAGE 1 Jumper/Getty Images; *6* © 1998 PhotoDisc; *7* © Farrell Grehan/ Corbis; *8* © PhotoDisc; *13* age fotostock; *14* Joseph Nettis/Photo Researchers; *21* Christ in Majesty flanked by seraphim and symbols of the Evangelists, copy of 12th century original (fresco) by Spanish School San Climente, Taull (Tahull) Catalonia, Spain/Ken Welsh/The Bridgeman Art Library; *26* (top) Courtesy of Spanish National Tourist Bureau, (bottom) Alinari/Art Resource, NY; *28* © Peter Menzel; *30* Museo del Arte Moderno, Madrid/Institut Amatller d'Art Hispànic; *35* Courtesy of the Hispanic Society of America; *37* Centre UNESCO de Catalunya, Barcelona; *43* (top) T. L. Bierwert/Courtesy of the American Museum of Natural History, (bottom) Museo de Arqueología Nacional, Madrid/Institut Amatller d'Art Hispànic; *44* age fotostock; *45* Courtesy of Spanish National Tourist Bureau; *46* © Peter Menzel; *47* © Adam Woolfitt/Corbis; *48* (both) Courtesy of Spanish National Tourist Bureau; *49* Berbard G. Silberstein/Monkmeyer Press Photo Services; *50* PIXTAL; *51* Bernard G. Silberstein/Monkmeyer Press Photo Services; *52* Courtesy of Spanish National Tourist Bureau; *53* Gregorio Fernández/Institut Amatller d'Art Hispànic; *57* Diego Velázquez, "Las meninas" (detail), Museo del Prado, Madrid. Alinari/Art Resource, NY; *60* Scala/Art Resource, NY; *63* Museo del Prado; *64* Etching, Manuel S. Carmona, from Retratos de españoles ilustres. Courtesy of Hispanic Society of America; *66* Scala/Art Resource, NY; *67* © Bernard Rouget-Rapho/ Photo Researchers, Inc.; *68* Snark International/Art Resource, NY; *76* Courtesy of Spanish National Tourist Bureau; *78* Institut Amatller d'Art Hispànic; *79* Retrato de Juan Alfaro y Gómez/Institut Amatller d'Art Hispànic; *82* (top) Retrato de Diego Rodríguez de Silva y Velázquez. Maria Antoinette Evans Fund. Courtesy Museum of Fine Arts, Boston, (bottom) Retrato de Francis Lathrop. Courtesy of the Hispanic Society of America, NY; *86* Institut Amatller d'Art Hispànic; *88* Courtesy of the Hispanic Society of America, NY; *89* Courtesy of Spanish National Tourist Bureau; *91* Institut Amatller d'Art Hispànic; *92* © Peter Menzel; *95* Giraudon/Art Resource, NY; *96* Museo del Prado; *98* Courtesy of the Metropolitan Museum of Art, bequest of Mrs. H. O. Havemeyer, 1929, The H. O. Havemeyer Collection; *99, 100* Museo del Prado; *101* (both) Museo del Prado; *102* Museo del Prado; *107* Francisco de Goya, "El Parasol," Museo del Prado. Madrid. Scala/Art Resource, NY; *110* Obra de van Loo, Museo del Prado, Madrid/(Institut Amatller d'Art Hispànic); *112* Museo del Prado/Courtesy of Spanish Tourist Bureau; *115* Courtesy of OAS; *117* Retrato por Ribera y Fieve. Courtesy of the Hispanic Society of America, NY; *121, 123, 124, 125, 127* Institut Amatller d'Art Hispànic; *128* Courtesy of Aguilar, S. A. de Ediciones; *129* Courtesy of the Spanish National Tourist Bureau; *132* Institut Amatller d'Art Hispànic; *133, 134* Museo del Prado; *135* Courtesy of